미학 오디세이 3

미학 오디세이 3

진중권 지음

Humanist

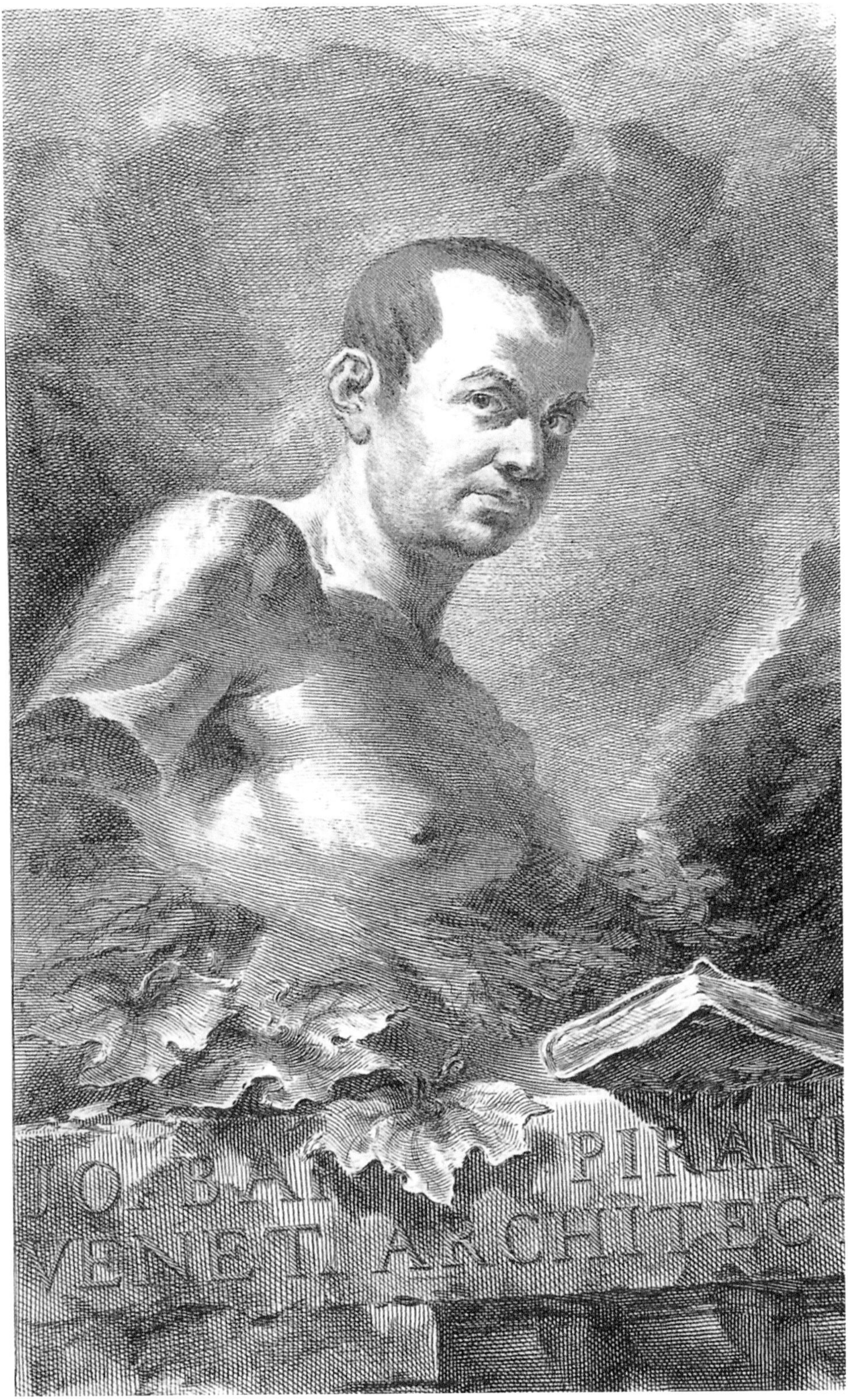
IO. BAT PIRAN
VENET ARCHITEC

모든 새로운 것은 단지 망각일 뿐……

—솔로몬의 격언을, 프랜시스 베이컨이 인용한 것을,
보르헤스가 인용한 것을, 다시 인용하다.

머리말

《미학오디세이》 20주년 기념판에 부쳐

1

《미학 오디세이》가 출간된 지 어느덧 20주년이라고 한다. 상가 건물 2층에 주거용으로 들인 게딱지만 한 방, 그 안의 낡은 책상 위에 놓여 있던 286 컴퓨터. 그 컴퓨터로 글을 쓰다가 새벽에 거리로 나와 자판기 커피를 마시며 올려다보던 흐릿한 밤하늘. 《미학 오디세이》는 대학원을 마치고 독일 유학을 앞둔 시절, 항공료라도 벌어보기 위해 쓴 책이었다. 길을 지나다 보니 그때 그 건물은 흔적도 없이 사라지고 대신 그 자리에 커다란 예식장 건물이 들어섰다.

이런 책을 다시 쓸 수는 없을 것 같다. 몇 차례 이 책만큼 대중적인 책을 써보려고 했지만 성공하지 못했다. 물론 이 책을 쓰던 시절의 나보다 지금의 내가 미학에 대해 더 많이, 그리고 더 잘 알고 있을 테고, 쓰려고만 한다면 이보다 낫게 쓸 수도 있을 것이다. 하지만 그것이 이 책만큼 대중적인 사랑을 받을 수는 없으리라. 그 시절의 왕성한 지적 호기심과 새로운 것을 알게 됐을 때의 황홀한 기쁨은 다시 반복될 수 없기 때문이다.

미학이라는 학문에 갓 입문한 그때는 나 역시 대중과 크게 다르지 않았기에, 독자가 어느 부분을 어려워하고 어느 부분을 재밌어하는지 굳이 따로 생각할 필요가 없었다. 그저 어렵게 이해한 부분을 설명하고, 내가 재밌게 여긴 부분을 얘기하면 그만이었다. 하지만 미학에 더 깊이 들어갈수록 천진난만함은 사라지고 독자와 소통의 접점을 찾기가 점점 어려워진다. 지금은 내가 재밌어하는 부분을 독자는 어려워한다.

발터 베냐민이 쓴 얘기가 있다. 어느 왕이 이웃 나라와의 전투에서 패해 쫓기던 중, 우연히 발견한 숲 속 오두막에서 식사를 대접받는다. 그로부터 50년이 지나 죽을 날을 바라보게 된 왕은 젊은 시절 오두막에서 먹었던 딸기 오믈렛의 맛을 떠올렸다. 그러고는 궁정의 요리사를 불러 "그 맛을 재연하면 왕국의 후계자로 삼을 것이나 실패하면 목숨을 잃을 것"이라고 명한다. 요리사는 "차라리 당장 형리를 불러 달라"고 대꾸한다.

> 제가 만든 오믈렛은 폐하의 입맛에 맞지 않을 것입니다. 폐하께서 당시에 드셨던 모든 재료를 제가 어떻게 마련할 수 있겠습니까. 전쟁의 위험, 쫓기는 자의 주의력, 부엌의 따뜻한 온기, 뛰어나오면서 반겨주는 온정, 어찌 될지도 모르는 현재의 시간과 어두운 미래. 저로서는 이 모든 분위기를 도저히 마련할 수가 없습니다.

이 책은 그 딸기 오믈렛과 같다. 물론 요리사가 하려고만 했다면 최고의 오믈렛을 만들 수도 있었을 것이다. 그리고 그가 만든 오믈렛의 맛은 객관적으로 본다면 오두막의 노파가 만든 것과는 비교할 수 없을 정도로 좋았을 것이다. 하지만 온갖 재료와 향료의 조리법에 능한 요리사도 50년 전의 그 '모든 분위기'를 재연할 수는 없지 않은가. 모든 것이 모든 때에 가능한 것은 아니다.

2

이 책을 쓰면서 가장 먼저 생각한 것은 서술의 전략을 세우는 것이었다. 복잡한 미학의 세계를 여행하려면 미로 속의 테세우스처럼 '아리아드네의 실'이 필요하다. 그 실의 역할을 해준 것이 '가상과 현실'이라는 개념이었다. 이 개념 쌍을 도입함으로써 가상과 현실이 뒤섞인 선사 시대, 가상과 현실이 분리되는 역사 시대, 가상과 현실의 벽이 다시 무너지는 현대, 가상이 아예 현실을 대체해버린 동시대에 이르는 오디세이의 여정이 확정되었다.

이어서 고민한 것은 이 여정을 펼쳐나가는 방식이었다. 내가 채택한 것은 일종의 문학적 3성대위법이었다. 서술체의 미학사, 대화체의 철학사, 예술가 모노그래프라는 세 가닥의 멜로디를 하나로 엮어내는 발상은, 당시에 내가 바이블처럼 여긴 호프스태터의 《괴델, 에셔, 바흐》에서 얻은 것이다. 이 세 가닥의 멜로디는 시간적으로는 독립적으로 진행하면서 공간적으로는 서로 화음을 이룬다.

언젠가 책의 내용을 수정하려고 한 적도 있다. 하지만 결국 그 시도를 포기할 수밖에 없었다. 책의 구성이 너무 조밀하다 보니 한 부분을 고치면 전체가 영향을 받기 때문이었다. 부끄러운 일이지만, 예를 들어 2권의 하이데거 부분은 당시 내가 그의 사유를 제대로 이해하지 못했음을 보여준다. 하지만 그 부분을 들어내고 다시 쓰는 것은 불가능했다. 10년 후에 내놓은 3권에서 하이데거를 또 다시 다룬 이유는 그 때문이다.

3

《미학 오디세이》가 대중의 사랑을 받았지만 그렇다고 이 책이 모든 이의 마음에 든 것은 아니다. 처음 나왔을 때만 해도 아이들이 보는 그림책 같다는 둥, 구어체를 사용해 상스럽다는 둥 말이 많았다. 가당치 않은 비난이지만 무릇 비판이 있어야 발전이 있는 법. 바쁘실 텐데 시간을 내어 내 책을 구두로 비판해주신 분들께 감사드린다.

비난의 목소리를 잠재운 것은 미디어 환경의 변화였다. '인터넷'이 열리면서 이미지와 구어체를 사용한 전달이 소통의 보편적 형식이 되었기 때문이다. 오늘날 인문학 텍스트는 이미 이미지와 사운드의 관계 속에서 자신을 재정의하고 있다. 그렇다고 내게 무슨 혜안이 있던 것은 아니다. 그저 대중성을 위해 이미지와 구어체를 차용한 것이 우연히 당시에 막 도래한 인터넷 문화와 맞아떨어졌을 뿐이다. 그런 의미에서 운이 좋았다.

미학을 대중화하는 작업은 사실 이 책을 쓰기 몇 년 전부터 시작된 것이다. 1980년대 말 노동자 대투쟁의 여파로 노동운동이 정점에 달했던 시절, 〈노동자문화통신〉이라는 잡지에 미학에 관한 글을 연재한 적이 있다. 그때 어느 현장 활동가로부터 노조에 속한 노동자들이 그 글을 재미있게 읽었다는 얘기를 전해 들었다. 그 경험을 통해 아무리 추상적인 학문이라도 적절한 형식만 갖춘다면 얼마든지 대중에게 전달할 수 있다는 자신감을 얻게 되었다.

이 책을 쓸 무렵에는 당시 내가 추구하던 이상 사회가 이미 붕괴한 상태였다. 따라서 글을 쓰는 목적 자체도 달라져야 했다. 노동자계급의 의식화라는 사회주의적 사명은 출판시장의 주요 고객으로 떠오른 '오피스 레이디'의 지갑을 턴다는 지극히 자본주의적 동기로 대체되었다. 어느덧 그렇게 자본주의 속물이 되어버렸지만, 언젠가 인간의 평균적인 지적 수준이 괴테와 실러에 이를 것이라는 유토피아, 그 꿈만은 버리지 않고 도달할 수 없는 무지개처럼 그냥 저 먼 미래로 미뤄놓는다.

4

이 책에서는 이른바 '포스트구조주의' 담론까지를 다루었다. 그 후로도 미학의 이론은 계속 만들어지고 있지만, 여기저기에 파편의 형태로 존재할 뿐 아직 포스트 담론에 필적할 만한 규모의 '흐름'은 눈에 띄지 않는다. 아마도 이 책이 30주년을 맞는 시점이 되면, 또 한 권의 책을 쓸 수 있을지도 모르겠다. 하지만《미학 오디세이》는 이 세 권으로 완결된 형식이기에 그 책을 쓰게 된다면 아마도 별도의 저작이 되어야 할 것이다.

지난 20년간 이 책을 변함없이 사랑해주신 독자들께 감사드린다. 특별한 감사는 '머리말' 교정을 봐준 고양이 루비에게 돌린다. 이 녀석은 깐깐한 눈으로 원고의 절반을 날려버렸다. 세상의 모든 것이 변해도 나만은 영원한 소년일 거라 생각했는데, 시간은 아무도 비껴가지 않는 모양이다. 막 서른을 넘은 청년의 몸속에 지금은 쉰을 넘긴 중년의 사내가 들어앉아 있다. 지난 20년의 세월이 버스에서 잠깐 졸면서 꾼 꿈만 같다.

2014년 1월

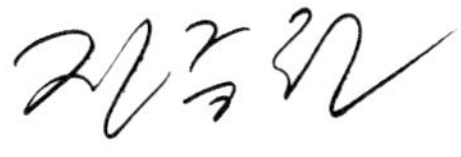

추천의 글

그의 환상적인 지적 여정을 바라보면서

유홍준(미술사가 · 《나의 문화유산답사기》 저자)

나와 진중권은 다른 점도 많지만 같은 점도 많다. 우선 우리는 글쟁이라는 동업자다. 그와 나는 같은 대학 미학과 동창이다. 입학은 내가 14년 선배이지만 대학 졸업장을 받는데 14년 걸렸기 때문에 거의 같은 시기에 세상에 나왔다.

내가 《나의 문화유산 답사기》 첫 번째 권을 펴낸 때는 1993년이고, 그의 《미학 오디세이》는 그 이듬해인 1994년에 출간되었다. 그리고 두 책 모두 시리즈물로 기획되어 20년이 되도록 아직도 서로의 여정을 계속하고 있다.

진중권은 자타가 공인하는 진보 논객으로 적극적으로 현실에 참여하고 있다. 나도 겉으론 내색하지 않지만 진보적인 입장을 견지하며 어떤 식으로든 현실을 외면하지 않고 살아가고 있다.

그리고 우리 둘은 전공대로 미학과 예술에 대해 독자적인 시각과 입장을 말하고 있다는 것이 가장 큰 공통점이다. 그러나 정통 미학의 입장에서 보면 둘 다 학계의 이단아라고 할 수밖에 없다. 상아탑에서 앞만 보고 달리는 경주마로 길들여지던 우리들은 홀연히 눈가리개를 벗어던지고 야생마가 되어 뛰쳐나왔다. 그리고 서로가 떠나간 곳은 정반대의 길이었다.

나는 우리의 전통과 역사가 숨 쉬는 한국 미술사의 숲속으로 깊숙이 들어갔고, 그는 훨훨 날아 서양 미술사와 미학의 바다로 건너갔다. 그리고 얼마 뒤 우리는 각기 숲과 바다에서 나와 지금 우리가 살고 있는 현실에 두 발을 굳게 딛고 서서, 거기서 체득한 바를 저술이라는 형식을 통해 대중과 소통하며 지금껏 살아왔다.

비록 길은 달랐어도 더 나은 세계를 만들어가려는 진보적 입장을 견지한다는 점에서는 같았으며, 그래서 서로의 시각에 대한 신뢰와 존경을 갖고 있다.

진중권의 《미학 오디세이》는 내가 갖지 못한 점을 아주 많이 보여준다. 언젠가 그가 미니멀리즘에 대해 일간지에 기고한 글을 보면서, 나처럼 서구를 직접 경험한 적이 없는 사람은 파악할 수 없는 예리한 분석이라며 무릎을 치기도 했다.

진중권이 서구에서 익힌 미학이론들을 털만 벗겨 생경하게 내놓는 것이 아니라 자신의 미학으로 말할 수 있었던 것은 무엇보다도 그의 개성에서 나온 것이겠지만, 그가 미국이 아니라 독일로 유학했기 때문에 가능했던 면도 있다. 미국의 학문이 기본적으로 학문적 수련 academic training이 강하다면 독일은 학문적 자유 akademische Freiheit를 보장한다. 그런 분위기에서 자신의 논리로 자신을 말할 줄 아는 지적 풍토를 체득했을 것이다.

칸트는 세상 사람들에게 '철학philosophie'을 배우지 말고 '철학하는 것philosophieren'을 배우라고 말했다. 진중권은 바로 그 맥락에서 미학이 아니라 미학적으로 사고하는 진짜 미학자의 모습을 보여주고 있다. 나는 그 점에서 진중권을 높이 산다.

거기에서 한걸음 더 나아가 진중권은 독일식의 관념론을 가볍게 던져버리고, 철저한 리얼리스트로서 현실을 직시하는 예리한 통찰력을 더해 세상사에 깊이 개입했다. 플라톤, 아리스토텔레스, 디오게네스라는 확고한 인간상을 오늘, 우리의 현실 속에 환생시켜 보는 비유법은 가히 진중권 표라 할 만한 서술이다. 그는 그렇게 자기 문체를 갖고 있는 뛰어난 문필가이기도 하다.

진중권이 《미학 오디세이》에서 얘기하고 있는 핵심적인 내용은 미학적 사고와 예술의 본질에 관한 것이지만 그의 더 큰 관심사는 모더니즘과 탈근대에 대한 진단과 해석으로 보인다. 그것은 현대 사회 전반의 문제이면서 동시에 우리나라 문화 지형 전반의 병리적 현상과 연결되어 있는 것이기도 하다.

아직껏 우리는 길게 만나 서로를 이야기한 적이 없다. 내가 진중권을 신뢰하는 후배로 마음속에 간직하고 있으면서도 그의 《미학 오디세이》 20년에 부쳐 처음으로 이처럼 공식적으로 그에게 말을 걸게 되었다는 것을, 남들은 좀 의아해할지 모르지만 우리는 서로의 길을 그렇게 걸어왔다. 언젠가 때가 되면 아마도 우리는 한국 미학과 서양 미학에 대해 한없이 긴 이야기를 나누게 될 것이다.

그의 '미학 오디세이'가 언제 어떤 식으로 이어질지에 대해 아무런 정보가 없다. 다만 분명한 것은 그는 결코 진단에 머물 인생이 아니기에 이에 대한 적극적인 처방을 준비하고 있으리라는 것이다. 어쩌면 이미 약방문을 써놓고 양이 몇 그램인지만 저울질하고 있으리라고 상상해 본다. 그가 존경했다는 발터 베냐민이나 내가 존경하는 게오르그 루카치, 우리 둘 다 존경하는 아르놀트 하우저의 혜안을 빌려 그가 은유로 이끌어냈던 방식으로 이야기한다면 그 처방은 직효를 볼지도 모른다.

아직 나는 나대로, 그는 그대로 그 바닥에서 놓아야 할 노둣돌이 많기에 이제까지 해온 것처럼 자신에게 충실하며 살아갈 것이다. 더 높은 차원에서 우리의 만남이 이루어질 때까지 그의 '미학 오디세이'와 나의 '답사기'가 함께 장수하기를 축원한다.

차례

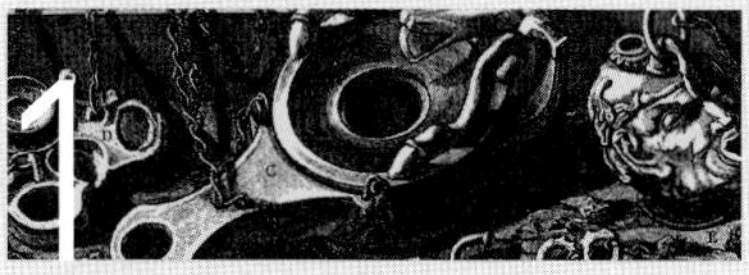

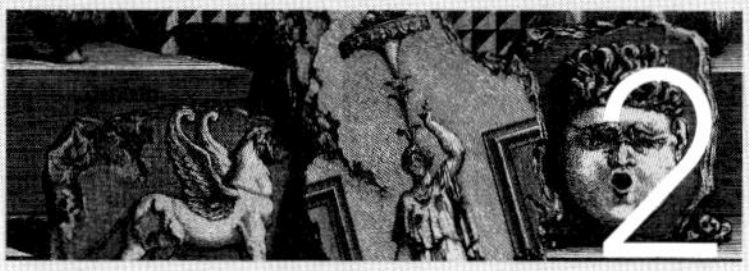

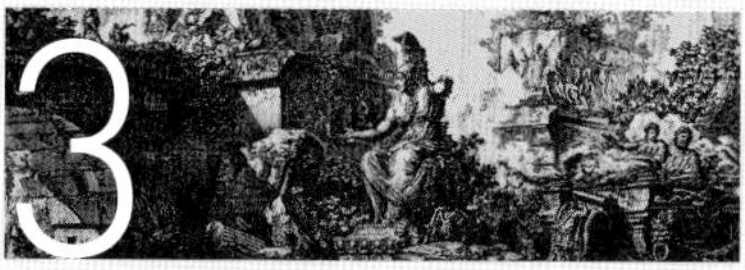

포스트모던의 미학

3 숭고와 시뮬라크르 160

미디어의 미학

4 다시 가상과 현실 266

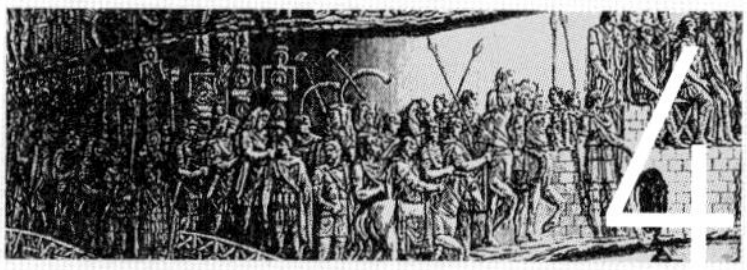

피라네시에 대하여

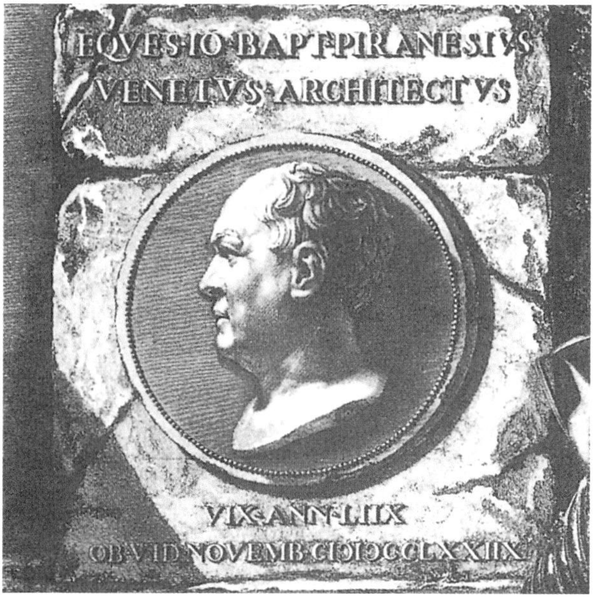

조반니 피라네시(Giovanni Battista Piranesi, 1720~1778)

이탈리아의 건축가이자 판화가. 고대 그리스를 예술의 전범으로 삼던 시절에 고대 로마 유적들을 동판에 담아 로마 건축의 위대함을 깨우쳐주었다. 시적 환상과 묘한 분위기로 가득 찬 그의 판화는 낭만주의의 탄생을 예고했고, 나아가 그 시대에 이미 예술적 '모던'을 예감했다. 특히 현실에서는 결코 지어질 수 없는 상상의 건물은 에셔의 것보다 200여 년 앞서는 것으로, 당대뿐 아니라 현대 저자와 예술가 들의 상상력에 커다란 영향을 끼쳤다.

글머리에

월인천강지곡

밤은 깊어가고, 이윽고 중천에 떠오른 달이 천 개의 강에 제 모습을 찍는다. 세상에 강이 왜 천 개밖에 없겠는가? 어두운 하늘을 가로질러 여섯 대륙을 운행하면서, 달은 이 땅의 모든 강에 제 모습을 새긴다. 그뿐인가? 달은 다섯 바다 위에 사뿐히 내려앉고, 부서지는 파도 표면에 눈처럼 흩어져 내렸다가 이내 스러진다. 그렇게 거품처럼 생겨났다가 사라지는 달의 수는 모두 몇 개일까?

그 수를 굳이 헤아려 뭐하겠는가. 달이 내려앉을 곳은 강이나 바다만이 아니다. 이제는 까마득히 잊혔지만, 그리 오래지 않은 시절의 사람들은 풍류라는 것을 알았다. 그들은 하늘에 뜬 달이 졸졸 흐르는 시냇물에 빠져 추운 듯 오돌오돌 떠는 모습을 볼 줄 알았다. 그뿐인가? 임의 눈 속에 또렷이 빛나는 두 개의 달을 바라보며 술잔에 담긴 또 하나의 달을 마실 줄 알았다.

어느 나라에서였더라? 일본 대사가 중추절을 맞아 서양의 외교관들을 '달맞이' 행사에 초대했다. 하지만 자연에 대해 우리와는 전혀 다른 태도를 가진 이 합리주의자들이 풍류라는 말의 뜻을 어찌 알겠는가. 이 이국적인 가든 파티에 나타난 서양인들의 손에는 하나같이 천체 망원경이 들려 있었다고 한다. 이 썰렁함이 달을 '관찰'할 줄만 알았지 '볼' 줄을 모르는 어느 문명의 못 말릴 습성이다.

조선 시대의 일이다. 중국에서 들여온 서양의 천체 망원경을 처음 본 왕이 "무엇에 쓰는 물건이냐"고 물었다. 신하들이 "천체를 관찰하는 데에 쓰는 도구"라 대답하자, 왕은 그 요상한 오랑캐 물건을 물리며 "태양은 역시 맨눈으로 볼 때 아름답다"라고 말했다. 군주의 이 미학적 태도에서 우리는 서양과는 어쩔 수 없이 다른 동양의 자연관을 볼 수 있다. 여기서 자연은 그 '밖'에서 관찰할 대상이기 이전에, 무엇

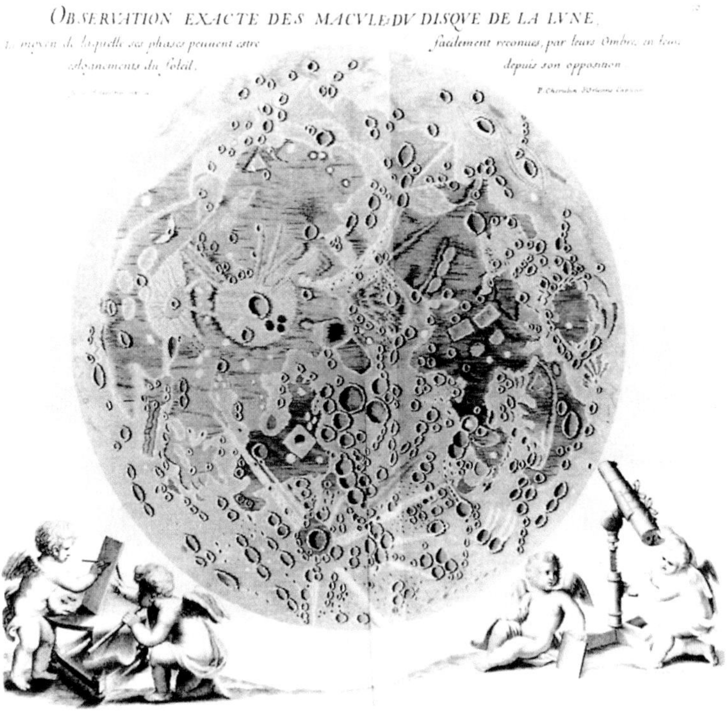

〈**달의 관찰**〉 셰뤼뱅 도를레앙, 1671년

보다도 그 '안'에 들어가 살아야 할 분위기인 것이다.

다시 달에게로. 물이 있는 곳이면 달은 어디에라도 내려앉으려 한다. 왜 그럴까? 그건 아마도 달이 물로 이루어졌기 때문일 게다. 실제로 달덩이는 거대한 물덩이다. 달이 지금보다 더 크고, 그 빛이 여기보다 더 밝았을 때, 그 시절 그곳에서 창문으로 흘러 들어온 달빛은 방바닥에 둥글게 호수를 토해놓고는 그 위에서 출렁거렸다. 별을 반짝이게 한다는 공기의 산란 때문이었을까? 알 수 없다. 어쨌든 물로 되어 있기에 달은 또한 마실 수가 있는 것이다.

달을 마셔보지는 못했지만 그걸 소포로 보내본 적은 있다. 휘영청 보름달이 뜬 어느 날, 문득 그 달을 지구 반대편 친구에게 보내고 싶어졌다. 곧바로 메일로 내가 달을 그리로 부쳤다는 소식을 전했다. 하지만 여덟 시간이 지나 달이 거기에 닿았을 때 유감스럽게도 마침 그곳엔 짙은 구름이 끼어 있었다. 수취인을 찾지 못한 달은 다음 날 그냥 돌아오고 말았다. 만약 그때 그녀가 그 달을 받았더라면 세상 사람들은 다시는 달을 보지 못할 뻔했다.

그이가 그 달을 받아 혼자 독차지했다면? 그래서 허공의 달이 영영 사라져버렸다면? 그런다고 별일이 있겠는가. 달이 하나쯤 사라져도 아직 천 개의 강 위에 찍힌 수많은 달이 있지 않은가. 다른 이들은 그것들을 나눠 가지면 되지 않는가. 적어도 이 세상에 사는 사람들의 수만큼, 그만큼 많은 수의 달이 존재한다. 아니, 그보다 더 많을지도 모른다. 달의 수는 모든 이가 나눠 갖고도 남을 정도로 많다. 그런데 뭐가 문제인가?

이렇게 반박할지 모르겠다. '달은 스스로 빛을 내는 게 아니다. 달빛은 해의 빛을 반사한 것에 지나지 않는다. 마찬가지로 물 위에 뜬 달들 역시 스스로 빛나는 게 아니다. 그저 달에 반사된 햇빛을 다시 한 번 반사하고 있을 뿐이다. 따라서 허공에서 달을 지우면 천 개의 강에 찍힌 달들도 일제히 사라지고 말 것이다.' 정말 그럴까? 하늘의 달이 사라진다고 세상의 모든 달이 사라질까?

빛과 그림자는 배척하는 게 아니다. 때론 그림자도 빛을 낸다. 천 개의 강에 찍힌 달들은 곧 달의 그림자이고, 이 달빛은 다시 해의 그림자다. 그럼 이런 가정은 어떨까? 피터팬의 그림자는 제 몸에서 떨

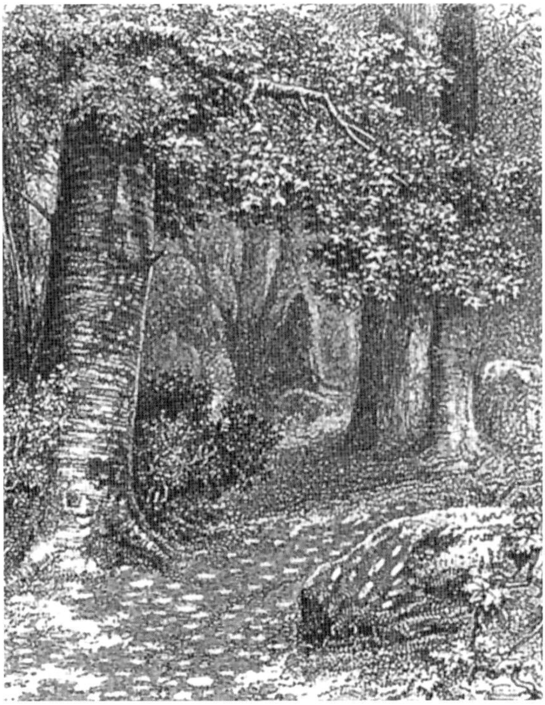

《사진술의 역사와 해설》 속의 삽화, 가스통 티상디에, 1874년

아리스토텔레스는 일식이 일어났을 때, 반달 모양의 해가 플라타너스 잎새들 사이로 난 틈을 통해 어두운 바닥에 수많은 카메라 오브스쿠라 영상을 만들어내는 것을 관찰했다.

어져 나와 제멋대로 춤추며 돌아다닌다. 마찬가지로 달이 사라진 세상에, 천 개의 강에 비친 달빛들이 저 홀로 생겨났다가 스러지며 제멋대로 살아가는 것이다. 이런 일도 일어날 수 있을까? 만약 그렇다면 그 누군가 하늘의 달을 독점해도 세상은 별일 없이 돌아갈 게다.

달은 그저 해를 복제하는 데에 그치는 게 아니다. 때로는 거꾸로 해가 달을 복제하기도 한다. 해는 달에 빛을 주나, 달은 해에 그림자를 준다. 가끔 일식이 일어날 때면 해는 달이 된다. 해는 달처럼 어두운 하늘을 가로지르며 짧은 시간 안에 차고 기우는 달의 한 달치 운동을 흉내낸다. 이렇게 일식이 일어난 어느 날, 아리스토텔레스는 반달이 된 해가 빽빽한 플라타너스 숲의 나뭇잎 새로 난 틈들을 통해 어두운 바닥에 수많은 달의 역상을 찍어놓는 장관을 보았다.

카메라 오브스쿠라camera obscura, 즉 암실 효과가 바닥에 수많은 반달 모양의 해를 복제해 토해놓은 것이다. 달이 천 개의 강에 제 모습을 복제하는 것을 흉내내어, 해도 자기 자신을 천 개의 반달로 증식한다. 자, 그럼 이런 가정은 어떨까? 피터팬의 그림자가 몸에서 떨어져 나와 제멋대로 돌아다니듯이 해가 사라져도 그 반달 모양으로 복제된 해들이 빛을 잃지 않고 저 홀로 살아간다면? 그렇다면 하늘에 해가 있든 없든, 세상은 별일 없이 잘 돌아갈 게다.

하늘에서 달을 지워도 복제를 복제한 천 개의 강의 달빛들이 세상을 은은하게 밝힌다. 하늘에서 해를 사라지게 해도 수천, 수만의 복제된 해가 세상을 도처에서 비춘다. 그게 바로 지금 우리가 살고 있는 '현대'라는 이름의 세상이다. 누군가 진리의 신, 태양신을 제 것으로 독점해도, 그것을 우려를 것 없이 세상은 수없이 복제된 작은 진리들의 빛으로 별일 없이 돌아간다. 우리는 원본 없는 세상 위에, 복제된 빛 속에서 살아가고 있다. 무슨 뜻이냐고? 그 얘기로 들어가 보자.

1

현대인의 세계 감정

사라짐의 미학

회화는 자연을 비추는 거울이었다. 그때 세계와 재현은 '닮음'을 통해 굳게 연결되어 있었다. 하지만 오늘날 재현의 원리는 파괴되었다. 세계는 해체되고, 재현은 사라진다. 세계는 견고함을 잃고 흐물흐물 녹아버리고, 화폭 위의 형상들은 블랙홀 속으로 빨려 들어가 완전히 사라진다. 이게 세계의 상태이고, 예술의 상태다. 여기서는 세계가 어떻게 사라지고, 재현이 어떻게 해체되는지 살펴볼 것이다. 우리가 아는 어떤 램프는 그 구멍으로 거인을 토해놓았다가 다시 삼켜버린다. 램프에 불이 켜지면 어둠 속에서 불쑥 사물들이 튀어나와 빛 속에 모습을 드러낸다. 입으로 불어 램프의 불꽃을 끄는 순간, 램프의 빛이 토해놓은 세상은 다시 구멍 속으로 빨려 들어가 램프 안의 어둠 속으로 사라진다.

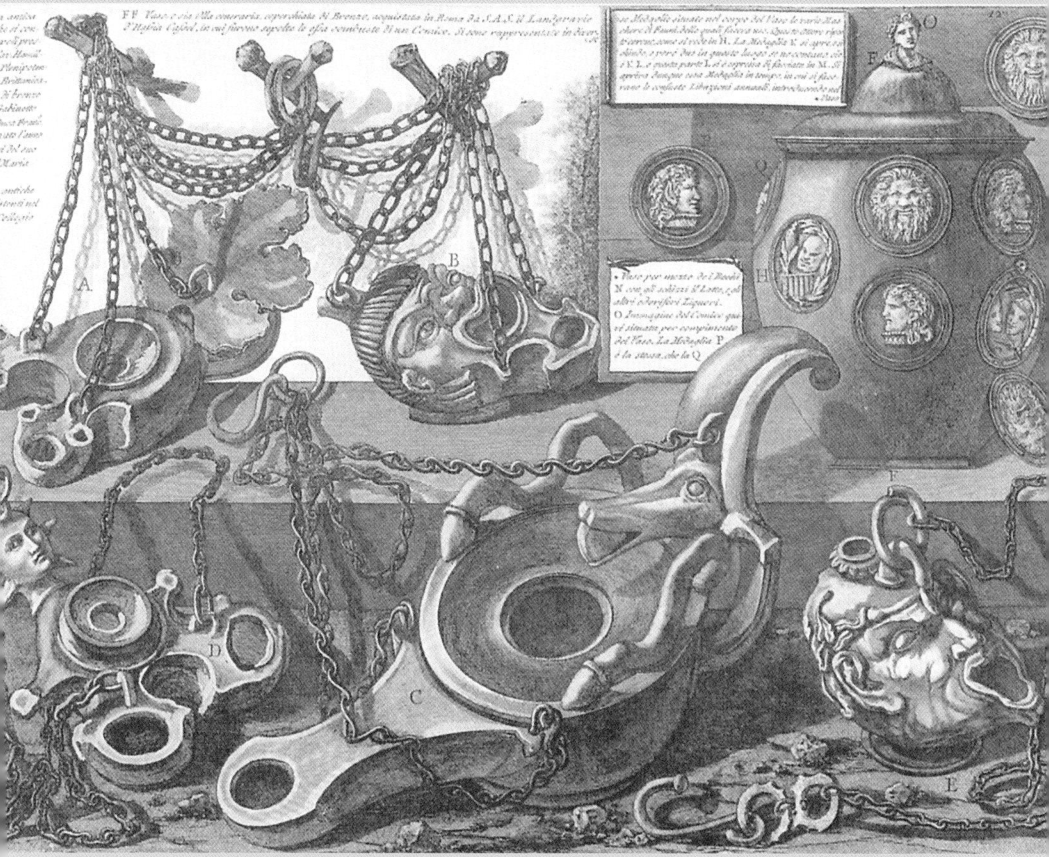

〈각종 램프와 돋을새김을 한 꽃병〉 조반니 피라네시, 동판화, 41×58cm, 1778년

시뮬라크르 I

플라톤 소식 들었나? 아널드 슈워제네거가 주지사 됐대. 요즘 정치는 근육으로 하나?

아리스 레이건도 대통령을 했는데요. 그러고 보니 생각나는 얘기가 있네요. 사운드 이상하게 내며 노자 가르치는 친구 있죠?

플라톤 아, 이상한 옷 입고 다니는 그 빡빡머리?

아리스 예. 그 친구가 명언을 남겼지요. "전두환의 업적은 대통령은 개나 소나 할 수 있다는 걸 보여준 데에 있다."

플라톤 킥킥, 제법 반짝이는 구석이 있군. 며칠 전 이온이라는 친구를 만났는데, 그 녀석도 제법 웃기더군. 세상에, 자기를 장군으로 뽑아달라더군.

아리스 육사 나온 친군가요?

플라톤 아니, 가수래. 호메로스의 시에 나오는 전투 장면을 자기만큼 완벽하게 암송하는 사람도 없으니, 마땅히 자기가 장군이 되어야 한다나?
아리스 그럼 스필버그는 국방부 장관 해야겠네. 〈라이언 일병 구하기〉…….

정치가의 이데아

플라톤 빌어먹을 민주주의. 그러니 저마다 정치하겠다고 나서는 자들 중에 진짜와 가짜를 가려야 하지 않겠나?
아리스 그걸 가리는 기준이라도 있나요?
플라톤 물론 있지. 자네는 내 이데아론에 대해 잘 알고 있겠지?
아리스 그럼요. 참된 존재는 저 하늘의 이데아에 있고, 우리가 이 땅에서 보는 것은 그림자에 불과하다.
플라톤 그렇지. 거기에 거울에 비친 사물의 영상이나 대상을 그린 그림을 더하기로 하세.
아리스 아, 그것들은 복제의 복제겠네요? 그럼 이 세상은 원상이데아 – 복제현실 – 복제의 복제그림라는 세 층으로 나누어지는 셈인가요?
플라톤 그렇지. 정치가도 마찬가지라네. 먼저 이상적인 정치가, 혹은 정치가의 이상이 있겠지.
아리스 하지만 그것은 저 하늘에 속하겠지요. 아니면 저 아득한 황금시대에나 있었거나…….
플라톤 그렇지. 그렇다면 지금 여기에 있는 것은 무엇이겠나?
아리스 그 원상의 속성을 불완전하게 나눠 가진 복제들뿐이겠지요. 아, 그리고 다시 이것들을 불완전하게 베낀 복제의 복제들…….
플라톤 그렇지. 이 복제들은 그나마 이데아의 속성을 나눠 갖고 있으

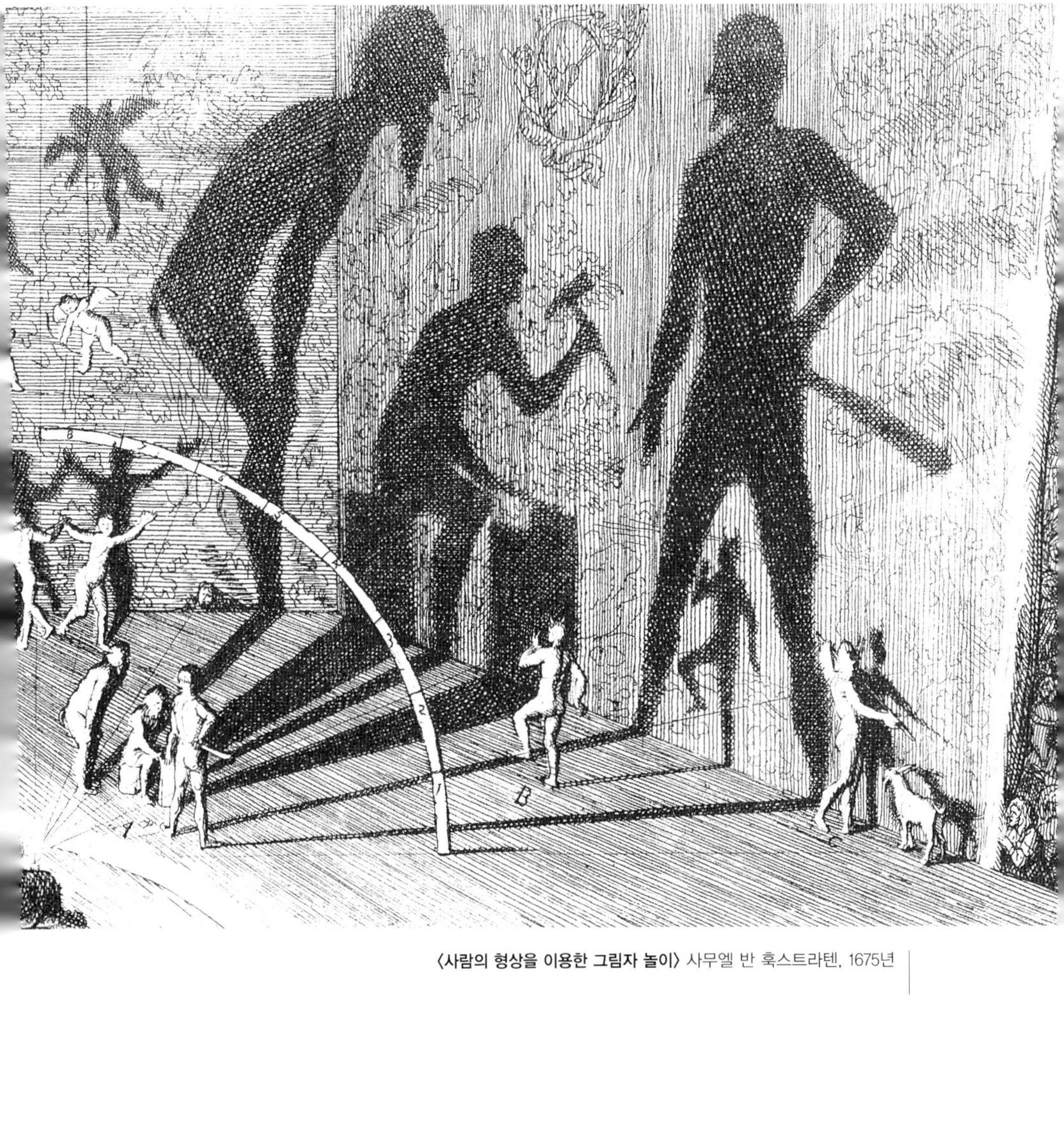

〈사람의 형상을 이용한 그림자 놀이〉 사무엘 반 훅스트라텐, 1675년

니, 정치할 자격이라도 있지. 하지만 복제의 복제들은 그 주제도 못 된다네.

아리스 이데아의 속성이 전혀 없으면서, 마치 그걸 가진 양 흉내만 내는 복제의 복제들이라……. 그게 누군데요?

플라톤 가령, 서사시 좀 읊는다고 장군으로 뽑아달라고 한 그 정신나간 녀석.

아리스 아하…….

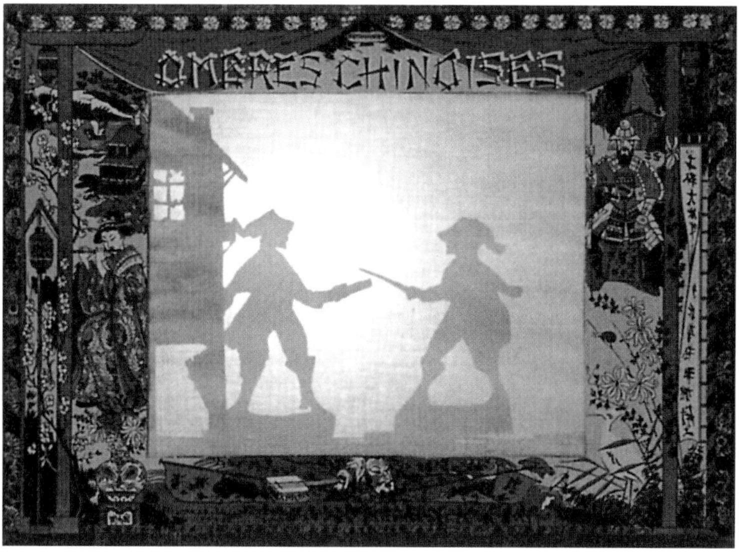

〈중국식 그림자 연극〉 프랑스, 1860년경

최초의 애니메이션이다.

철인정치

플라톤 이 복제의 복제를 '시뮬라크르simulacre'라고 부르기로 하세. 결국 문제는 진짜와 가짜, 복제와 시뮬라크르를 가르는 데에 있겠지.

아리스 결국 정치할 종자가 따로 있다는 얘기가 되나요?

플라톤 그렇지. 폴리스의 장래는 역시 참된 지식을 가진 이들에게 맡겨야 하겠지.

아리스 그게 구체적으로 누군데요?

플라톤 가령 소크라테스 선생 같은 철학자라면 어떤가?

아리스 '철인정치'를 하자는 말씀인가요? 에이, 근데 소크라테스 선생이 어디 정치하려고 하시겠어요?

플라톤 뭐, 굳이 안 하시겠다면 나는 어떤가? 비례대표로…….

아리스 헉…….

플라톤 그 표정은 내 말에 동의하지 않는다는 뜻?

아리스 아니 그게 아니라, 저기…….

플라톤 어디? 저건 디오게네스Diogenes, 기원전 400?~기원전 323가 아닌가?

아리스 에구구, 저는 여기서 그만…….

사라진 성당

파리 근교 지베르니. 이곳에 유명한 '모네의 정원'이 있다. 인상파 화가 모네Claude Monet, 1840~1926는 여기서 만년을 보냈다. 별장 안은 온통 그가 수집한 일본 판화로 뒤덮여 있다. 밖으로 나가면 마당에 꽃밭이 있고, 그 뒤로 일본식 다리가 놓인 연못이 펼쳐진다. 버드나무가 늘어진 물 위로 머리를 내민 줄기마다 연꽃이 매달려 있다. 모네는 백내장으로 고생하면서도 수련을 즐겨 그렸고, 그렇게 그린 연꽃은 지금 파리 시내의 오랑주리 미술관에 걸려 있다. 원형의 벽에 파노라마처럼 펼쳐져, 관람자는 마치 연못의 한가운데 서서 사방을 둘러보는 느낌을 갖게 된다.

물의 요정

모네가 정말 연꽃을 그렸을까? 뭘 의심한단 말인가. 저기 앞에 〈수련〉 그림이 있고, 그림 안에 분명히 모네의 사인이 되어 있지 않은가? 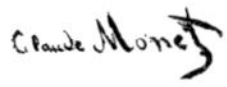

아니, 그 꽃을 그린 게 모네냐고 묻는 게 아니다. 모네가 그린 게 연꽃이냐고 묻는 거다. 자, 그림으로 바짝 다가서서 〈수련〉을 들여다보라. 저게 어디 연꽃의 모양인가? 거친 터치로 벽에 발라진 두꺼운 물감 자국에 불과하지 않은가. 거기에 꽃이 어디 있는가?

무슨 소리. 꽃은 있다. 한 걸음, 두 걸음, 세 걸음 물러서서 보라. 무정형의 물감 덩어리들 속에 서서히 꽃들의 형상이 나타나지 않는가. 연못 여기저기에 피어 있는 저것들은 분명 연꽃이 아닌가? 요정이 깃들여 있다고 '님페아nymphea'. 잠을 자고 깨느라 봉오리를 접었다 편다고 '수련睡蓮'. 저 연못 속에 떠 있는 것들이 물의 요정, 잠자는 꽃, 수련이라는 것을 누가 부정하는가? 모네는 수련을 그렸다. 그가 그린 것은 수련이다. 이걸 왜 의심하는가?

요정처럼 수줍어서일까? 가까이 다가서면 꽃은 거친 물감 속으로 사라져버린다. 보라. 모네가 남긴 것은 오직 거친 터치의 흔적을 머금은 물감 덩어리뿐, 그 이상도 그 이하도 아니다. 그럼 우리 눈에 비치는 수련은 무엇이란 말인가? 유감스럽게도 그것은 수련의 허깨비, 캔버스의 사막 위에 아른아른 증발하는 수련의 신기루일 뿐이다. 모네는 수련을 그리지 않았다. 수련의 형상은 화가의 붓끝이 아니라 바라보는 이의 눈 속에서 완성된다. 신기하지 않은가?

르네상스의 화가들, 가령 브뤼겔이 꽃을 그렸다면, 멀리에서 보나 가까이에서 보나 변함없이 수련일 게다. 그들은 정말로 꽃을 그렸다. 그때 그림은 자연의 모방, 꽃의 복제였다. 그럼 모네는 무엇을 그렸을까? 그가 그린 것은 무엇일까? 그것은 꽃이 아니다. 꽃의 시각적 인상이다. 모네는 화면 위에 현실에 존재하는 꽃을 복제한 게 아니다.

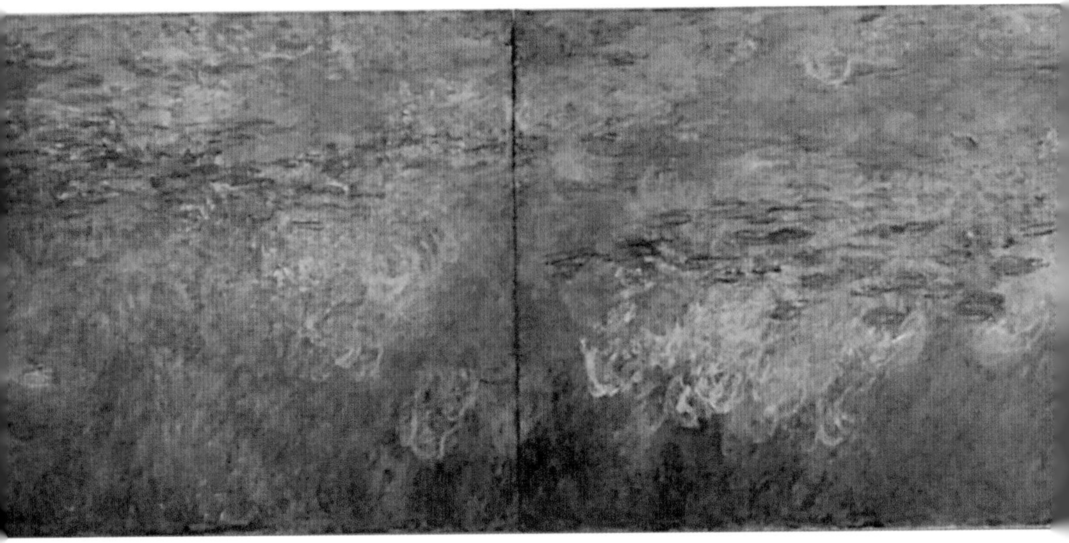

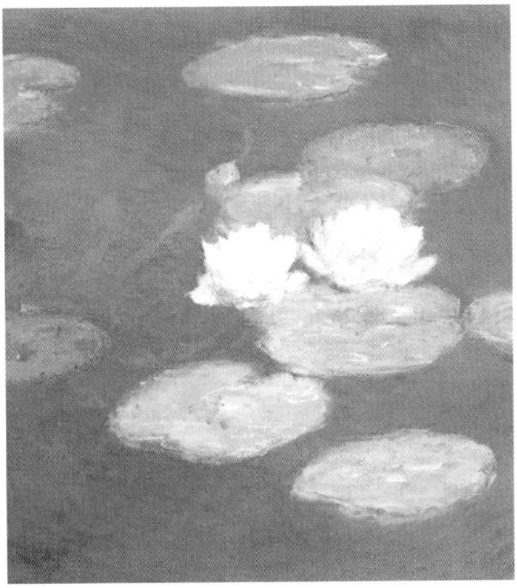

〈수련〉 클로드 모네, 캔버스에 유채,
73×100cm, 1897~1899년

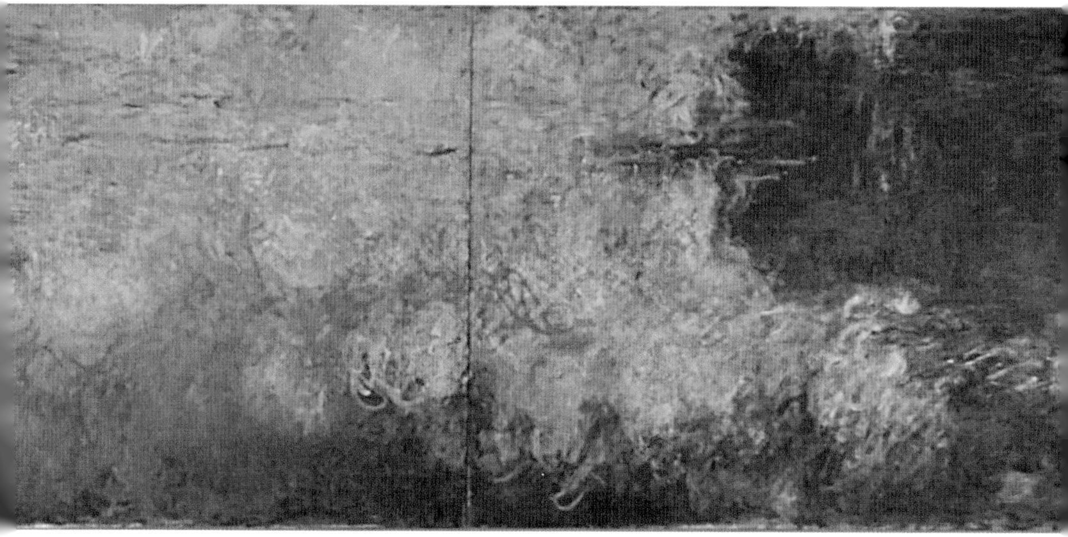

〈수련: 반사된 구름〉 (부분), 클로드 모네, 캔버스에 유채, 200×1276cm, 1920년

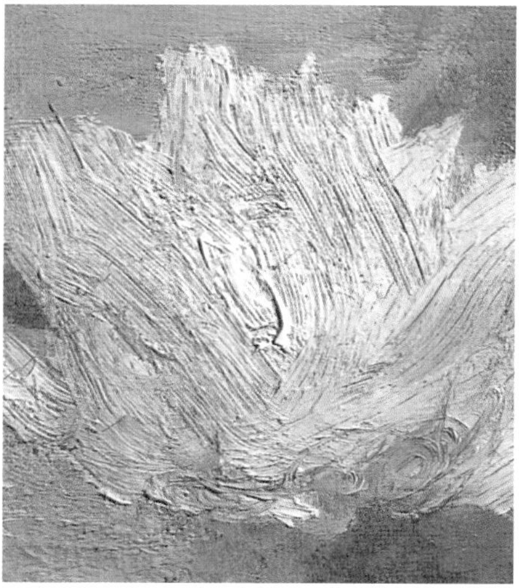

가까이서 본 〈수련〉

우리의 눈에 복제된 꽃의 인상을 또다시 복제했을 뿐이다. 그리하여 저 연꽃은 반영의 반영, 복제의 복제인 셈이다.

현대인의 눈

모네는 아마도 '현대'라는 시대를 먼저 예감한 화가일 게다. 수련을 바라보는 그의 눈은 정확하게 대도시에 사는 현대인의 눈이다. 하지만 그게 말이 되는가? 내가 아는 한 모네가 수련을 그렸을 때는 그 복잡한 대도시에서 벗어나 한적한 지베르니로 옮겨 조용히 은거할 때다. 저 연못을 보라. 너무나 목가적이지 않은가. 저기에 어디 도시의 분주함이 있단 말인가? 저기 어디에 번잡한 대도시에 사는 현대인의 눈이 들어 있단 말인가?

이렇게 생각해보자. 당신이 지금 소읍의 찻집에 앉아 저 멀리 동네 어귀로 들어오는 낯선 이를 본다고 하자. 이때 당신은 그의 모습을 또렷이 인지할 게다. 자, 이제 장면이 바뀌어 당신은 대도시의 카페에 앉아 횡단보도 맞은편의 군중을 보고 있다. 신호가 바뀌자 많은 사람들이 빠른 걸음으로 도로를 건넌다. 이때 당신의 눈에 비친 그들의 모습은 어떤가? 아마 뚜렷한 윤곽이 아니라 얼룩덜룩한 색덩이로 다가올 게다. 이게 도시적 지각이다. 인상주의는 이 도시적 지각의 구현이다.

과거의 화가들은 달리는 마차의 바퀴살을 또렷이 그려넣었다. 그래서 달리는 마차도 그 자리에 멈춰선 것처럼 보인다. 하지만 달리는 마차 바퀴살은 우리 눈에 보이지 않는다. 돌아가는 자전거 바퀴살이 어디 눈에 보이던가? 인상주의 화가라면 마차의 바퀴살을 일일이 그려넣지 않고, 그 부분을 슬쩍 흐릴 게다. 그럼 마차는 실제로 달리는 양 속도감을 갖게 된다. 인상주의는 이런 도시적 속도의 구현이다.

과거의 화가들은 사물을 '있는 대로' 그렸다. 반면 인상주의 화가들은 '보이는 대로' 그렸다. 과거의 화가들이 '객관'을 지향했다면, 인상주의 화가들은 '주관'을 지향했다. 과거의 화가들이 '대상'을 그렸다면, 인상주의 화가들은 현대인의 '시각'을 그리려 했다. 모네는 수련을 그린 게 아니라, 도시인의 눈에 비친 인상을 그렸다. 모네가 그린 것은 수련이 아니다. 모네는 결코 수련을 그리지 않았다. 모던의 지각을 그렸다.

루앙 성당 앞에서

〈수련〉을 그리기 몇 년 전에 모네는 〈루앙 성당〉을 그렸다. 그것도 한 번만 그린 게 아니라 같은 건물을 반복해 그렸다. 왜? 우리는 그 이유를 안다. 인상주의의 신조에 따르면 색이란 반사된 빛이다. 그런데 빛은 고정된 것이 아니라 시시각각 달라진다. 따라서 성당의 제 색을 표현하려면 시시각각 달라지는 빛을 좇아서 여러 번 그릴 수밖에. 그래서 그는 아침, 점심, 저녁의 성당을 그렸고, 맑은 날과 흐린 날의 성당을 그렸다.

과거에도 계열적인serial 작업을 한 화가들은 있었다. 그래서 똑같은 그림에 종종 여러 개의 버전이 있다. 가장 적확한 표현을 얻기 위해 화가가 같은 대상을 여러 번 그린 결과다. 이렇게 탄생한 버전들 사이에는 모종의 위계질서가 있다. 말하자면 그중에서 대상을 가장 적절하게 묘사했다고 여겨지는 하나가 특권을 누리는 것이다. 그리고

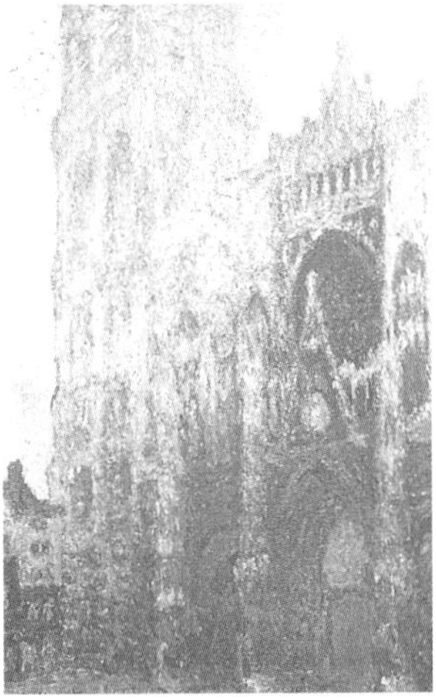

〈루앙 성당 : 아침 효과〉
클로드 모네, 캔버스에 유채,
106×73cm, 1893년

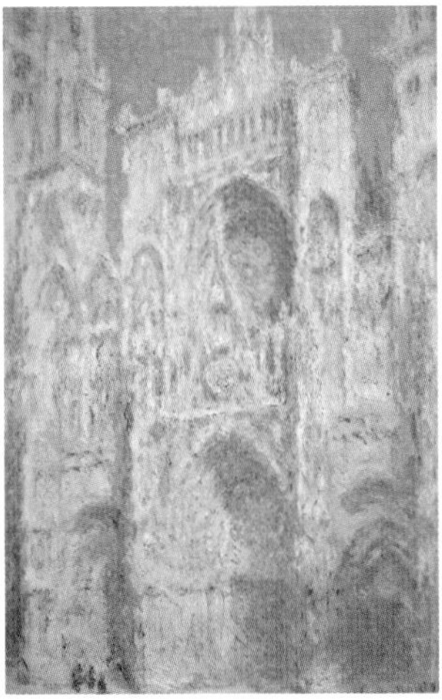

〈루앙 성당 : 한낮〉
클로드 모네, 캔버스에 유채,
107×74cm, 1893년

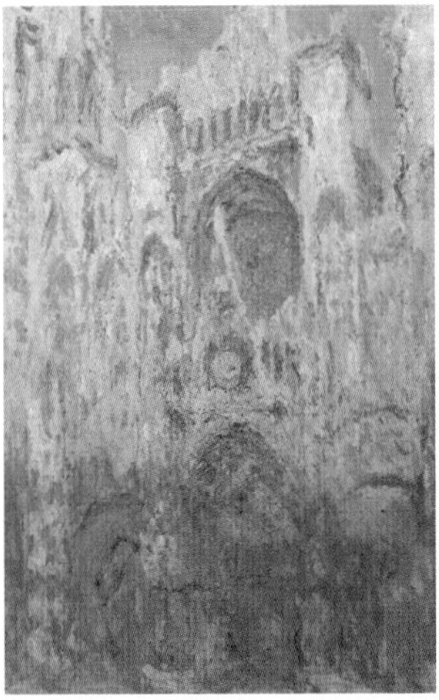

〈루앙 성당 : 해질녘, 햇빛의 효과〉
클로드 모네, 캔버스에 유채,
100×65cm, 1892~1894년

바로 그런 버전이 화가의 대표작이 되어 '원작' 행세를 하게 된다.

하지만 모네의 성당들 사이에는 위계가 없다. 그림을 보라. 저 여섯 점의 그림 중 원작은 어느 것일까? 루앙 성당의 색을 가장 적절하게 묘사한 것은 어느 것일까? 우리는 이 물음에 대답할 수가 없다. 왜? 루앙 성당에는 '고유색'이 없기 때문이다. 색이 빛이라면, 그리하여 시시각각 달라진다면, 도대체 어느 색을 루앙 성당의 '고유색'이라 불러야 하는가? "하짓날 정오에 본 루앙 성당의 색을 그 건물의 고유색으로 정의한다." 이럴 수는 없지 않은가.

사물에 '고유색'이 있다면 여러 버전 중에서 성당의 색조에 가장 가까운 것을 하나 고를 수 있을 게다. 하지만 '고유색'이 없다면, 어느 게 루앙 성당의 색조에 가장 가까운지 말할 근거도 사라지게 된다.

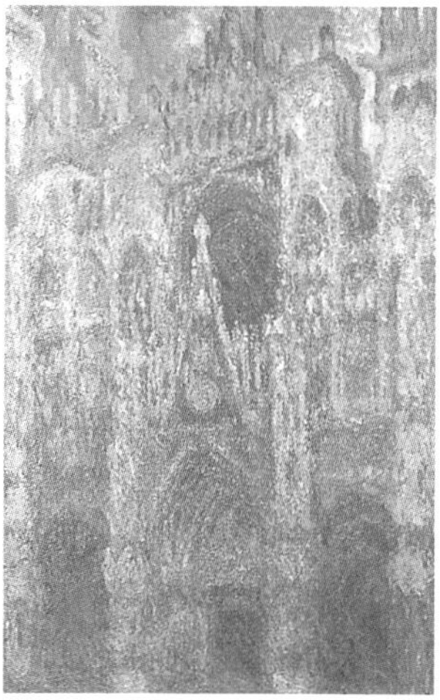

〈루앙 성당 : 아침 햇살, 파란색의 하모니〉
클로드 모네, 캔버스에 유채,
100×66cm, 1894년

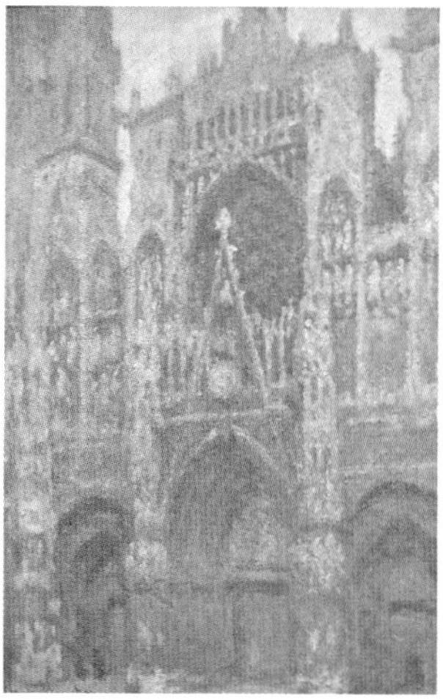

〈루앙 성당 : 흐린 날, 회색의 조화〉
클로드 모네, 캔버스에 유채,
100×65cm, 1892년

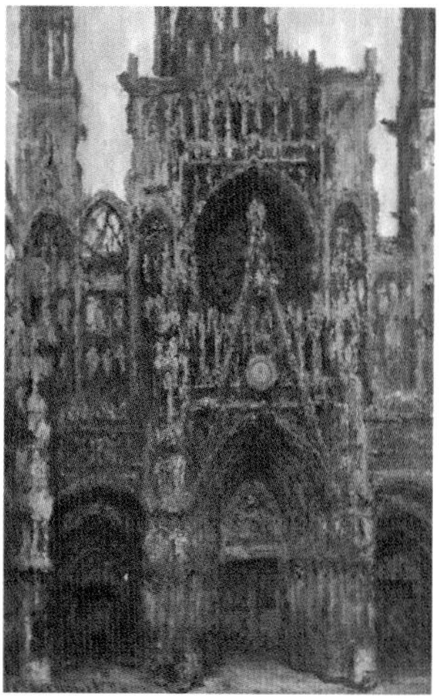

〈루앙 성당 : 갈색의 하모니〉
클로드 모네, 캔버스에 유채,
107×74cm, 1892년

회화의 진리가 재현의 올바름에 있다면, 저 여섯 점의 그림은 모두 옳다. 저들 사이에 위계란 없다. 루앙 성당의 진면목은 하나의 그림 안에 남김없이 현현顯現하는 게 아니다. 그것은 차이의 놀이 속에, 말하자면 조금씩 달라지며 끝없이 이어지는 저 계열 속에서 비로소 드러나는 것이다.

현실의 사라짐

그림을 인쇄하려면 색분해를 해야 한다. 총천연색의 그림은 빨강, 파랑, 노랑 그리고 그림에 명암을 줄 검정, 네 장의 필름으로 분해된다. 이것들을 인쇄기에 걸어놓고 순차적으로 네 번 인쇄하면 비로소 총천연색의 그림을 얻는 것이다.

다시 〈루앙 성당〉 연작을 보라. 각각의 작품이 거의 단색에 가깝지 않은가? 마치 한 장의 총천연색 사진을 색 분해해서 얻어낸 필름들처럼 느껴진다. 여기서 성당의 고유색은 여러 개의 단색 필름 속으로 흩어져 사라진다.

저 그림들 속에서 견고한 물성物性은 느껴지지 않는다. 성당은 돌이라는 석재의 견고함을 잃어버리고 마치 호수에 비친 물그림자처럼 어른거릴 뿐이다. 저것은 성당이 아니라 성당의 인상이다. 물物 자체가 아니라 화가의 눈에 맺힌 인상일 뿐이다. 성당은 어디로 갔는가? 이것이 세잔Paul Cézanne, 1839~1906을 괴롭힌 문제였음을 우리는 알고 있다. 그는 인상주의가 사물을 사라지게 하는 것을 못 견뎌 했다. 모네의 작품 속에서 돌로 지어진 견고한 성당은 물성을 잃어버린 채 '차이'의 놀이들 속으로 흩어져 사라지고 만다.

원본은 사라졌다. 그리고 그 자리에는 원본 없는 복제, 즉 시뮬라크르의 놀이가 들어선다. 세계는 더 이상 단 하나의 그림 안에 한꺼번에 재현되지 않는다. 현실은 사라졌다. 현실에 대한 낡은 관념은 사라졌다. 이제 세계는 조금씩 모습을 바꾸며 무한히 이어지는 시뮬라크르의 놀이 속에 있는 듯 없는 듯, 그렇게 모습을 드러낸다. 이게 현실이며, 이게 현대의 지각이다. 모네는 이 현대인의 눈을 가지고 시뮬라크르의 놀이 속으로 현실의 견고함을 사라지게 한 최초의 화가다.

알레프

"알레프?"
"그래. 전혀 흐트러짐 없이 모든 각도에서 본
지구의 모든 지점들이 있는 곳이지."
-보르헤스, 《알레프》

아르헨티노라는 사내가 자신이 간직하고 있던 비밀을 털어놓는다. "그것은 부엌의 지하실에 있어. …… 그건 내 거야, 그건 내 거야. 나는 그것을 학교에 들어가기 전 어린 시절에 발견했지. …… 나는 몰래 지하실로 내려갔고, 금지된 계단에서 굴러 떨어지고 말았지. 눈을 떴을 때 나는 '알레프'를 보게 된 거야." "그렇지만 지하실은 아주 어둡지 않나?" "만일 '알레프' 속에 지상의 모든 장소가 들어 있다면 거기에는 모든 조명 기구들, 모든 등들, 모든 빛의 원천들이 들어 있지 않겠어?"

그의 말을 듣고 지하실로 내려간 '나'는 완벽한 어둠 속에서 마침내 알레프를 보게 된다.

층계의 아래쪽 오른편에서 거의 눈에 담기 어려운 광채를 빛내고 있는 형형색색의 작은 구체 하나를 보았다. 처음에 나는 그것이 회전을 하고 있다고 생각했다. 그러나 잠시 후 그 움직임이 그 구체 속에 들어 있는 어지러운 광경들 때문에 생겨난 착각이라는 것을 깨달았다. 알레프의 지름은 2 또는 3센티미터에 달할 듯싶었다. 그럼에도 불구하고 전혀 크기의 축소 없이 우주의 공간이 그 안에 들어 있었다.

알라누스 드 인술리스Alanus de Insulis, 1128~1202는 모든 곳에 중심이 있고, 어떤 곳에도 원주가 없는 어떤 구체에 대해 말한 바 있다.《구약성서》〈에스겔〉에도 동시에 동서남북을 볼 수 있는 한 천사의 얘기가 나온다. 이처럼 알레프 속에서 "하나의 사물은 무한한 많은 사물이었다." 그 안에서 "나는 으르렁거리는 바다를 보았고, 나는 새벽과 저녁을 보았고, 나는 아메리카 대륙의 군중을 보았고, 나는 검은색 피라미드의 중앙에 있는 은빛 거미줄을 보았고, 나는 부서진 미로다름 아닌 런던 시를 보았고, …… 세계의 모든 거울들을 보았고……".

세속적 천지창조

히브리인들은 야훼의 말 한마디가 세상을 창조했다고 믿었지만, 요즘 사람들은 '빅뱅'이라는 세속적 창조론을 믿는 모양이다. 가모프George Gamow, 1904~1968라는 러시아계 미국 천체 물리학자가 내놓은 이 이론에 따르면, 우주는 200억 년 전 시간과 공간이 응축된 하나의 점에서 탄생했다. 한마디로 지금 우리가 보고 있는 이 모든 것이 언젠가 단 하나의 점에서 튀어나왔다는 얘기다. 이 거대한 우주와 그 안의 모든 것을 다 쑤셔 넣은 그 점의 크기와 무게는 얼마나 될까? 나로서는 알 수 없다. 아니, 그걸 묻는 게 무슨 의미가 있을까?

거대한 우주를 토해놓는 그 점을 '우주의 특이점'이라 부른다. 어떤 이론에 따르면 최초의 폭발이 일어난 단 1초 사이에 우주의 지름이 10억×10억×10억×10억 배로 팽창했다고 한다. 지하실의 '알레프'를 생각해보자. 지름이 2~3센티미터에 불과하나, 그 안에는 우주 전체가 들어 있다. 어두운 지하실 열아홉 번째 계단에서 본 알레프는 그 아득한 옛날 폭발하여 팽창하다가 도중에 멈춘 우주였을까? 최초의 폭발로부터 1초 이내의 어느 시점에 우리의 우주는 실제로 지름 2~3센티미터의 조그만 구슬 모양을 하고 있었을 게다.

하나의 점이 순식간에 폭발하여 시간을 토해놓고, 공간을 토해놓고, 은하계를 토해놓으며 끝없이 팽창한다. 이 창조의 과정을 비디오 카메라로 촬영한 후 그 필름을 거꾸로 되돌린다고 하자. 그러면 어떻게 보이겠는가? 우주 전체가 점점 줄어들어 하나의 점 속으로 빨려 들어가다 이윽고 사라져버릴 것이다. 실제로 우주 공간에는 시간을 빨아들이고, 공간을 빨아들이고, 물질을 빨아들이고, 빛을 빨아들이는 그런 점들이 존재한다. 그걸 '블랙홀'이라고 하던가?

검은 사각형

과거의 예술이 세계를 '창조'하려 했다면, 현대 예술은 세계를 빨아들여 블랙홀이 되려는 모양이다. 1915년에 열린 어느 전시회에서 말레비치Kazimir Severinovich Malevich, 1878~1935는 이제까지 없었던 하나의 극단적인 작품을 선보였다. 화면에서 모든 것을 추방하고, 하얀 바탕 위에 달랑 검은 사각형 하나만 그려 넣었던 것이다. 세잔 이후에 시작된 구상의 사라짐이 여기서 더 위로 올라갈 수가 없는 하나의 절대적 단계에 도

〈검은 사각형〉 카지미르 말레비치, 캔버스에 유채, 80×80cm, 1915년

달한 것이다. 이때부터 〈검은 사각형〉은 서유럽의 영향에서 벗어나 독자적인 길을 걸은 러시아 아방가르드의 아이콘으로 통하게 된다.

말레비치의 작품 중에는 러시아의 농민을 비롯하여 여러 가지 가시적인 대상을 기하학적 도형에 가깝게 단순하게 한 것이 있는가 하면, 순수한 색과 기하학적 도형들로 이루어진 구성도 존재한다. 하지만 그의 작품이 정점에 도달한 것은 구성도 포기한 채, 그저 사각형,

〈검은 동그라미〉
카지미르 말레비치,
캔버스에 유채, 80×80cm,
1915년

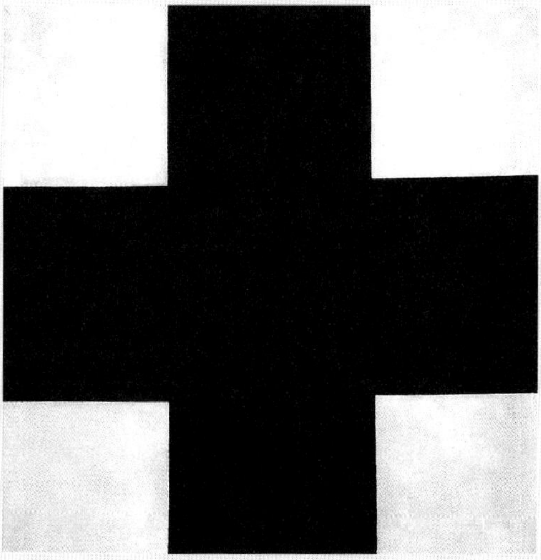

〈검은 십자가〉
카지미르 말레비치,
캔버스에 유채, 106×107cm,
1923년

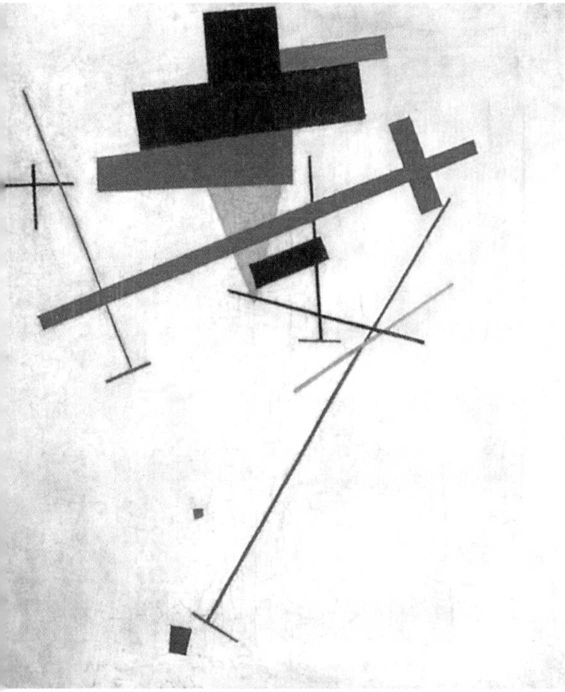
〈**절대주의적 구성**〉 카지미르 말레비치, 캔버스에 유채, 49×44cm, 1915년

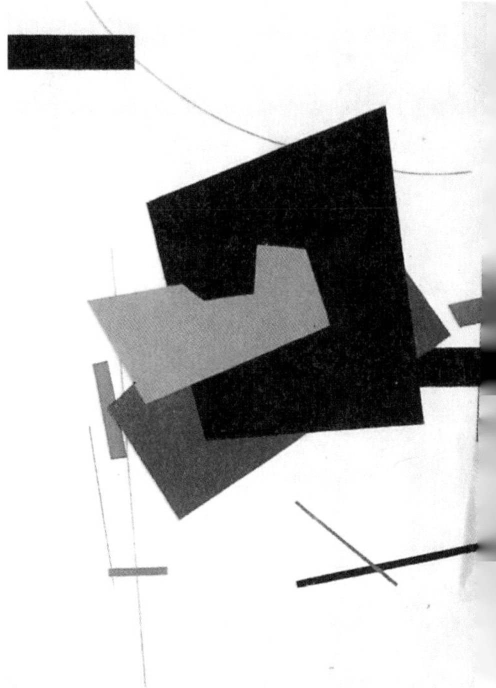
〈**절대주의**〉 이반 클륜, 캔버스에 유채, 71×89cm, 1916년

원형, 십자가 등을 무채색으로 그리는 단계에 이르러서다. 이렇게 화면에서 가시적 대상을 모조리 지워버리고 '비대상적 세계', 즉 아무 대상도 없는 세계를 지향하는 자신의 예술적 실천을 그는 '절대주의suprematisme'라 불렀다.

절대주의는 몬드리안Piet Mondrian, 1872~1944처럼 상을 통해 모든 대상의 바탕에 깔려 있는 근원적 형태를 찾아내려 하지 않는다. 또 칸딘스키Wassily Kandinsky, 1866~1944처럼 자유로운 구성을 통해 형과 색의 미적 유희

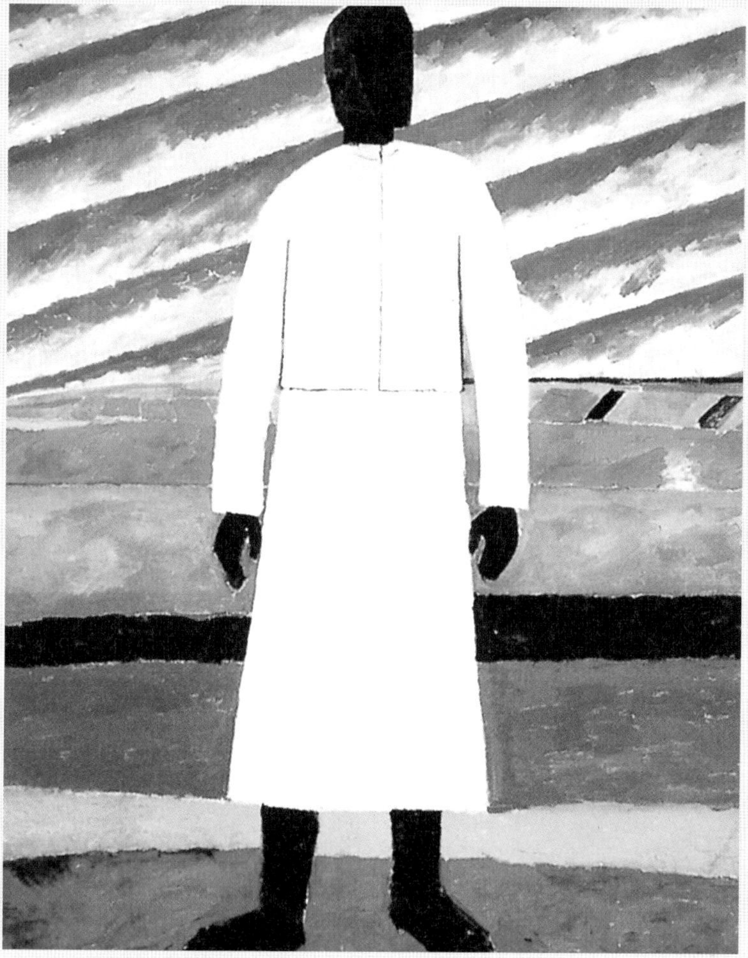

〈촌아낙네(검은 얼굴을 가진)〉 카지미르 말레비치, 캔버스에 유채, 99×80cm, 1928~1932년

를 추구하지도 않는다. 회화에서 정신성을 추구한다는 점에서는 같을지 모르겠다. 하지만 말레비치가 '절대주의적 형태'라 부른 사각형, 동그라미, 십자가는 복잡한 대상의 형태를 단순화하여 얻어낸 시각적 추상이 아니며, 형과 색의 자유로운 미적 구성과도 관계가 없다. 그것은 저 무겁고도 검은 침묵으로써 그저 대상이 사라진 근원적인 무無의 상태를 가리킬 뿐이다.

형상의 금욕주의

회화에서 대상성이 사라지면서 전통적인 '진리 미학'은 힘을 잃게 된다. 고전 회화와 달리 현대 회화에는 도대체 '내용'이라는 게 없기 때문이다. 대상성이 사라진 추상 회화 앞에서 사람들이 의존할 유일한 이론은 칸트Immanuel Kant, 1724~1804의 '형식 미학'이었다. 이제 예술의 본질을 내용의 올바름이 아니라 형식의 아름다움에서 찾기 시작한 것이다. 하지만 추상이 '절대주의'의 단계에 도달하면, 그때는 형식 미학도 더 이상 우리를 돕지 못한다. 형과 색의 자유로운 유희도 저 검은 사각형 안에서는 갑자기 멈춰버리기 때문이다.

아름다움은 즐거움을 준다. 추상이든 구상이든 미적 쾌감을 주는 한, 여전히 미적 쾌락주의 아래 놓여 있는 것이다. 하지만 저 검은 도형을 보라. 거기 어느 구석에 아름다움이 있단 말인가. 형을 보는 쾌감, 색이 주는 쾌감은 외려 금지된 것처럼 보인다. 〈검은 사각형〉은 미적 쾌감을 주지 않는다. 거기서 우리는 외려 고통을 느낀다. 우리가 거기서 보는 것은 미적 금욕주의다. 감각적 쾌락pleasure을 포기한 고통스런 금욕의 대가는? 그 모든 감각적 쾌락을 합한 것보다 더 큰 정신적 열락delight이다. 〈검은 사각형〉은 미가 아니라 숭고를 지향한다.

《구약성서》〈출애굽기〉에서 신은 인간들에게 십계명을 내려 명하기를, 이 세상의 어느 것이든 눈에 보이는 것의 형상을 만들지 말라고 했다. 헬라의 신들은 아름다운 형태의 유한성 속에 갇혀 기꺼이 조각이 되었으나, 히브리의 신은 자신의 무한성을 유한한 형태에 가두어놓기를 거부했다. 절대주의는 이 '형상 금지Bildverbot'의 세속적 형태다. 비트겐슈타인Ludwig Wittgenstein, 1889~1951은 "말할 수 없는 것에 대해서는 침묵해야 한다"고 했다. 말레비치의 사각형은 고귀한 침묵으로 눈에 보이는 모든 대상을 집어삼키며, 그 검은색으로 세계의 죽음을 애도한다.

있음과 없음

쇼펜하우어Arther Schopenhauer, 1788~1860에 따르면 원래 세상에는 '하나'의 거대한 의지가 있었다. 이 의지가 개별화 원리에 따라 갈라져 우리가 보는 이 표상의 세계가 탄생한다. '의지'라는 근원적 존재에서 갈라져 나온 파편들이 바로 우리다. 우리는 조그만 '의지'의 파편들, 뭔가 하려고 하는 조그만 욕망의 조각들이다. 각자 하고자 하는 바가 다르기에 개별 의지들은 서로 부딪혀 갈등을 일으킨다. 우리가 사는 세계는 얽히고 설킨 갈등으로 이루어진다. 이 표상의 세계를 불교에서는 '사바 세계'라 부른다. 우리가 저 근원적 의지 속에서 하나였을 때, 우리 사이에는 갈등이 없었다. 그때는 '나'도 없었고, '너'도 없었고,'세계'도 없었다.

일자一者가 개별 의지들로 갈라질 때 표상의 세계가 탄생하고, 의지

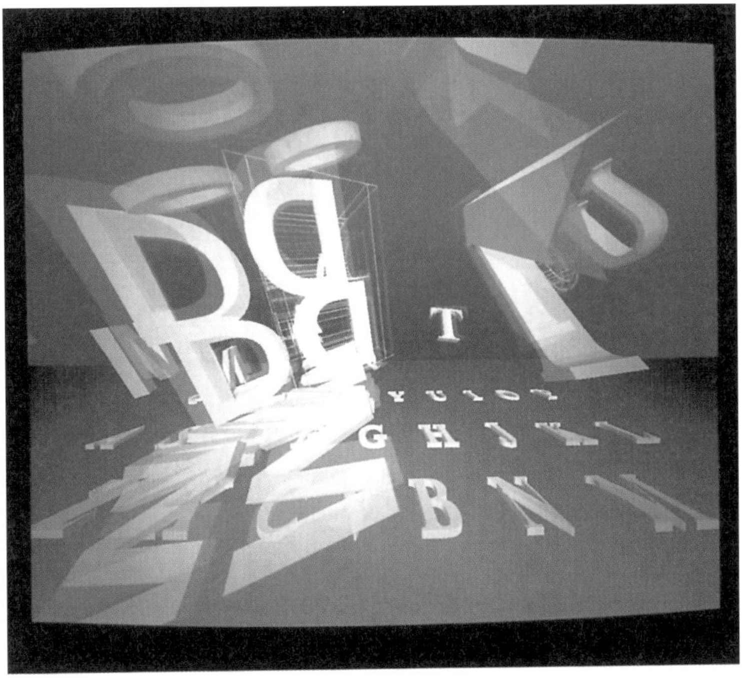

〈**가상세계 : 언어 세계**〉 페터 바이벨, 인터랙티브 컴퓨터 설치 예술, 1902년

들의 차이가 지워질 때 그 세계는 한때 그것을 뱉어놓았던 존재의 영점零點 속으로 다시 사라진다. 차이들을 낳을 때에 세계가 탄생하고, 차이들을 지울 때 세계는 사라진다. 말레비치는 사각형으로 모든 형의 차이를 지우고, 검은색으로 모든 색의 차이를 무효로 만든다. 이렇게 모든 피조물의 차이를 지울 때 그의 캔버스는 세계 전체를 들이마시는 블랙홀이 된다. 말레비치는 말한다. "만약 아무런 차이들이 없다면 하나의 절대적 균형이, 즉 하나의 절대적인 영0이, 무대상성이 존

재하고 있음이 틀림없다."

페르시아인들은 하나의 새이자 동시에 모든 새인 것을 신성神性의 상징으로 보았다. 〈검은 사각형〉은 바로 그 새를 닮았다. 그것은 모든 것인 동시에 아무것도 아니다. 모든 있음을 내포한 없음이다. 한 점이면서 동시에 우주의 모든 점이기도 한 알레프다. 아니면, 저 검은 사각형은 내가 알레프를 보았던 그 지하실의 어둠일까? 그 어둠 속에서 '나'는 세상의 모든 것을 동시에 보았다. 그렇다면 당신의 눈에도 지 검은색 속에서 세상의 모든 것이 동시에 보여야 한다. 보이는가? 알레프를 보러 지하실로 내려가는 내게 아르헨티노는 이렇게 말했던가?

> 한 가지 명백히 해두어야 할 것은 자네가 그것을 못 본다 할지라도 그건 자네의 무능력 탓이지 내가 한 증언이 거짓이기 때문이 아니라는 점일세.

피라네시의 세계 1

감 옥

과학과 공상을 결합한 것을 SF라 부르던가? 피라네시의 작품은 또 다른 의미의 공상 과학이다. 그의 작품에서는 정밀한 고고학적 지식과 낭만적인 시적 공상이 하나로 결합된다. 그래서 건축학적 도면을 연상시키는 정밀한 도면임에도 불구하고, 어떤 알 수 없는 정서가 흐른다. 로마 유적은 이미 당대인들에게 널리 알려져 있었다. 하지만 피라네시의 판화를 통해 보는 로마는 이제까지 그들이 보지 못한 것이었다. 이렇게 그는 로마를 '보게' 해주었던 것이다. 하지만 그의 '감옥'은 실제로 존재하는 건물이 아니다. 결코 현실에서는 지어질 수 없는 허구의 감옥이다. 왜 하필 감옥을 상상했을까? 알 수 없다. 어쨌든 여기서도 과학과 공상은 하나로 결합된다. 원근법에 대한 완벽한 지배 없이, 저런 공상의 감옥을 짓는 것이 가능하겠는가? 참을 말하는 것은 간단하나, 거짓을 참으로 만드는 데에는 고도의 기술이 필요하다. 공간에 대한 완벽한 이해 없이, 저런 거짓말을 할 수는 없다. 자, 어디가 잘못되었는가?

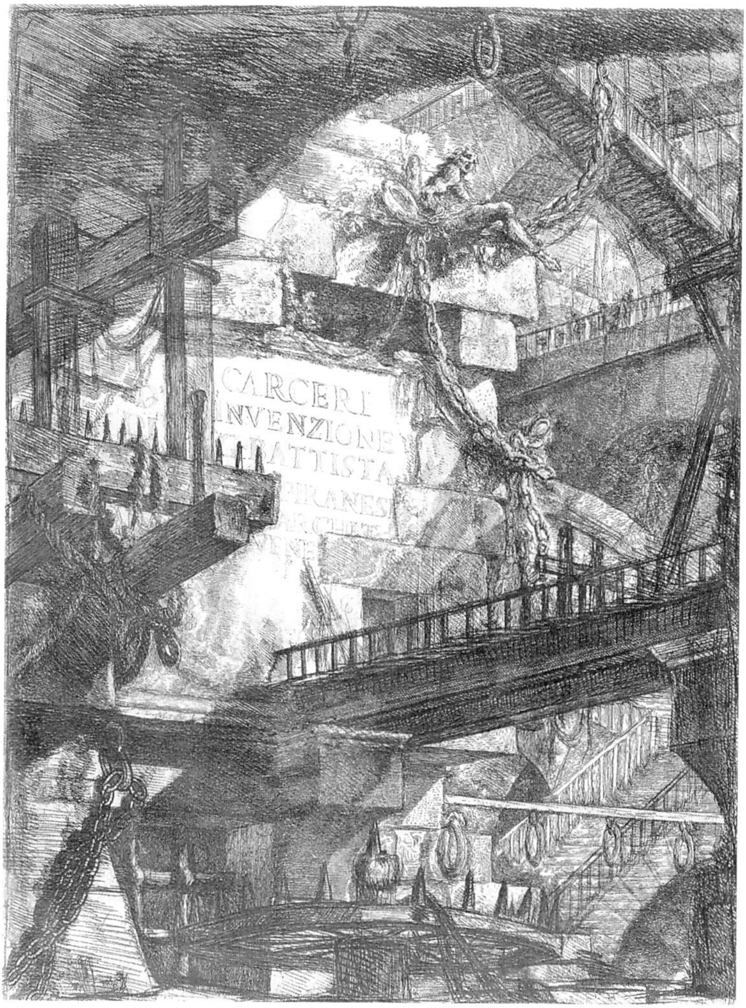

〈상상의 감옥〉 조반니 피라네시, 동판화, 55×41cm, 1761년경

고양이 없는 웃음

루이스 캐럴Lewis Carroll, 1832~1898의 《이상한 나라의 앨리스》를 읽은 사람이라면 나뭇가지 위의 체셔 고양이를 알 게다. 이 고양이는 갑자기 사라졌다가 다시 나타나곤 해 앨리스를 번거롭게 만든다. "그렇게 갑자기 나타났다 사라졌다 하지 않았으면 좋겠어. 널 보면 어지럽단 말야." 앨리스의 짜증에 고양이는 "알았어"라고 대꾸하더니, 이번엔 아주 천천히 꼬리부터 없어지기 시작해 마지막엔 웃는 표정만 남긴다. 모든 몸이 다 사라진 후에도 그 웃음만은 한참을 머물다가 이윽고 허공 속으로 사르르 녹아 없어진다. "웃음 없는 고양이는 종종 봤지만. 고양이 없는 웃음이라……."

그 웃음의 정체는 무엇일까? 진짜 웃음일까, 아니면 웃음의 환영일까? 고양이의 정체는 무엇일까? 현실의 고양이일까, 아니면 한갓 고양이의 환영일까? 알 수 없다. 앨리스가 본 것은 과연 무엇인가. 여기서 퀴즈를 하나 내보자. 기억이 잘 안 나지만 가드너Martin Gardner, 1914~2010

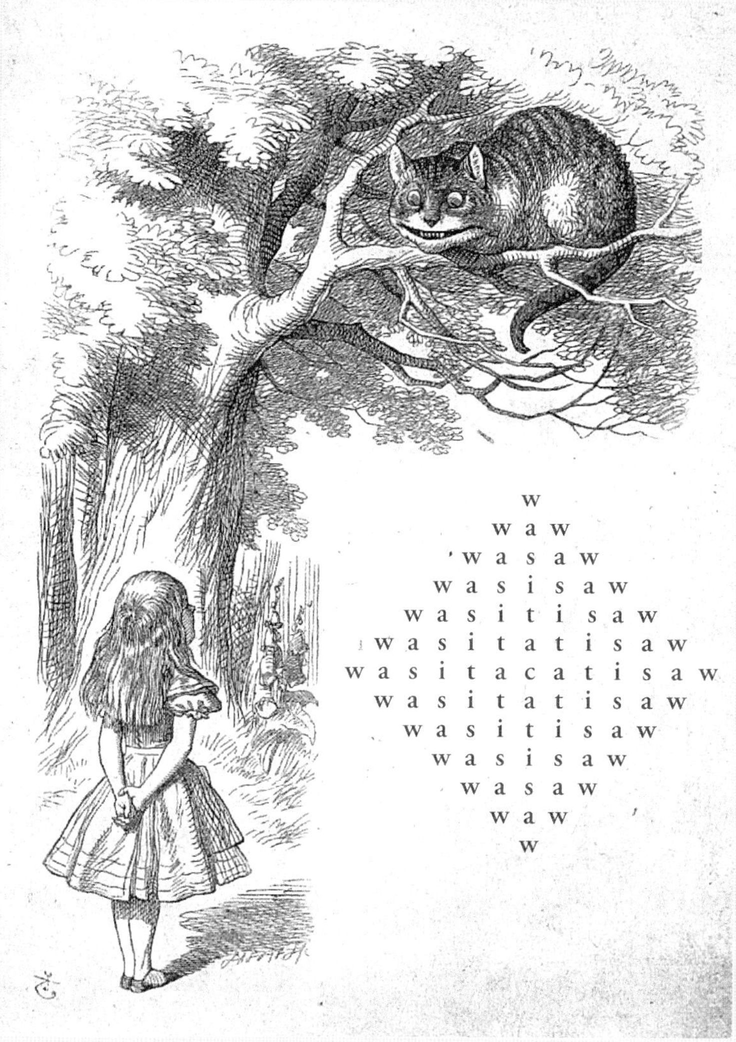

《이상한 나라의 앨리스》 속의 삽화, 테니얼 경

의 책에서 본 것 같다. "내가 본 것이 고양이였을까?" 이를 영어로 옮기면 "Was it a cat I saw?"이다. 이 문장을 뒤에서부터 거꾸로 읽어보라. 역시 똑같은 문장이 얻어진다. "Was it a cat I saw?" 앞뒤로 읽어도 똑같은 이 문장을 이용해 모종의 마방진을 구성해보자.

마방진은 사면이 w로 둘러싸여 있고 중간에 c를 가지고 있다. 이 도형을 둘러싸고 있는 주위의 w에서 시작하여 'was it a cat i saw'라는 문장을 만들어낼 경우의 수는 얼마일까? 도형을 잘 보면 알겠지만, 어느 경우든 가장자리의 w에서 시작하여 반드시 중앙의 c를 거쳐야 그 문장을 만들어낼 수 있다. 가만히 들여다보면 이 마방진에 사용된 문자의 수는 딱 여섯 개다. w=24, a=24, s=16, i=12, t=8, c=1. 이 문자들의 조합으로 그 문장을 수없이 많이 복제할 수 있다. 자, 모든 경우의 수는 얼마일까?

사라짐의 미학

루앙 성당은 사라져버렸다. 묵직한 돌로 된 성당이 필름을 닮은 단색의 웃음들 속으로 흩어져버렸다. 이것이 현실을 사라지게 하는 모네의 방식이다. 현실이 해체된 자리에 남은 것은? 서로 조금씩 차이를 내면서 끝없이 이어지는 시뮬라크르들. 《서유기》에 나오는 신통한 원숭이는 제 머리카락으로 수없이 많은 분신을 만든다. 그렇게 끝없이 머리카락을 불어대다가 몸 전체가 그 숨결에 실려 입 밖으로 빠져나가 허공으로 사라져버리면? 그럼 원숭이는 사라지고 머리카락으로 된 복제들만 남을 게다. 모네에게서 성당의 정체성identity은 수많은 '차이들differences' 속으로 해체된다.

말레비치는 다르다. 그는 거꾸로 모든 차이를 지움으로써 세계를 사라지게 한다. 이때 우리가 갖게 되는 것은 검은 사각형 외에 아무것도 그려지지 않은 텅 빈 캔버스다. 세상에 존재하는 형태들의 차이는 사라져 사각형으로 환원되고, 그 형태들이 가진 다양한 색의 차이 역시 사라져 검은색으로 돌아간다. 흰 바탕 위의 검은 사각형 속에서 사물들의 차이는 사라지고, 세계 전체는 세상의 모든 것을 집어삼키는 우주의 특이점으로 빨려 들어간다. 이렇게 말레비치에게서 차이들differences은 무차별적인 동일성identity으로 돌아간다.

우주에는 시간과 공간과 질량과 빛을 집어삼키는 블랙홀이 있고, 그렇게 빨아들인 모든 것을 다시 토해놓는 '화이트홀'도 있다. 재미있는 것은 차이들을 집어삼키는 블랙홀과 차이들을 토해내는 화이트홀이 서로 연결되어 있다는 점이다. 그 연결 고리를 '웜홀worm hole'이라 하는데, 이 통로를 거치면 우주의 한쪽에서 다른 쪽으로 훨씬 짧은 시간에 이동할 수 있다. 벌레가 사과 표면을 기어서 반대편으로 가는 것보다 사과 속을 파먹어 생긴 통로로 이동하는 게 더 빠른 것과 같은 이치다. 모네의 인상주의와 말레비치의 절대주의의 관계도 서로 붙어 있다는 이 두 개의 구멍과 비슷하지 않을까?

매체와 숭고

사라진 것은 무엇인가? 그것은 세계와 그림이다. 모네는 세계의 동일성identity을 물그림자 같은 환영들differences 속으로 흩어져 사라지게 했다. 말레비치는 세계의 그림을, 말하자면 캔버스 위에서 대상들의 재현을 사라지게 했다. 세계 자체는 물그림자들 같은 환영들 속으로 해체되고, 세계의 재현은 검은 사각형 속으로 빨려 들어가 사라졌다. 자연도 사라지고 모방도 사라진다. 세계도 사라지고 거울도 사라진다. 현실도 사라지고 재현도 사라진다. 이로써 자연의 모방, 세계의 거울, 현실의 재현이라는 고전 회화의 원리는 무너진다.

남은 것은 무엇인가? 세계의 시뮬라크르들, 물그림자처럼 흔들거리는 세계의 영상들, 견고한 세계가 아닌 세계의 유령 같은 환영들이다. 그뿐인가? 아니, 남은 게 하나 더 있다. 모든 형상이 사라진 흑과 백의 텅 빈 절대주의적 캔버스. 세상의 모든 대상을 집어삼켰다가 다시 뱉어내는 우주의 특이점. 존재자가 튀어나왔다가 다시 그리로 돌아가는 존재의 근원. 재미있게도 말레비치의 작품 〈검은 사각형〉은 블랙홀과 화이트홀이 맞붙은 모양이다. 우연의 일치일까?

이것이 현대인의 세계 감정이다. 19세기에 카메라가 발명됨으로써 사진이 세계를 재현할 의무를 떠맡게 된다. 사람들은 이제 사물의 영원한 상을 담은 회화가 아니라, 순간적 인상을 낚아챈 사진을 통해 세계를 들여다본다. 재현의 과제를 사진에 넘겨준 회화는 이제 눈에 보이는 '존재자'를 재현representation할 의무에서 벗어나, 점점 더 눈에 보이는 형상을 지우고 보이지 않는 근원적 '존재'를 현시presentation하는 쪽으로 나아간다. 클레Paul Klee, 1879~1940의 말대로 "현대 회화는 가시적인 것을 재현하는 게 아니라 비가시적인 것을 가시화한다".

모네는 단 하나의 성당을 묘사하기 위해 서로 비슷한 계열의 그림들을 그렸다. 오늘날 예술가들은 사진, 영화, 인터넷 등의 '매체 미학'으로 그 과제를 해결한다. 물감으로 그려진 연작의 자리에 다양한 매체를 통해 복제되는 기술적 영상들이 나타난다. 그럼 말레비치의 절대주의적 기획은? 그것은 오늘날 색면추상color field abstract이나 모노크롬

monochrome의 '숭고 미학'으로 계승되고 있다. 현대의 캔버스는 화면을 비우고 단색의 바탕을 지향한다. 어느 미디어 철학자의 말처럼 20세기 예술은 "형상금지정신화와 영상의 홍수기술복제라는 양면으로부터 협공"당하고 있다.

세계의 웃음

고양이 없는 웃음처럼 세계는 사라지고 세계의 웃음만 남았다. 정말 우습지 않은가? 어떻게 이런 일이 벌어질 수 있었을까? 세계상이 변했기 때문이다. 뉴턴Isaac Newton, 1642~1727의 우주는 견고한 것이었다. 아인슈타인Albert Einstein, 1879~1955의 우주는 다르다. 그 안에서 시간은 속도에 따라 줄어들거나 늘어지고, 공간은 중력에 따라 이리저리 휘어진다. 데카르트René Descartes, 1596~1650의 사물은 연장을 가진, 말하자면 길이와 부피를 가진 것이었다. 아인슈타인의 사물은 다르다. 그 유명한 공식에 따라 길이도 없고 부피도 없는 에너지로 증발해버린다. 질량은 얼마든지 에너지로 전화될 수 있다. 현대 물리학에서 전통적인 세계는 사라져버린다.

교통과 통신의 발전 때문일 수도 있다. 초음속기와 고속전철은 시공의 관념을 바꿔놓는다. 파리에서 아침을 먹고 뉴욕에서 점심을 먹을 때, 서울로 출근하고 부산으로 퇴근할 때, '시간'과 '공간'은 해체된다. 게다가 미디어의 발달로 지구 반대편에서 벌어진 일이 실시간으로 내 방으로 전송되고, 클릭 한 번으로 나는 대양 건너편의 나라로 날아갈 수 있다. 이로써 시공의 관념은 희미해진다. 칸트는 시간과 공간을 세계를 구성하는 원리로 보았던가? 그럼 시공이 해체되면서

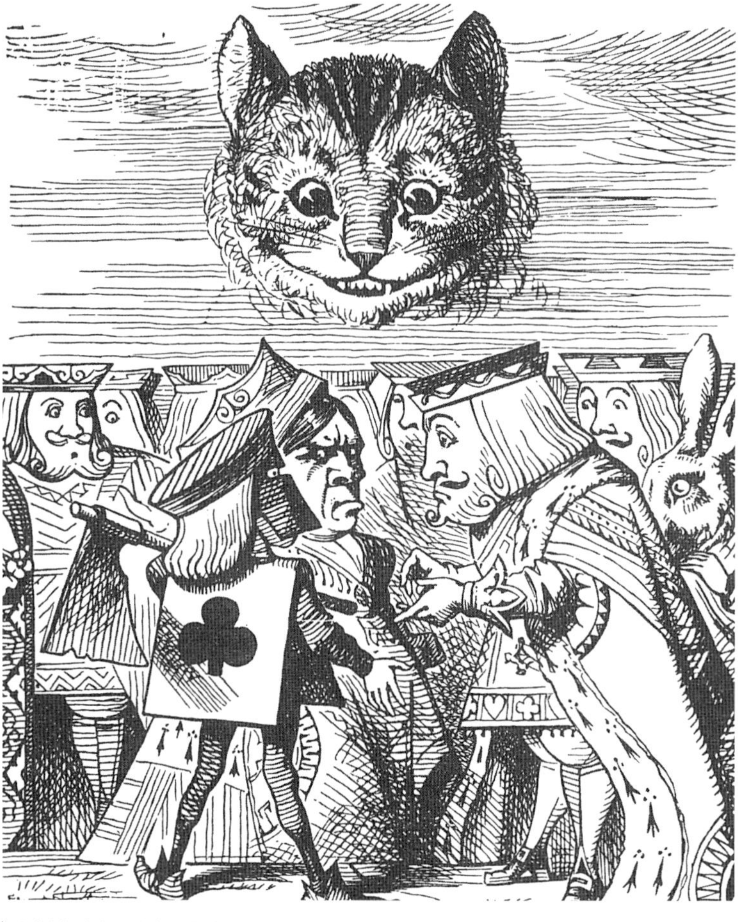

《이상한 나라의 앨리스》 속의 삽화, 테니얼 경

당연히 세계도 사라질 수밖에.

아니면 지각의 세계가 바뀌었기 때문일까? 더 이상 우리는 세계를 맨눈으로 보지 않는다. 세계에 대한 우리의 체험은 대부분 신문, 방송, 인터넷 등을 통해 얻은 것이다. 세계는 이제 육안으로 본 게 아니라 기술복제된 영상들로 구성된다. 미국에 가보지 않은 나도 미국의 이미지를 갖고 있다. 그것은 사진, 영화, 컴퓨터 영상 등으로 이루어져 있다. 그렇다면 내게 미국은 현실인가? 아니면 환영인가? 어느 쪽으로도 대답하기 힘들다. 이렇게 세계는 고양이 없는 웃음처럼 허공에서 녹아 없어지고, 모네의 성당처럼 물 위에 뜬 그림자가 되어 흐늘거린다.

존재와 무

"자동차가 비행기에 추월당하고, 전보와 전화가 무선통신에 의해 낡은 것으로 되는 시점이기 때문에, 지금이야말로 마치 집 안의 거미줄을 깨끗이 청소하듯이, 도시들을 전화 및 전보의 전선망으로부터 깨끗이 청소하기에 좋은 시기다." 말레비치가 이 말을 한 게 1924년이다. 여기서 그는 눈에 보이지 않는 전파가 세계의 대상성을 '청소'할 것이라 예언하고 있다. 우리는 이미 손에 컴퓨터와 다름 없는 휴대전화를 들고 다니며 시공간의 제약 없이 무선 인터넷 환경을 경험하고 있다. 견고했던 세계는 텅 빈 공간을 채우는 전자파에 자리를 내주며 점점 사라져간다. 같은 일이 그의 캔버스 위에서도 일어났다.

내 주위의 공간은 온통 전자파로 가득 차 있다. 그것들은 라디오에 들어와 소리가 되고, 텔레비전에 들어와 영상이 되고, 노트북으로 들어와 화상이 된다. 그 소리와 영상과 화상 들은 원래 어디에 있었던 것인가? 바로 내 몸을 휘감고 있는 공간 속에 전파의 형태로 존재하고 있는 게 아닌가. 그렇다면 아무것도 없는 저 텅 빈 공간에는 지금

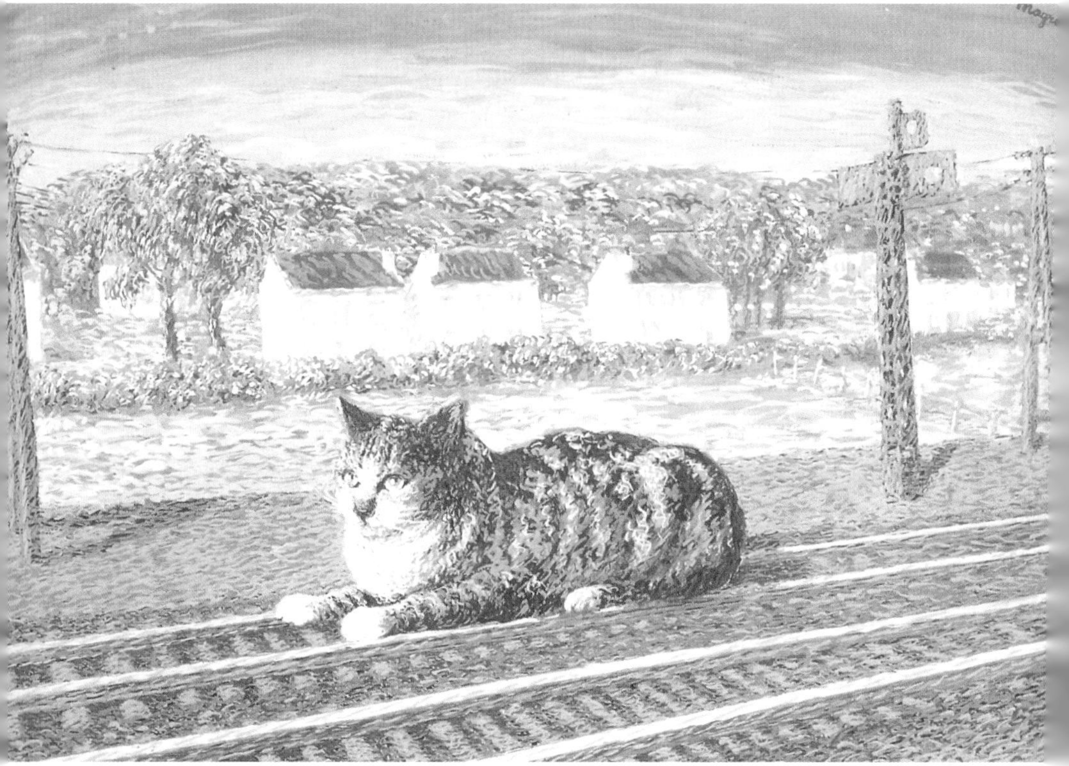

〈라미나그로비스〉 르네 마그리트, 캔버스에 유채, 41×59cm, 1946년

도 온갖 소리와 영상과 화상 들이 번개처럼 스치면서 소리 없이 아우성치고 있을 게다. 이 이미지들은 물질성이 없기에 환영, 아니 유령에 가깝다. 그것들을 맨눈으로 볼 수 있다면 얼마나 멋질까? 아니, 남들이 보지 못하는 것을 보는 아이처럼 무서울까?

텔레비전도 이미 디지털 전송으로 바뀌었다. 그렇게 전송된 영상들이 우리 방 안을 채우고, 우리는 그 기술복제된 영상들을 통해 세계를 체험하고, 그것들을 재료로 우리 자신의 세계를 구성한다. 그 복제영상들은 우리가 눈으로 직접 본 것이 아니라 남이 본 것을 촬영해 복제한 것이므로, 그걸로 만들어진 세계는 일종의 '매트릭스'가 되는 셈이다. 미디어에서 튀어나와 나의 세계를 이루는 이 환영들의 정체는 무엇인가? 그 환영의 배후로 돌아가려면 말레비치가 캔버스 위에서 대상들을 지웠던 것처럼 일단 그 허깨비들의 차이를 하나하나 지워나가야 한다.

소리와 영상과 화상의 차이를 지우면 문자로 된 명령어들이 나타난다. 바로 이것이 모니터 위에 소리와 영상의 환영을 만들어낸 것이다. 명령어들은 다양한 기호와 수식으로 이루어져 있다. 그것들의 차이도 지우자. 그 문자들의 바탕을 이루는 ASCII 코드는 0과 1의 디지털 코드로 이루어진다. 결국 모니터 위의 그 근사한 환영은 0과 1의 놀이에 불과했던 것이다. 1비트짜리 정보들의 조합이 세계의 환영을 만들어낸 것이다. 등의 점멸點滅. 하양과 검정. 말레비치의 작품은 '흰 바탕 위의 검은 사각형', 컴퓨터 모니터는 '검은 바탕 위의 흰 사각형'이다.

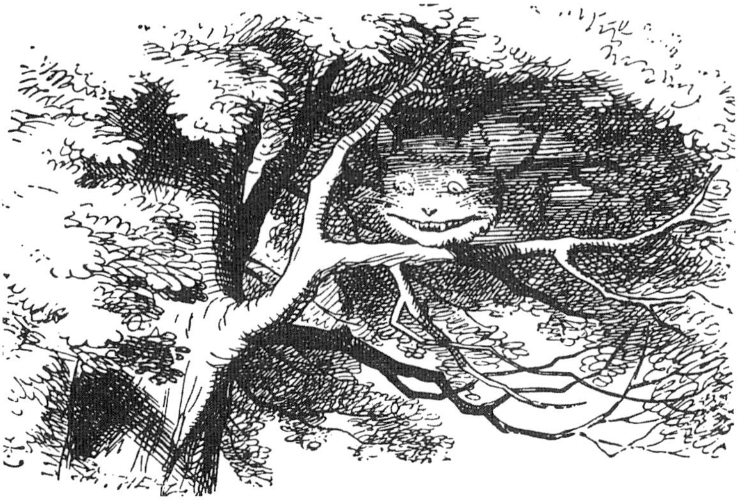

《이상한 나라의 앨리스》 속의 삽화, 테니얼 경

세계 없는 웃음

고양이는 나타났다. 사라졌다. 다시 나타났다. 그리고 이번에는 서서히 꼬리부터 사라지기 시작한다. 꼬리가 없어지고, 다리가 없어지고, 몸통이 없어지고, 머리가 없어지고, 이제는 웃음만 남았다. 세계도 사라지고 세계의 웃음만 남았다. 웃음 없는 세계는 가끔 보았어도, 세계 없는 웃음이란……. 근데 내가 본 것이 무엇이었더라? Was it a cat i saw? 그것을 고양이라고 할 수 있을까? 자, 이제 수수께끼를 풀었는가? 그 마방진 안에 들어 있는 이 문장의 시뮬라크르는 모두 몇 개였지? 정답은 6만 3504개다. 252개라는 답을 얻은 사람은 아마 제곱하는 것을 잊었을 게다.

시뮬라크르 Ⅱ

디오게 안녕, 플라톤.

플라톤 별로 안녕하지 못하네.

디오게 마음 풀게. 그러니까 앞으로 헛소리는 작작 하게나. '인간이란 깃털 없이 두 발로 걷는 동물?' 이게 말이 되나?

플라톤 아무리 그래도 그렇지, 깃털 뽑은 닭을 들고 강의실에 들어와 공개적으로 망신 줄 건 뭔가?

디오게 미안, 미안. 그런데 방금 무슨 얘기하고 있었나?

플라톤 정치 얘기하고 있었네.

디오게 정치 얘기라. 안 봐도 비디오지. 이데아가 어쩌고 하다가, 정치가에도 종자가 따로 있다, 이렇게 얘기했겠지?

플라톤 그럼 자네는 그렇게 생각하지 않나?

디오게 시인이 장군이 되든, 광대가 대통령이 되든, 자네가 기분 나쁠 일이 뭔가?

플라톤 무자격자에게 폴리스를 맡길 수는 없지 않은가?

디오게 자격이 있는지 없는지 자네가 어떻게 알아?

플라톤 이상적 정치가의 속성을 나눠 가졌으면 자격이 있는 것이고, 그저 흉내만 내는 녀석들은 자격이 없는 것이고…….

디오게 누가 그걸 나눠 가졌고, 누가 그런 척만 하는 건지, 그걸 자네가 어떻게 알아? 그자들을 믹서기로 갈아서 성분을 분석했더니 이데아 100그램이 검출되던가?

플라톤 그게 아니라…….

이데아, 사라지다

디오게 이제 말해보게. 아직도 복제와 시뮬라크르를 가를 수 있다고 믿는가?

플라톤 쩝…….

디오게 만약 복제와 시뮬라크르를 가르는 게 불가능하다면, 자네의 이데아론은 완전히 무너지게 되지.

플라톤 왜? 그렇게 거저 먹으려 하지 말게.

디오게 자, 생각해보게. 복제와 시뮬라크르를 가르는 자네의 기준이 뭐였나?

플라톤 그야 이상적 정치가의 속성을 가졌느냐 그렇지 않느냐였지.

디오게 바로 그걸세. 복제와 시뮬라크르를 가르는 것이 불가능하다는 건, 곧 복제와 시뮬라크르를 가르는 기준이 없다는 얘기가 아닌가?

플라톤 그렇지.

디오게 그런데 그 기준이 자네는 뭐라고 얘기했지?

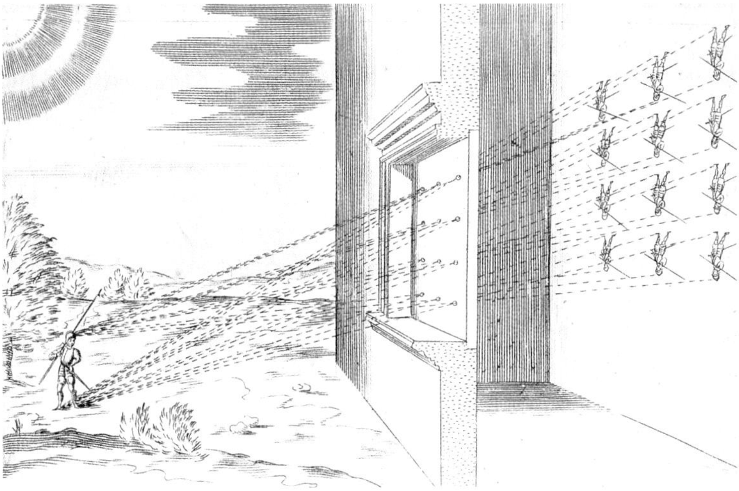

〈카메라 오브스쿠라가 어떻게 한 병사 형상으로부터 군대를 만들어내는가〉 마리오 베티니, 1642년

플라톤 이데아…….

디오게 그럼 어떤 결론이 나오겠나?

플라톤 이데아는 없다……?

디오게 빙고.

진리, 사라지나?

플라톤 그럼 너무 허무하지 않은가?

디오게 허무함 대신에 얻는 게 있지.

플라톤 그게 뭔데?

디오게 헛된 환상에 들뜬 마음 대신에 현실을 있는 그대로 보게 해주는 냉철한 눈.

플라톤 그 냉철함으로 가짜와 진짜를 구별하지 못한다면, 그 눈을 어디에 쓴단 말인가?

디오게 정치가에 종자가 따로 있다면 귀족정을 해야 할 텐데, 그보다야 누구나 평등한 민주주의가 낫지 않겠나?

플라톤 오케이, 그렇다 하세. 그래도 문제가 남는다네.

디오게 무슨 문제?

플라톤 이런 문제 말일세. 민주주의에서는 통치자를 선거로 뽑지 않나? 자네 말대로 가짜와 진짜를 가를 기준이 없다면 그놈의 선거는 도대체 뭐하러 하나? 돈 들일 필요 없이 제비뽑기로 할 일이지.

디오게 그거 나쁘지 않네. 거국적으로 로또를 해서 당첨자를 대통령 삼을까?

플라톤 내 참, 요즘 자네가 제 세상 만난 듯이 설치는데…….

디오게 그야 자네 철학이 하도 독단적인 데에 대한 반작용이 아니겠는가?

플라톤 그렇다고 진리가 있다는 믿음이 무너진 것은 아니라네.

디오게 세상에 절대적 진리가 어디 있나?

플라톤 그렇다고 상대주의, 회의주의가 옳은 것도 아니지. 옳고 그름의 기준은 어쨌든 있어야 하지 않겠나?

디오게 그렇다고 저 하늘에 이데아 세계를 지어놓고, 자네 혼자 진리란 진리는 다 가진 양 행세하면 안 되겠지.

플라톤 …….

가상을 긍정하라

디오게 이보게, 존재하는 것은 책상'성性'이 아니라 책상'들'이라네.

플라톤 무슨 얘기인가?

디오게 시뮬라크르를 긍정하라는 얘길세. 즉 저 하늘에서 헛되이 이상적인 정치가'성性'을 찾지 말고, 자네가 시뮬라크르라 부른 정치가'들'의 존재를 인정하라는 얘기지.

플라톤 내 참, 그래도 진짜와 가짜는 가려야 한다니까. 그러려면…….

디오게 이데아 세계를 지어놓고, 거기에 맞는 종자를 찾아야 한다? 인터넷 시대에 웬 종자론인가. 누구 말대로, 대통령은 채소 장사하는 데에 필요한 아이큐만 있으면 누구나 할 수 있는 거라네.

플라톤 그럼 선거는 뭐하러 하나? 아이큐 테스트로 대신하지.

디오게 오늘은 이만 하세. 약속이 있어서…….

플라톤 자네같이 분방한 삶의 예술가를 구속하는 약속도 있나?

디오게 가끔. 알렉산드로스라는 친구가 날 좀 보자고 하더군.

플라톤 대왕이 자네를?

디오게 그 친구, 자네 제자한테 배웠다며? 이 참에 내가 시험 한번 해봄세.

플라톤 뭘 시험한단 말인가. 대왕 자격이 있나 없나? 채소 장사하는 데에 필요한 아이큐만 있으면 대왕, 아무나 하는 거 아냐?

디오게 그래서 아이큐 테스트 좀 하겠다는 얘기네.

플라톤 말조심하게. 그 친구, 다혈질이래.

디오게 그럼 약올리기 더 좋지. 어서 가서 통을 태양 쪽으로 돌려놔야지. 근데 난 왜 남의 속 긁어놓는 게 이렇게 즐겁지? 큰일이야. 킥킥.

2

근대에서 탈근대로

모던 타임스

세계가 무너졌다. 적어도 19세기까지 사람들이 세계라고 믿었던 것이 무너져내려 파편으로 흩어졌다. 낡은 세계의 무덤 위에서 이제 '현대'라 부르는 새로운 세계가 열린다. 어떤 이는 오래된 세계의 해체를 한탄하며 무너진 세계를 복원하자고 말한다. 어떤 이는 무너진 세계의 파편들을 새로이 조합해 또 다른 세계를 창조할 즐거운 궁리를 한다. 그리고 어떤 이는 낡은 세계의 무덤에서 탄생한 이 새로운 세계 속에서 또 다른 파국의 징조를 본다. 이 세계는 유토피아일까, 아니면 디스토피아일까? 고전적인 세계의 붕괴는 고전적인 예술의 붕괴를 의미한다. 여기서는 붕괴된 세계와 예술의 폐허에서 처음으로 새로운 패러다임을 디자인한 독일 철학자들의 미학을 살펴보고자 한다.

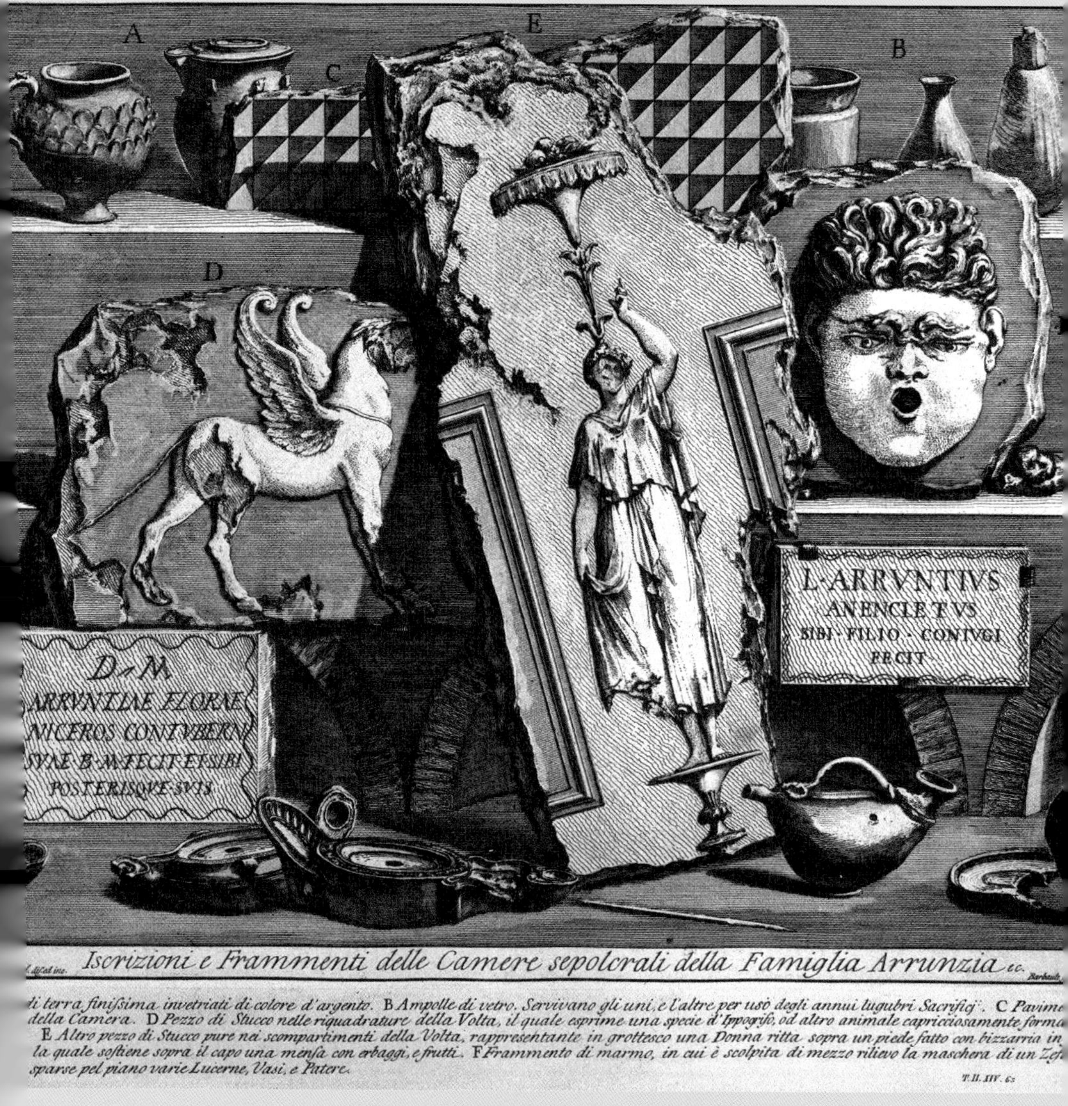

〈묘실(墓室)에서 나온 명각(銘刻)과 파편들〉 조반니 피라네시, 동판화, 1756년

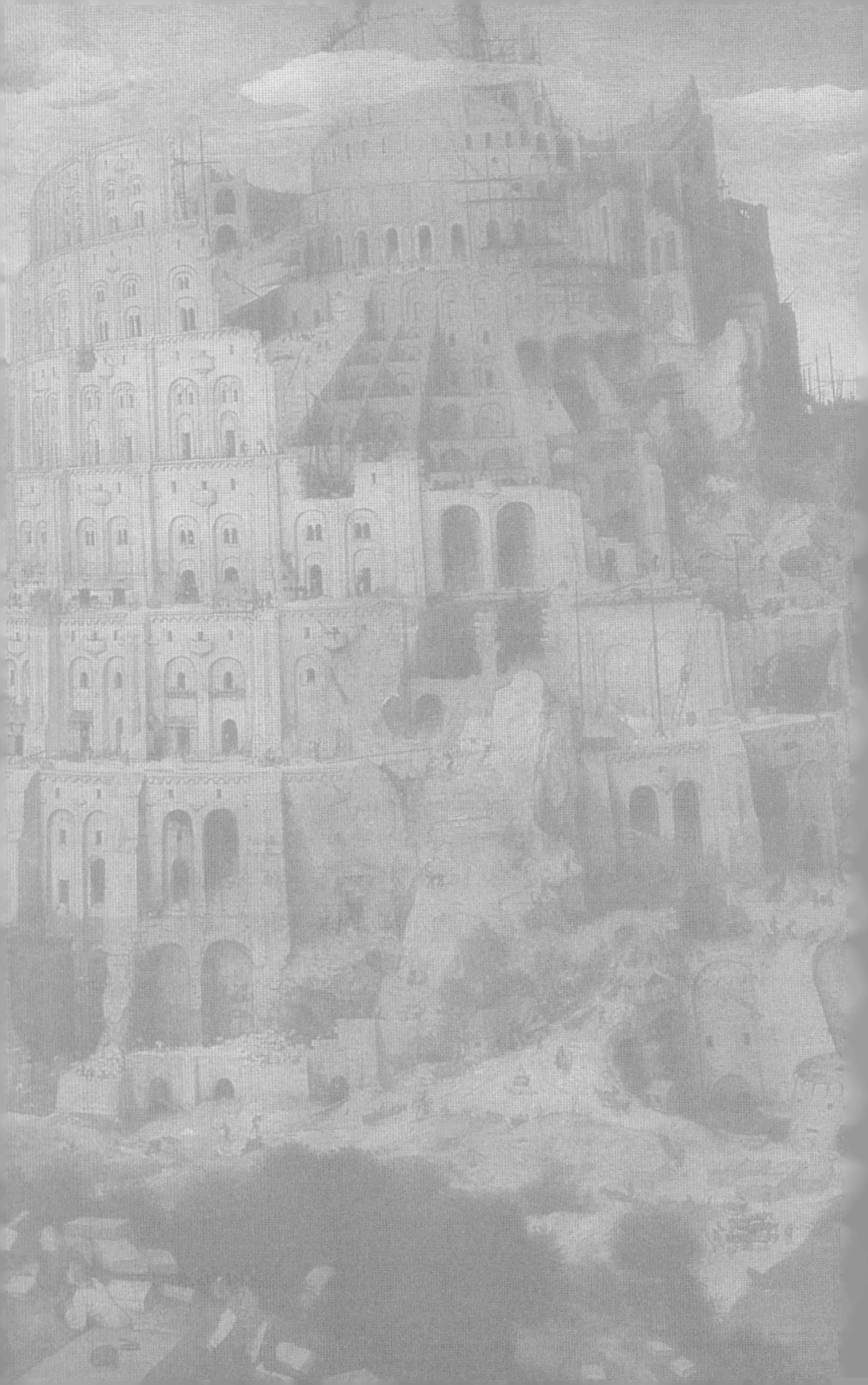

창조의 언어

프라하 1580년. 게토에 사는 유대인들은 생명의 위협을 느꼈다. 타데우스라는 광신적인 기독교 사제가 유대인에게 엉뚱한 죄목을 뒤집어씌우며 그들을 해치려고 했기 때문이다. 불안에 떠는 유대인들을 안심시킨 것은 랍비 레우 브라우흐Löw Brauch, 1513~1609. 그는 동포들에게 다윗의 후손답게 반드시 타데우스라는 골리앗을 물리치겠노라고 약속한다. 하지만 어떻게? 그 해법을 아는 이는 오직 야훼밖에 없었다. 신은 해결책을 묻는 그의 꿈속에 나타나 열 개의 낱말을 남긴다.

Ata Bra Golem Dewuk Hachomer V'tigzar Zedim Chevel Torfe Jisrael

"골렘을 만들어 그것으로 비열한 유대인 박해자들을 절멸시키라." 문제는 골렘을 만드는 방법을 알아내는 것. 창조의 비밀은 어디에 있

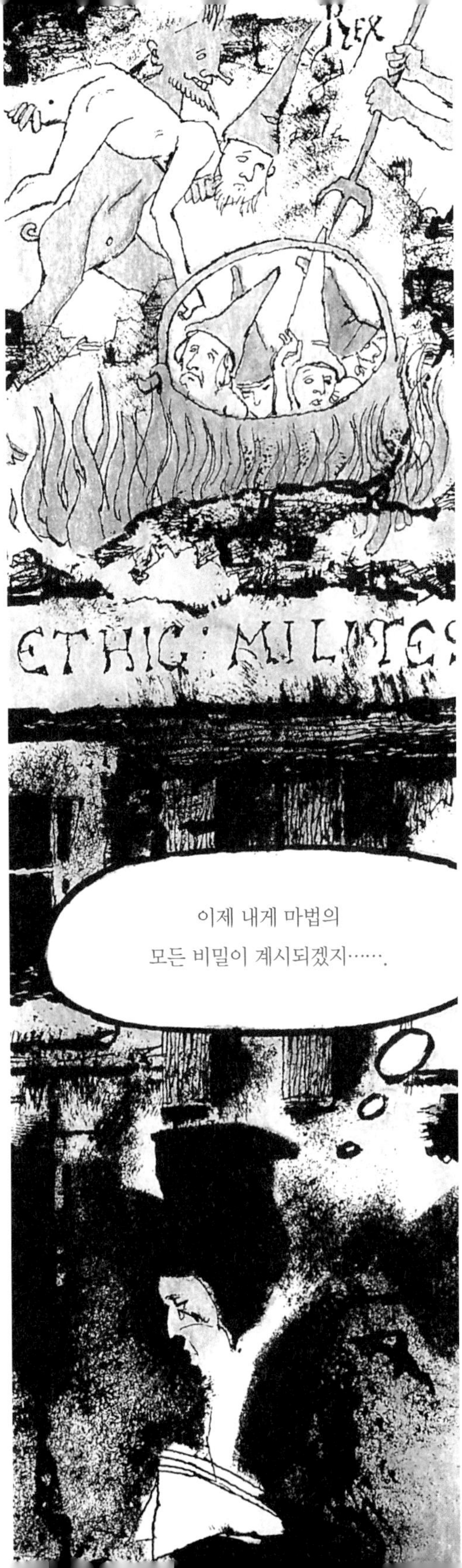

〈골렘〉, 바탈랴, 1991년

랍비가 지나가는 건물의 벽화에는 이교도인 유대인들이 지옥에서 고통을 받는 장면이 그려져 있다. 닥쳐올 유대인 핍박을 암시하듯이……

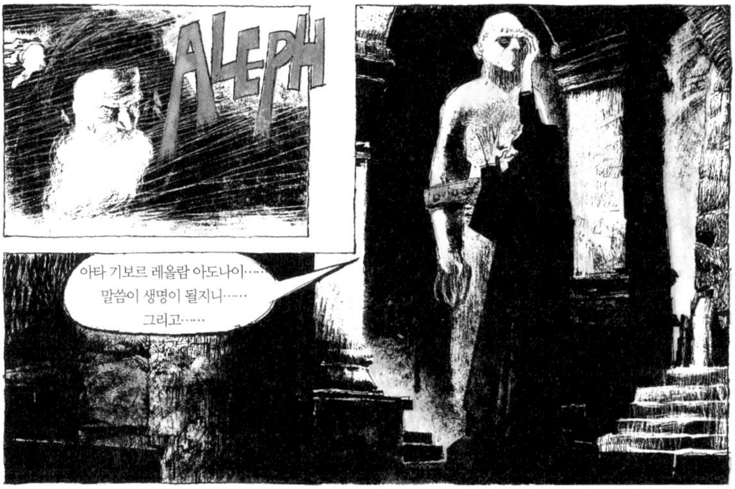

〈골렘〉, 바탈랴, 1991년

는가? 신이 남긴 열 개의 낱말에 들어 있었다. 레우 브라우흐는 '예지라창조의 서'의 바탕에 깔린 '지루핌카발라의 공식'에 따라 첫 알파벳들의 숫자값 속에 계시된 창조의 비밀을 해독해낸다. 그리고는 사위와 제자의 도움을 받아 골렘의 창조에 나선다.

창조에는 네 원소, 즉 에쉬불, 마임물, 루아흐공기, 아파르흙가 필요하지. 이착 자네는 원소 불일세. 그리고 야곱 자네는 원소 물이야. 그리고 나는 원소 공기니까, 우리 함께 네 번째 원소인 흙으로 골렘을 만들기로 하세.

그들은 '미크와유대식 세례 욕조'에서 몸을 씻은 후 몰다우 강가로 나가,

진흙으로 거대한 사람의 몸뚱이를 만든다. 먼저 사위가 불의 지루핌을 외며 진흙 몸뚱이 주위를 일곱 바퀴 돌자, 갑자기 진흙덩이가 불처럼 밝게 빛난다. 이어서 제자가 물의 지루핌을 외며 일곱 바퀴를 돌자, 덩이에서 붉은빛이 사라지고 그 몸에 물이 차오른다. 이제 랍비 차례. 그는 흙덩이의 입에 '셈'이 적힌 양피지를 물린다. 소수의 랍비만 안다는 신의 진짜 이름이다. 이어 세 사람이 동시에 외친다.

> 여호와 하나님이 흙으로 사람을 지으시고 생기를 그 코에 불어넣으시니 사람이 생령이 된지라. —〈창세기〉 2장 7절

이렇게 만들어진 골렘은 옷을 입히자 보통 사람과 크게 달라 보이지 않았다. 한 가지 다른 점이 있다면 말을 못한다는 것뿐. 신이 내려준 계시가 그에게 말을 선사할 만큼 충분하지 않았기 때문이다. 하지만 외려 그게 더 나을지도 모른다. 초인적인 힘을 가진 골렘이 말까지 한다면, 어떤 일이 벌어지겠는가? 오, 신은 이미 그걸 알고 계셨으리라.

세계의 책

양피지에 적힌 신의 이름. 신비하지 않은가? 죽은 흙덩이에 생명을 불어넣은 것은 언어였다. 오늘날의 언어는 '자의적인 기호', 다시 말해 인간이 제멋대로 만들어낸 전달 매체일 뿐이다. 하지만 옛날의 언어는 달랐다. 그것은 신비한 힘을 갖고 있어, 죽은 것에 생명을 불어넣고, 없는 것을 있게 할 수도 있었다. 생각해보라. 야훼는 오직 '말'

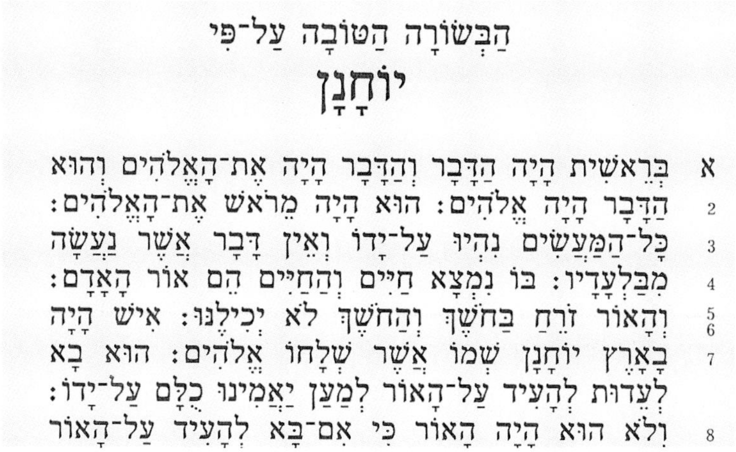

הַבְּשׂוֹרָה הַטּוֹבָה עַל־פִּי

יוֹחָנָן

א בְּרֵאשִׁית הָיָה הַדָּבָר וְהַדָּבָר הָיָה אֶת־הָאֱלֹהִים וְהוּא
2 הַדָּבָר הָיָה אֱלֹהִים׃ הוּא הָיָה מֵרֹאשׁ אֶת־הָאֱלֹהִים׃
3 כָּל־הַמַּעֲשִׂים נִהְיוּ עַל־יָדוֹ וְאֵין דָּבָר אֲשֶׁר נַעֲשָׂה
4 מִבַּלְעָדָיו׃ בּוֹ נִמְצָא חַיִּים וְהַחַיִּים הֵם אוֹר הָאָדָם׃
5 6 וְהָאוֹר זֹרֵחַ בַּחֹשֶׁךְ וְהַחֹשֶׁךְ לֹא יְכִילֶנּוּ׃ אִישׁ הָיָה
7 בָּאָרֶץ יוֹחָנָן שְׁמוֹ אֲשֶׁר שְׁלָחוֹ אֱלֹהִים׃ הוּא בָא
לְעֵדוּת לְהָעִיד עַל־הָאוֹר לְמַעַן יַאֲמִינוּ כֻלָּם עַל־יָדוֹ׃
8 וְלֹא הוּא הָיָה הָאוֹר כִּי אִם־בָּא לְהָעִיד עַל־הָאוֹר

히브리어로 된 《신약성서》 〈요한복음〉

태초에 말씀이 계시니라. 이 말씀이 하나님과 함께 계셨으니 이 말씀은 곧 하나님이시라…….

로써 천지를 창조하지 않으셨던가. "빛이 있으라 하시매 빛이 있었고……."〈창세기〉 1장 3절

〈창세기〉는 거대한 책을 쓰는 과정이다. "빛이 있으라." 먼저 불을 켜고, 하늘과 땅을 갈라 책을 펼친다. 이어 그 페이지 위에 세계의 저자가 날짐승, 들짐승, 물짐승, 그리고 산천초목을 적어 넣는다. 얼마나 멋진가? 신의 피조물은 원래 '말'이었다. 세상 모든 것이 본디 신의 입에서 나온 말이었다. 글자가 우리 입에서 나와 물질로 응결된 음성이라면, 세상의 모든 것은 신의 입에서 나와 물질로 기록된 말이다.

말은 인간의 전유물이 아니다. 실은 세상 모든 게 말이다. 모든 피조물은 그 안에 언어의 본질을 갖고 있어, 아득한 옛날에는 소리 없는 자연도 그것에 힘입어 인간에게 말을 건넬 수 있었다. 그리고 타

락하기 전의 인간은 그 소리 없는 말을 들을 수 있었다. 실은 우리 모두 한때는 그런 감성을 갖고 있었다. 가령 아이들이 노는 것을 보라. 꽃에게 말을 걸고, 개미와 얘기하고, 책상을 꾸짖지 않는가.

'철'이 들면서 우리는 이 능력을 잃게 된다. 합리적 사고를 하게 되면서 인류는 소리 없는 말을 들을 수 없게 된다. 이제 자연은 말 못하는 죽은 대상으로 여겨진다. 인간은 '주체, 자연은 '객체'가 된다. 인간은 1인칭나, 사물은 3인칭그것이 된다. 이렇게 양자는 지배 – 피지배의 관계에 놓인다. 이게 바로 '근대'라는 이름의 문명이다. 아득한 옛날엔 달랐다. 그때 자연은 객체가 아니라 내게 말을 건네는 또 하나의 주체였다. 그때 인간과 자연은 1인칭, 2인칭을 사용하며 '나와 너'의 평등한 관계를 맺고 있었다.

아담의 언어

세계가 말씀으로 씌어진 책이라면, 독자가 있어야 하지 않겠는가? 그래서 신은 책을 쓰고 나서 독자를 만드셨다. "여호와 하나님이 흙으로 사람을 지으시고 생기를 그 코에 불어넣으시니 사람이 생령이 된지라." 그림책 속의 사물을 짚어가며 아이에게 이름을 말하게 하듯, 신은 흙으로 빚어 만든 자식에게 당신이 지은 책 속의 사물들을 명명하게 하셨다. "아담이 어떻게 이름을 짓나 보시려고 그것들을 그에게로 이끌어 이르시니 아담이 각 생물을 일컫는 바가 곧 그 이름이라." 〈창세기〉 2장 19절 이로써 인간의 언어가 탄생한다.

인간의 언어는 '이름하는 언어Namensprache'다. 사물은 목소리가 없기에, 인간이 대신 그 이름을 불러줘야 한다. "내가 그의 이름을 불러주었을 때 / 그는 나에게로 와서 / 꽃이 되었다"라는 어느 시인의 시구는 바로 이 체험을 가리킨다. 북한산의 이름 없는 바위들에 이름을 붙여주려는 사람들이 있다고 한다. 소리 없는 사물의 이름을 불러줌으로써 이들은 신의 창조를 돕고 있는 것이다. 이름하는 언어, 아담의 언어는 원래 이런 걸 하려고 만들어진 것이었다.

유년기 인류는 자연을 쓰고 버리는 도구로 보지 않았다. 말 못하는 자연에서 언어의 본질을 보고, 그것과 평등하게 소통하려 했다. 우리는 오래전에 그 능력을 잃었지만, 아직도 그렇게 하는 이가 더러 있다. 언젠가 새만금 갯벌의 보존을 위해 삼보일배의 고행에 나섰던 어느 스님. 그는 자기가 "갯벌에 사는 수억의 생명을 대신해 말을 한다"라고 했다. 그는 우리가 듣지 못하는 미물들의 얘기를 듣고, 그들의 주장에 제 목소리를 빌려주었던 것이다. 인간의 언어란 원래 이런 걸 하기 위한 것이었다.

바벨의 언어

바벨탑 이전의 언어는 우리 것과 달라, 그 낱말만 들으면 사물의 본질이 저절로 떠올랐다. 애초에 이름을 아무렇게나 붙이지 않고 음성에 사물의 본질을 담았기 때문이다. 하지만 바벨탑을 쌓은 죄로 인간은 아담의 언어를 잃어버리게 된다. 이때부터 언어는 더 이상 이름하지 못하고, 자의적인 기호가 되어버린다. '자의적'이라는 말은 '제멋대로'라는 뜻이다. 지금 우리가 사용하는 바벨의 언어는 제멋대로 붙인 딱지이기에, 그 음성을 들어도 그 안에 사물의 본질이 떠오르지 않는다.

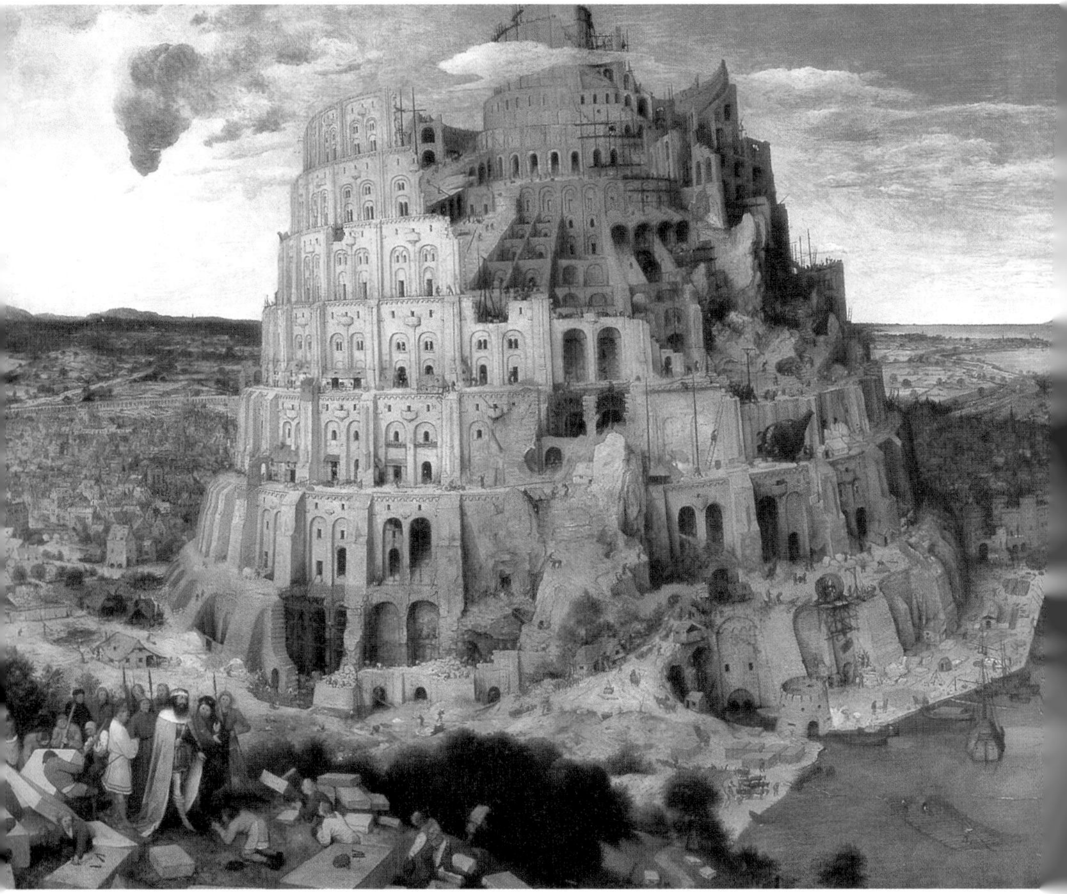

〈바벨탑 건설〉 피터르 브뤼헐, 목판에 유채, 114×155cm, 1563년

제 아이의 이름을 지을 때 아무렇게나 짓는가? 애써 그 이름에 '아이가 커서 그렇게 되었으면' 하는 바람을 담으려 애쓰지 않는가. 옛날에 인간들은 사물에 이름을 붙일 때 마치 제 자식에게 이름을 주듯이 그렇게 붙였다. 하지만 바벨의 타락 후에 모든 이름은 한갓 자의적 기호가 된다. 심지어 인간의 이름마저도. 기억하는가? 학창 시절 우리는 가끔 이름이 아니라 번호로 불렸다. "37번, 나와!" 아직도 이 사회는 내 정체성을 주민등록번호로 인식한다.

아담의 언어에서는 음성과 사물 사이에 보이지 않는 유사성이 있어, 음성을 듣는 것만으로도 사물의 참모습을 알 수 있었다. 그때의 진리는 직관적이었다. 하지만 바벨의 언어는 다르다. 여기서 이름과 사물의 관계는 '자의적'이다. 그러니 이름을 아무리 들어도 사물의 본질이 보일 리 없다. 이 언어는 '주어[S]+술어[P]'의 구조로 이루어진다. 주어[이름]만으로는 사물의 본질이 드러나지 않기에, 그것을 여러 가지 술어로 보충할 수밖에 없다. 이제는 진리도 주어+서술어의 형태로만 주어진다. 이를 철학에서는 '명제'라 부른다.

침묵하는 자연

축복 받은 언어의 타락. 이후 언어는 자의적 딱지로 전락한다. 인류의 모어도 여러 개의 언어로 갈라진다. 그래서 다른 민족과 소통하려면 번거롭게 그들의 언어를 따로 배워야 한다. 그뿐인가? 아담의 언어는 이름언어, 즉 고유명사로 된 언어였다. 하지만 타락한 바벨의 언어는 이와 달리 주로 보통명사[개념]로 되어 있다. 바벨의 언어는 사물의 고유성을 지우고 그것을 획일적인 개념의 감옥에 넣어 분류한다. 개념적 판단에 의존할수록 개별자의 고유성을 보는 우리의 '직관' 능력도 사라진다.

왜 우리를 이름이 아닌 '번호'로 불렀을까? 우리를 관리의 대상으로 보았기 때문이리라. 우리도 때로는 친구들을 번호로 부르곤 했다. 이름을 부르는 것과 번호를 부르는 것은 다르다. 친구를 번호로 부를 때 우리는 그를 '대상'으로 간주하고 있는 것이다. 바로 이게 타락한 언어다. 그 언어는 사물의 언어적 본질을 부정하고 그것을 한갓 대상으로 간주한다. 인간이 그들의 언어 능력을 부정하면, 자연도 더 이상 우리에게 말을 건네기를 그친다.

> 그리하여 또 다른 형태의 침묵이 시작된다. 이를 우리는 자연의 가슴 아픈 애도라 부르자. 이는 형이상학적 진리다. 자연에 말을 부여한다면, 모든 자연은 소리 높여 탄식을 하리라……. 초목이 바스락 소리를 내기만 해도, 거기에서 한탄의 소리가 들린다. 말을 잃었기에 자연은 탄식한다. 자연의 슬픔은 그녀를 침묵하게 만든다. 그 모든 애도 속에서 자연은 말이 없으려고 한다.

프레이저James Frazer, 1854~1941의 《황금가지》에 따르면 유년기의 인류는 추수를 할 때 곡식이 낫에 베여 쓰러지며 지르는 비명을 들었다고 한다. 우리는 오래전에 이 미메시스mimesis의 능력을 잃어버렸다. 우리가 자연을 말 못하는 사물로 간주하자, 자연도 우리에게 말 걸어오기를 멈추었다. 그리하여 "그 모든 애도 속에서 자연은 말이 없으려고 한다".

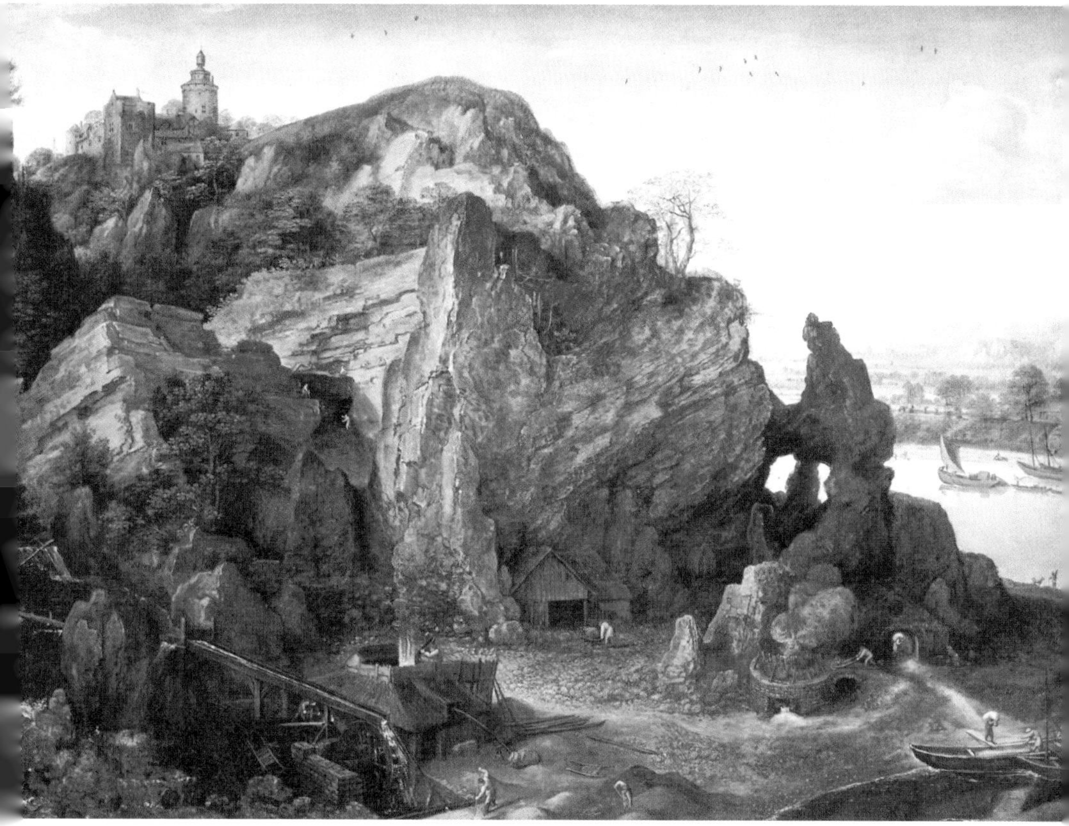

〈철광이 있는 풍경〉 루카스 폰 발켄보르흐, 목판에 유채, 77×108cm, 1580년

자연을 '자원의 보고'로 여기고 착취하는 것은 광산업의 발달과 함께 시작되었다. 갱목을 만들기 위해 나무가 베이고, 제련을 위해 삼림이 땔감이 되고, 길을 내기 위해 숲이 파이 조각처럼 잘려나간다. 그림에서 성은 이 광산 소유주의 저택이다.

합리적 사유로는 우습게 들릴 게다. 갯벌에 나가 아무리 귀를 기울여 보라. 어디 조개들이 나누는 이야기가 들리는가? 아니, 조개들이 어떻게 말을 한단 말인가. 합리적 사유에서는 이렇게 자연이 말 못하는 '객체대상'로 여겨진다. 합리성이 지배하는 시대에 철학은 자연을 대상으로서 '표상'하고, 예술은 자연을 대상으로서 '재현'한다. 그리하여 학문은 '자연의 거울', 예술은 '자연의 모방'이 된다. 이게 근대 철학이며 근대 예술문화다.

스님은 갯벌 생물들의 말을 들었다. 어떻게 그럴 수 있었을까? 간단하다. '나 홀로 주체'라는 오만에서 벗어나 스스로 갯지렁이가 되었기 때문이다. 한마디로 자연을 '미메시스' 했기 때문이다. 미메시스는 인식론적 모방imitation이 아니다. 그것은 주위 환경에 맞춰 제 몸의 색깔을 바꾸는 카멜레온과 같은 존재론적 '닮기'를 말한다. 가령 어린이들을 보라. 장사꾼과 선생님만이 아니라 풍차와 기차도 '연기'하지 않는가. 심지어 무생물이 될 수도 있으니, 이 얼마나 뛰어난 미메시스의 능력인가?

우리는 자연이란 '자원의 보고'라고 배웠다. 한마디로 인간이 맘대로 갖다 쓸 수 있는 재료들의 창고라는 얘기다. 우리는 그런 문명의 폐해를 시커멓게 죽어가는 자연 속에서 보고 있다. 반면 옛사람들은 풀 한 포기, 꽃 한 송이, 돌멩이 하나, 벌레 한 마리도 대화의 상대로 여겼다. 생명이 없는 사물에까지도 영혼을 부여했다. 하지만 우리는 어떤가? 거꾸로 영혼이 있는 생명까지도 사물화事物化하고 사물화死物化하여, 결국 사물화私物化하지 않는가. 이게 타락한 바벨의 언어로 만든 자본주의 문명이다.

모방에서 미메시스로

아담의 언어를 되찾을 수는 없을까? 놀랍게도 이 시대에도 축복 받은 언어의 흔적이 남아 있다. 어디에? 예술 속에. 정말인지 모르겠지만, 여러 나라 사람이 모인 자리에서 아인슈타인은 연설 대신 바이올린을 연주했다고 한다. "음악은 만국의 공용어"라면서. 실제로 우리는 프랑스어를 몰라도 마티스Henri Matisse, 1869~1954의 작품을 이해하고, 독일어를 몰라도 클레의 작품을 이해하고, 러시아어를 몰라도 칸딘스키의 작품을 이해한다. 그 안에 아담의 언어가 들어 있지 않다면 어떻게 이런 일이 가능하겠는가.

마티스, 클레, 칸딘스키의 작품이 어디 구체적인 대상을 모방하고 있던가? 그럼에도 그들의 작품은 보편적으로 이해가 된다. 왜? 미메시스를 했기 때문이다. 그들은 사물의 외양을 모방하려 하지 않았다. 아담이 사물의 언어를 인간의 음성으로 옮기듯이, 그들은 사물 속에서 보이지 않는 언어의 본질을 듣고, 그것을 회화의 언어로 옮겨놓았을 뿐이다. 아담의 언어에서 낱말과 사물이 '보이지 않는 유사성'으로 묶여 있듯이, 이들의 작품에서 형상은 사물과 눈에 보이지 않는 유사성으로 묶인다. 그래서 세계의 모든 이가 이해하는 것이다.

어느 유명한 영화배우에게서 들은 얘기다. 언젠가 그는 미국의 연기 스쿨에서 주최한 워크숍에 참가했다. 그때 지도교사가 그에게 '파도'를 연기하라는 과제를 주었다. 한참을 생각하던 그는 이윽고 두 손으로 파도가 출렁거리는 모습을 표현했다. 파도의 외양을 '모방재현'

했던 것이다. 하지만 거기 온 학생들은 달랐다. 그들은 파도가 밀려와 바위에 부딪혀 산산이 부서지는 모습을 사지를 뒤틀며 온몸으로 연기했다. 파도를 모방하는 게 아니라 아예 파도가 되었던 것이다. 이게 바로 '미메시스'다.

골렘의 반란

오래전부터 유대인들 사이에는 민족이 위험에 처하면 골렘이라는 인조인간이 나타나 자신들을 구원해준다는 전설이 내려오고 있었다. 골렘을 처음 만든 것은 랍비 레우 브라우흐가 아니다. 중세 이래로 골렘은 여기저기서 만들어졌고, 그저 이 랍비의 것이 가장 널리 알려졌을 뿐이다. 골렘의 전설은 허구이나 레우 브라우흐는 실존 인물이다. 그는 당시 유대인 공동체의 대표자이자 당대의 물리학자 케플러와 브라헤의 친구로서 책을 남겼으며, 지금은 프라하의 유대인 묘지에 잠들어 있다.

블로흐Chajim Bloch, 1881~1973의 《골렘의 창조》에서 골렘은 유대인들을 위험에서 지켜주고 나서 다소곳이 흙으로 돌아간다. 단지 한 번 랍비 레우 브라우흐가 명령 내리는 것을 잊고 자리를 비웠을 때, 뭘 할지 몰라서 가벼운 난동을 부린 일이 있었을 뿐이다. 골렘이 프랑켄슈타인처럼 인간의 통제를 벗어나 사람을 해치는 괴물로 묘사된 것은 그 후의 일이다. 이렇게 골렘이 위험한 괴물이 되어버린 것은 기독교적 해석을 통해서라고 한다. 하긴 골렘을 창조하는 것 자체가 인간이 감히 신의 창조를 흉내내는 불경죄가 아닌가.

골렘에 대한 신학적 불안감은 기술문명에 대한 현대인들의 불안감

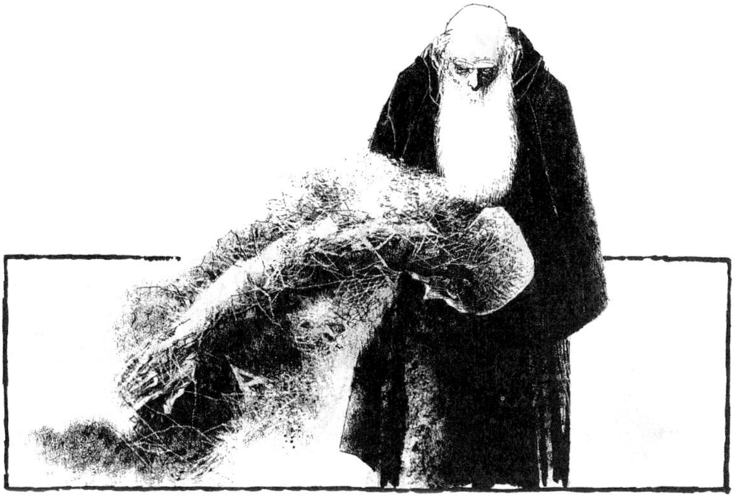

〈골렘〉, 바탈랴, 1991년

을 반영한다. 인간의 통제를 벗어나 미쳐 날뛰는 골렘은 인간에 대한 로봇들의 반란, 인간의 통제를 벗어난 기술의 반란을 상징한다. 바벨탑을 쌓아 신에게 도전하려는 인간을 벌하셨듯이, 그 반란은 골렘을 만들어 신의 영역에 도전하려는 인간에게 내리는 신의 형벌인지도 모른다. 말씀으로 창조를 하는 것은 오로지 신에게만 있을 뿐, 인간에게 허용된 것은 오로지 이름 하는 것뿐이다.

세계의 모든 것이 말씀이라는 것에 이해가 안 될지도 모르겠다. 그럼 유전자 코드를 생각해보라. 그것이 바로 신이 세상을 창조할 때 사용한 기호다. 그사이 인간의 방자함은 하늘을 찔러, 신이 쓰신 말씀을 제멋대로 고쳐 쓰기에 이르렀다. 우리는 벌써 유전자를 조작해 복제 양과 복제 소를 만들고, 이제는 인간까지 복제하려 한다. 정말 골

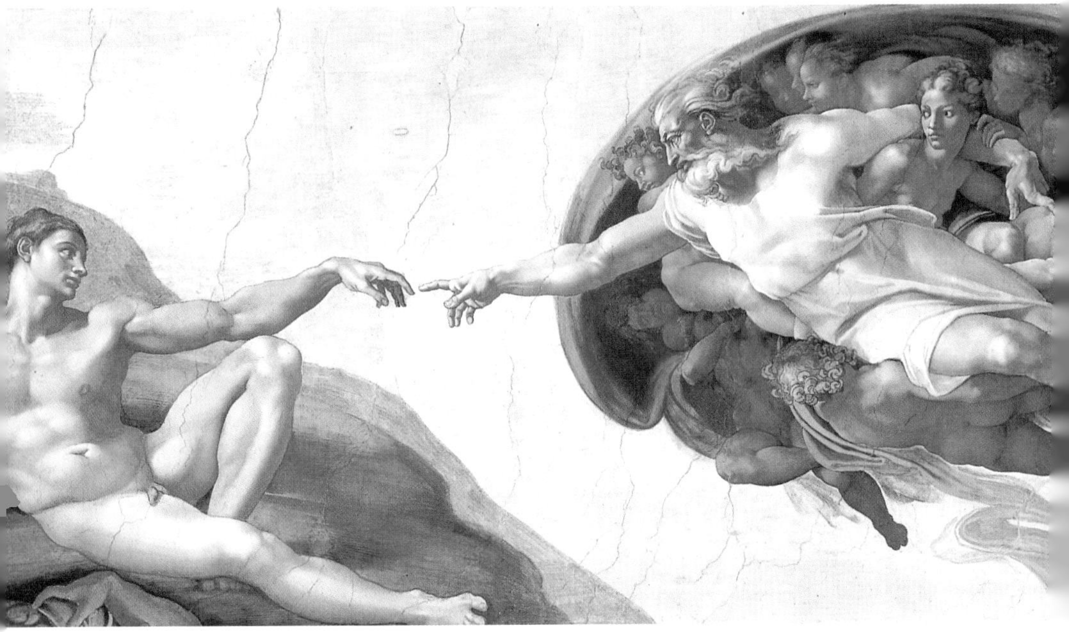

〈아담의 창조〉 미켈란젤로 부오나로티, 프레스코화, 280×570cm, 1508~1512년

렘을 창조하려는 것이다. 골렘을 만드는 자들은 그것으로 인간을 도우려 함이라고 말한다. 하지만 인간이 만든 인간은 완전하지 않았다. 그것이 어느 날 미쳐 날뛸지 누가 알겠는가?

말씀으로 창조하는 것은 신의 일, 그렇게 창조된 피조물을 이름 하는 것은 인간의 일이다. 신이 인간을 자연의 주인으로 드높였을 때, 이는 자연을 제멋대로 뜯어고쳐 쓰라는 뜻이 아니었을 게다. 사물의 언어적 본질을 음성으로 번역하던 아담처럼, 갯벌의 생명들을 대신하여 말을 하는 스님처럼, 홀로 사는 외로운 바위들에 이름을 붙여주

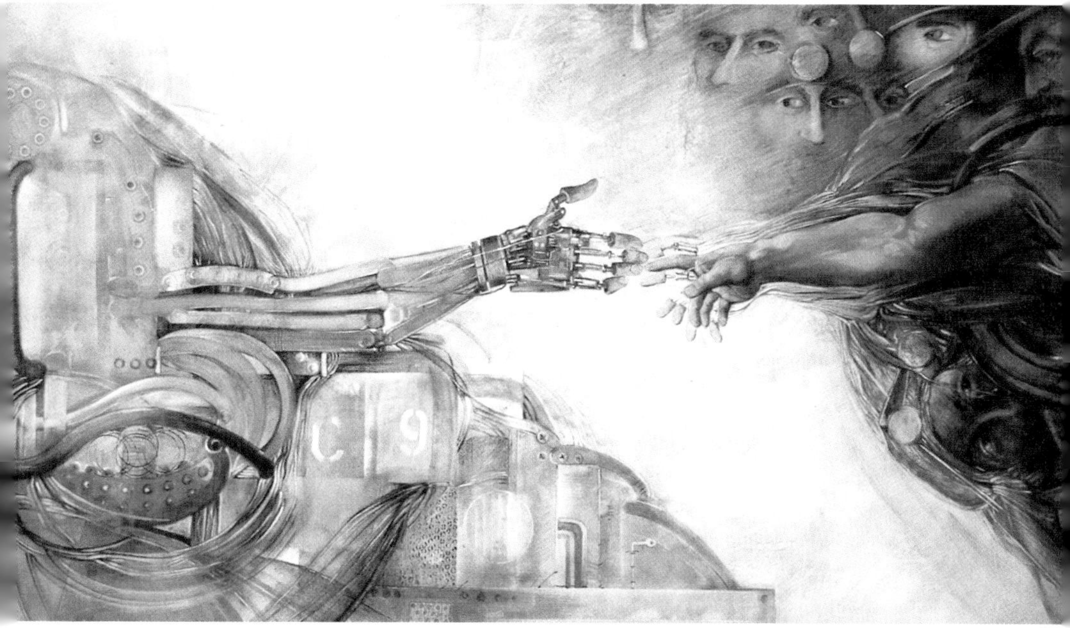

〈천지창조〉 에칼람, 1983년

는 이들처럼, 자연을 신이 창조하신 말씀 그대로 보살피라는 뜻이었으리라. 우리에게 이 메시지를 던진 베냐민Walter Benjamin, 1892~1940의 이름처럼 '돌보는 이Walter'가 되라는 뜻이었을 게다.

피라네시의 세계 2

탑

피라네시는 깊다. 에셔의 건물은 처음 볼 때부터 불가능해 보인다. 에셔는 자기가 어디서 거짓말을 하는지 의식적으로 드러내려 한다. 반면 피라네시는 차원이 다르다. 그의 작품은 첫눈에는 얼마든지 가능해 보인다. 그는 '상상의 감옥'이 실제로는 건축될 수 없다는 사실을 되도록 감추려 한다. 그래서 보는 이는 저 그림 속을 헤매며 그의 시각적 사기를 분명히 드러내려 하나, 그 시도는 번번이 좌절되고 만다.

어디가 잘못되었는가? 먼저 나선형 계단과 직선형 계단이 만나는 부분이 눈에 들어올 것이다. 어디 그뿐인가? 공간을 수직으로 가르는 둥근 탑. 자세히 보면 기둥의 밑동과 윗부분의 주두가 각각 다른 공간적 깊이를 갖고 있다. 하지만 정말 그런가? 다시 한 번 보라. 그리고 그게 어떻게 잘못되었는지 가늠해보라. 그러면 아마 충분히 가능할 것처럼 느껴질 것이다. 저 탑의 정체는 무엇일까? 인간들을 혼돈으로 몰아넣었다는 바벨의 탑인가?

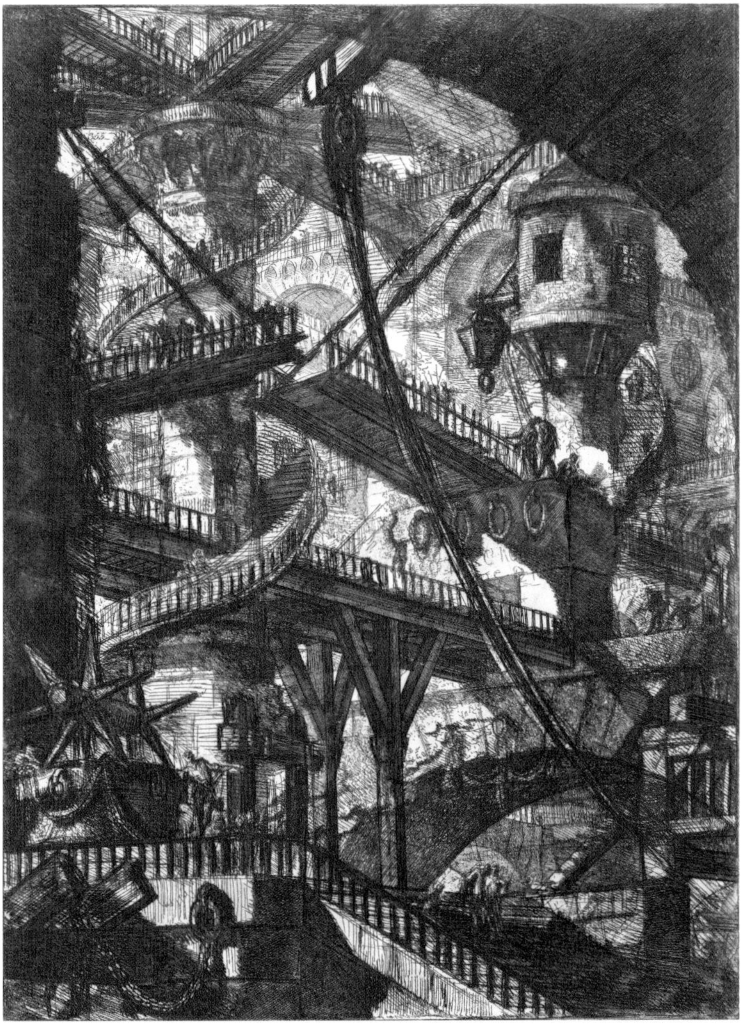

〈**도개교(跳開橋)**〉 조반니 피라네시, 동판화, 56×41cm, 1761년경

토라

신은 왜 자기가 선택한 민족을 흩어놓으셨을까? 누가 알겠는가. 곳곳에 흩어져 살면서도 유대인들이 정체성을 유지할 수 있었던 것은, 어떤 '책'을 공통으로 간직했기 때문이다. 거기에 담긴 진리를 인간의 언어로 옮기려면 세상의 바닷물이 잉크라 해도 모자란다는 '토라', 즉 모세 5경이다. 기원전 3세기경, 헬레니즘 제국의 유대인들은 벌써 헬라인이 되어 있었다. 그들에게 히브리어는 외국어나 다름없었다. '토라'를 못 읽는데 어떻게 민족의 정체성을 유지할 수 있겠는가? 이 위기를 맞아 알렉산드리아의 유대인들은 '토라'를 헬라어로 번역하기로 하고, 프톨레미 3세에게 도움을 청한다.

왕의 사신은 유대인의 열두 지파에서 각각 여섯 명의 현자를 선출해, 이들을 알렉산드리아로 데려온다. 이들의 지혜를 시험해보고 만족한 프톨레미 3세는 파로스 섬에 건물을 짓고, 그 집의 일흔두 칸 방에 이들을 들여보내 각자 '토라'를 번역하라고 명한다. 약속한 72일이

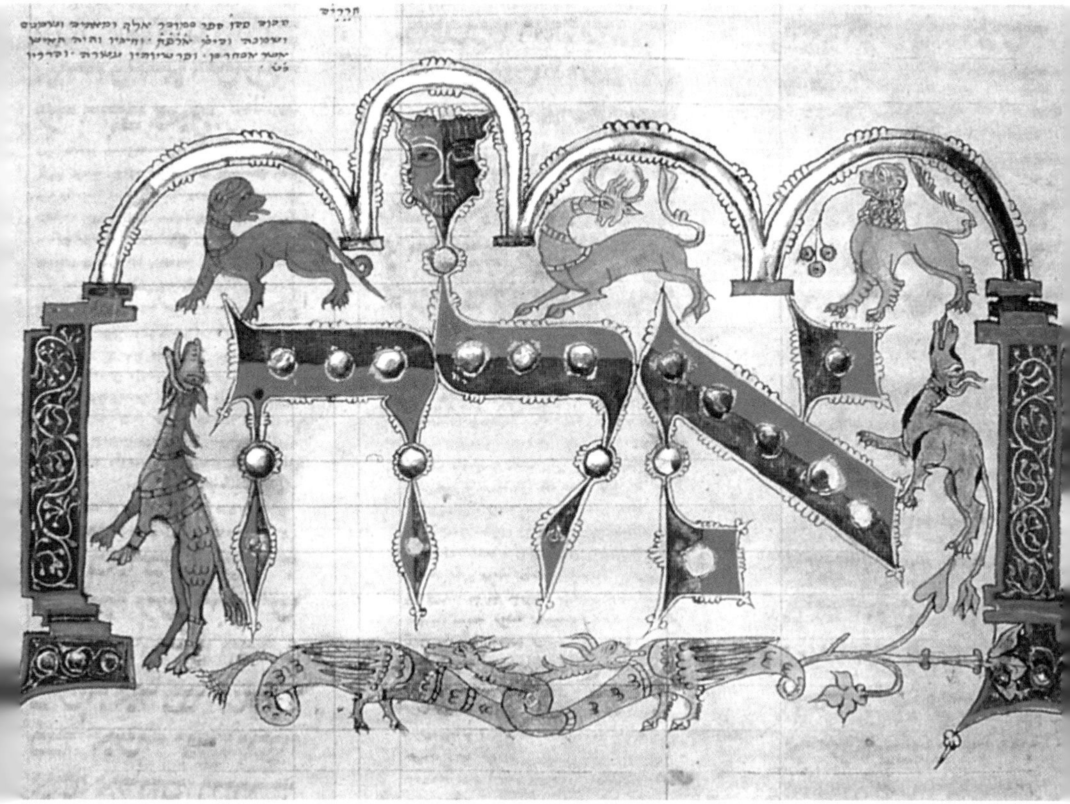

《카스트로 펜타토이히》의 삽화, 양피지에 잉크와 템페라, 1344년

모세 5경(펜타토이히) 다섯 번째 책 〈신명기〉의 첫 단어 "Ele"(이것은……이다).

지나 이들이 방에서 나왔다. 그런데 기적이 일어났다. 그들이 들고 나온 72개의 번역이 놀랍게도 글자 하나 틀리지 않고 일치했던 것이다. 바빌론의 탈무드는 그 사건을 이렇게 전한다.

> 우리의 선현들은 헬라어 외에는 번역을 허용하지 않았다. 랍비 예후다는 말했다. …… 프톨레미 왕의 어떤 일 때문이었다. 프톨레미 왕이 일흔두 명의 장로를 모아서 그들을 일흔두 칸의 방에 따로따로 들어가게 하였다. 왕은 그들을 모은 이유는 말하지 않고, 각 사람에게 들어가서 모세의 율법을 번역하라고 말했다. 거룩하신 하나님께서는 그들 각 사람의 마음에 지혜를 주셔서 그들 모두가 똑같은 의견에 이르도록 하셨다.

최종 권위

왜 이런 전설이 필요했을까? 번역에 원본의 신성함을 주려고 그랬을 게다. 일흔두 명이 따로 번역한 게 글자 하나 틀리지 않았다면, 이는 인간의 번역이 아니라 신의 번역이다. 신의 영감으로 씌어진 책이 신의 영감으로 옮겨졌다. 성령으로 씌어진 책을 성령으로 옮겼다면, 결국 번역이 곧 원전이요, 사본이 곧 원본이라는 얘기가 된다. 그리하여 헬라어 성경은 이 전설에 힘입어 히브리어 원전과 똑같은 '최종 권위'를 누리게 된다. 오늘날까지도 그리스 정교회는 이 '70인역'을 사용한다.

로마인들이 기독교를 받아들이면서 70인역은 권위를 의심받기 시작한다. 시중에는 벌써 라틴어 번역들이 어지럽게 떠돌았는데, 대개 헬라어 성경을 중역한 것들이었다. 교회로부터 통일된 라틴어역을 의뢰받은 히에로니무스Eusebius Sophronus Hieronymus, 347~420는 히브리어 원전을 대본으로 삼는다. 이에 교부들이 반발했다. 70인역을 읽고 개종한 터라 그것의 오류성을 인정할 수 없었던 것이다. 이런 우여곡절 끝에 탄생한 '불가타 성서'는 곧 로마 교황청의 유일한 성경으로 최종 권위를 인정받는다.

다시 천 년의 세월이 흘러, 독일의 사제 루터Martin Luther, 1483~1546가 성경을 자국어로 번역한다. 교황청을 불신하는 그가 불가타 성서의 권위를 인정할 리 없다. 라틴어 성경을 제쳐두고 그는 히브리어 구약성서와 헬라어 신약성서를 번역의 대본으로 삼는다. 이렇게 탄생한 것이 그 유명한 '루터 성경'. 이후 여기저기에서 유럽의 각국어로 성경이 번역된다. 과거에 성경 해석의 권리는 로마 교회가 독점하고 있었다. 지방어 성서들은 이 최종 권위를 간단히 해체해버렸다. 권위를 잃은 교황청은 권력도 잃게 된다.

번역의 전쟁

랍비들은 원래 토라 번역을 허용하지 않았다. 하지만 헬레니즘의 유대인들은 그것을 헬라어로 번역했고, "헬라어 외에는 번역을 허용하지 않았다". 하지만 로마인들이 그것을 라틴어로 번역했고, 다시 라틴어 이외의 번역을 금지했다. 하지만 루터는 이 금기를 깨고 성경을 독일어로 번역했다. 17세기에 이르면 꽤 권위 있는 영어 번역본도 등장한다. 그렇게 번역된 성경들은 저마다 자신만이 원본 성서와 완전한 일치를 이룬다고 주장했다. 왜 그랬을까? 성경의 최종 권위가 곧 교회와 세속에서 최고 권력을 의미했기 때문이리라.

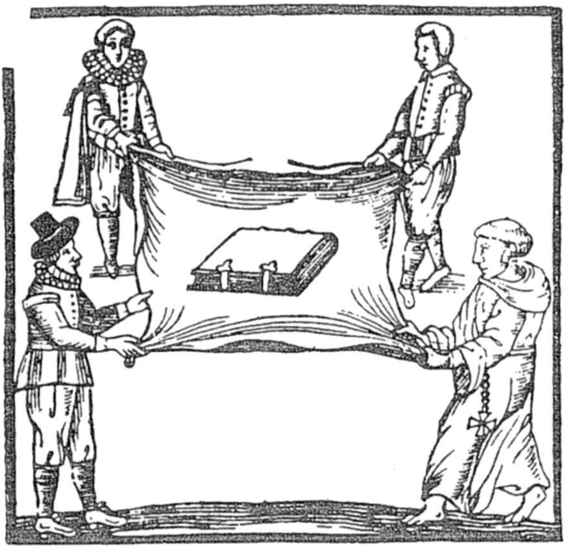

〈성경을 둘러싼 교파 간의 싸움〉 17세기

17세기 종교전쟁 시기에 제작된 이 목판화는 그런 상황을 아주 코믹하게 풍자하고 있다. 각 교파의 대표자들이 보자기의 네 귀퉁이를 붙들고, 가운데에 놓인 성경을 제 쪽으로 잡아당기고 있다. 옛날처럼 전쟁까지는 하지 않지만 오늘날도 사정은 다르지 않다. 인터넷을 보니 영어로 된 제임스 1세의 '흠정역'만이 진짜라고 주장하는 교파도 있다. 그리스 정교회는 70인역, 가톨릭은 불가타 성서, 독일 개신교는 루터 성경, 영국 교회는 제임스 1세의 흠정역. 저마다 자기가 원본과 다름없다고 주장할 게다. 하지만 이는 도토리 키재기다. 어차피 모두 번역본이 아닌가.

번역본들 중 가장 권위 있는 것은 어느 것인가? 당연히 원본에 가장 가까운 것이리라. 그 기준이 되는 원본은 무엇인가? 히브리어로 된 '맛소라 성경'이라고 한다. 히에로니무스가 왜 헬라어 70인역에 만족하지 못했겠는가. 맛소라 성경과 불일치를 드러내는 부분을 보았기 때문이다. 종교개혁의 신학자들은 로마 교회의 불가타 성서를 버리고 어디로 돌아갔던가. 역시 히브리어 맛소라 원문이었다. 이렇게 성스런 진리는 히브리어 원전 안에 있다. 사본에 최종 권위를 부여하는 것은 이 맛소라 원본과의 일치 어부다.

원본과 사본

하지만 원본이 어디 맛소라 성경뿐이던가? 토라는 통일된 형태가 아니라 서로 다른 수많은 사본을 통해 전승되었다. 70인역과 맛소라 성경 사이의 불일치도 실은 역자들의 주관적 첨삭이 아니라 번역에 사용된 판본의 차이에서 비롯된 것이었다. 수많은 사본의 홍수 속에서 오늘날 성경학자들은 크게 맛소라 성경, 사마리아 5경, 70인역 성경의 세 흐름을 구별한다. 헬라어 번역도 히브리어 원전과 동등한 자격을 갖는 원본이라는 얘기다. 심지어 예수의 사도들도 구약성서를 인용할 때 헬라어 70인역을 사용했다. 한마디로 구약성서의 번역이 신약성서의 원전이 된 것이다.

오늘날 성경학자들은 모든 사본의 근원을 찾는 것을 포기했다. 왜? 성서는 처음부터 하나의 원전이 아니라 다양한 사본으로 존재했기 때문이다. 그 사본들은 1세기경부터 서서히 통일성을 띠기 시작해, 10세기에 이르러서야 비로소 서로 완벽한 일치에 도달했다. 원본에서 사본이 나온 게 아니다. 사본에서 원본이 나온 거다. 하나의 원본

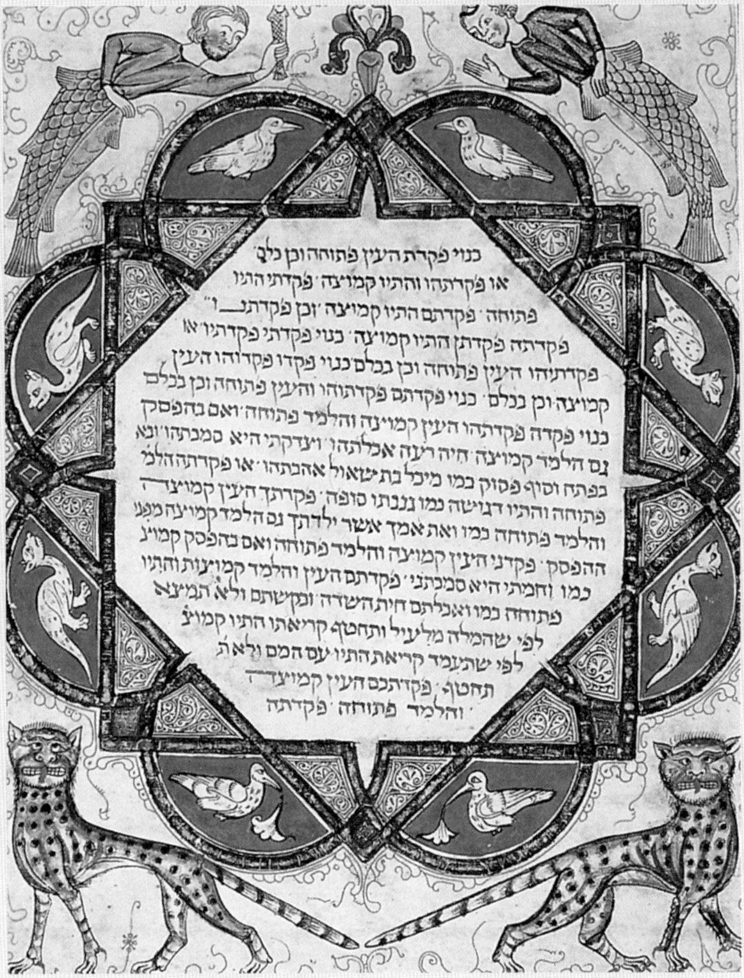

〈성경〉 사무엘 반 아브라함 이븐 나탄(글), 요셉 하사르파티(그림), 양피지에 수고, 14세기

을 베껴 다양한 사본을 얻은 게 아니다. 다양한 사본을 정제해 하나의 원본을 얻어낸 거다. 그렇게 사본을 통해 얻은 원본이 그저 맛소라 성경 판본에 가장 가까웠을 뿐이다.

모세로부터 전해 내려오는 단 '하나'의 원전은 존재하지 않는다. 야훼가 정말 단 하나의 원본을 통해 말씀하셨을까? 아니면 호메로스의 영감이 실은 집단 창작의 산물인 것처럼, 하나님의 성스러운 영靈도 애초부터 다양한 사본 속에 흩어져 내린 것일까? 야훼는 인간에게 딱 한 번 히브리어로 말씀하고 끝내셨을까? 아니면 지금도 번역되고 있는 각국어 성경들을 통해 아직도 우리에게 말씀을 걸어오고 계시는 걸까? 만약 후자라면 아담의 언어로 씌어진 하나의 원본이 수많은 바벨의 사본으로 타락(?)한 것은, 신의 저주가 아니라 축복일지도 모른다.

동일성과 차이

베냐민은 언어의 타락을 신의 형벌로 보지 않았다. 바벨의 언어들로 갈라졌다고 근원적인 언어가 사라진 것은 아니다. 다만 우리에게 나타나는 방식이 변했을 뿐이다. 타락 이후에 근원적인 언어는 더 이상 우리에게 직접 나타나지 않는다. 그 대신 수많은 바벨의 언어 여기저기에 제 흔적을 파편처럼 흩어놓는다. 따라서 한 낱말의 참된 의미를 드러내려면, 마치 퍼즐 조각을 맞추듯이 그 낱말의 여러 역어譯語를 모아야 한다. 그러면 서로 차이가 나는 역어들의 파편 속에서 불현듯 그 낱말의 근원적 의미가 떠오른다는 것이다.

하나님이 우리가 '빵'이라 부르는 것을 의미하셨다 하자. 우리는 그 낱말의 의미를 바벨의 언어들 속에서 찾아내야 한다. 히브리어가 토

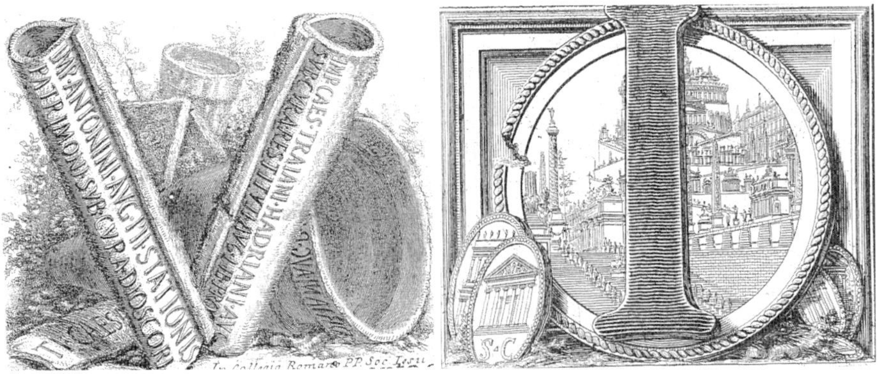

〈장식문자〉 조반니 피라네시, 동판화, 1750년

그중에서 네 개의 문자를 뽑아 모았다. V.I.T.A=삶

라의 원어라 하나, 그것도 어차피 따로 배워야 하는 바벨의 언어다. 신약성서가 헬라어로 씌어졌다 하나, 그 역시 타락한 인간의 언어다. 불가타 성서가 천 년의 권위를 자랑하나, 라틴어 역시 사람의 언어인지라 그의 운명에 따라 벌써 사어死語가 되었다. 독일어가 언제 제대로 된 언어 취급을 받았던가? 자, 이 언어들에서 신이 의미한 것에 해당하는 역어들을 뽑아 나열해보자. 이 리스트는 지구에 존재하는 언어의 수만큼 연장될 수 있을 게다.

> 레헴לחם, 히브리어, 아르토스artos, 헬라어, 파니스panis, 라틴어, 브로트brot, 독일어, 브레드bread, 영어, 빵pain, 프랑스어, 흘례프хлеб, 러시아어…….

바벨의 낱말들은 그 어느 것도 홀로 저 신적 의미를 온전히 모시지 못한다. 그럼 신이 발화한 낱말의 근원적 의미는 어디에 있는가? 그

 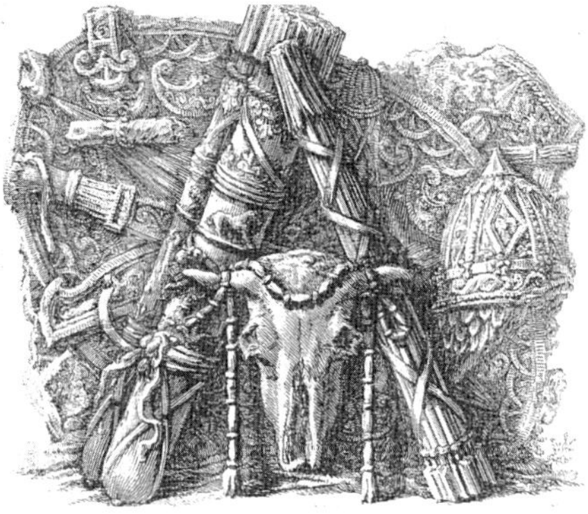

것은 '차이' 속에 있다. 그것은 바벨의 시뮬라크르들 속에 파편처럼 흩어져, 그들 사이의 차이 속에 비로소 제 모습을 드러낸다.

유대인의 레헴, 그리스인의 아르토스, 로마인의 파니스, 독일인의 브로트. 같은 밀가루로 만들었어도 그 모양이 서로 다를 것이다. 우리말로 옮기면 그 차이는 더 분명해진다. '떡'. 얼마나 다른가? 맛이나 모양만 다른 게 아니다. 그 문화 속에서 갖는 상징적 의미도 저마다 다를 게다. 이 모든 차이의 총체. 신적 낱말의 근원적 의미는 바로 그 속에서 번뜩이는 것이다. 번역이 의미의 손실을 가져오는 게 아니다. 외려 다양한 번역 속에서만 비로소 우리는 근원적 의미로 상승할 수 있다.

> 모든 더 높은 언어는 더 낮은 언어의 번역이다. 이 번역은 신의 말씀의 궁극적 명료함이 펼쳐질 때까지 계속되고…….

결코 쓰이지 않은 것

사물은 신의 입에서 나온 말씀이었다. 언어의 타락은 사물의 타락이다. 이 타락에서 사물을 구하려면 아담의 언어를 되살려야 한다. 침묵하는 사물들 속에서 저 근원적 언어의 흔적을 다시 보고, 그 이름을 다시 불러주어야 한다. 사물은 문자가 아니다. 하지만 어디까지나 신의 입에서 나온 말씀이다. 그래서 글자처럼 읽을 수가 있다. 이렇게 "결코 쓰이지 않은 것을 읽는" 것이 베냐민의 과제다. 그는 사물의 소리 없는 목소리를 듣고 그 이름을 불러줌으로써 그것을 죽음의 상태에서 구원하려 한다. 이것이 이른바 '구제 비평'이다.

현대 예술에는 '형식'만 남았다. 내용이 없기에 예술은 말을 잃은 것처럼 보인다. 하지만 내용이 없다고 언어의 본질이 없는 것은 아니다. 비평은 '형식' 속에서 언어의 본질을 보고, 그것을 인간의 언어로 옮겨 그 안에 담긴 진리를 구제한다. 더 이상 아름답지 않은 현대 예술의 형식에서 아담의 눈은 추할 대로 추해진 사회의 상태를 본다. 갈가리 찢긴 형식에서 아담의 귀는 커질 대로 커진 인간의 고통을 듣는다. 이렇게 비평은 아담의 눈과 귀가 되어 말을 잃은 예술에 말을 되돌려준다. 말을 잃은 현대 예술은 우리에게 불현듯 자기가 말로 표현할 수 없었던 어떤 '깨달음'을 준다.

'토라'가 사본들 속에 흩어져 내리듯이, 신의 말씀도 사물들 속으로 흩어져 내린다. 사물의 이름을 부르던 아담처럼 비평은 사물들의 이름을 불러준다. 번역을 통해 "신의 말씀의 궁극적 명료함"으로 상승하듯이, 비평 역시 사물의 소리 없는 목소리를 인간의 언어로 옮김으로써 근원으로 상승한다. 사물 속으로 흩어진 말씀의 파편들을 마치

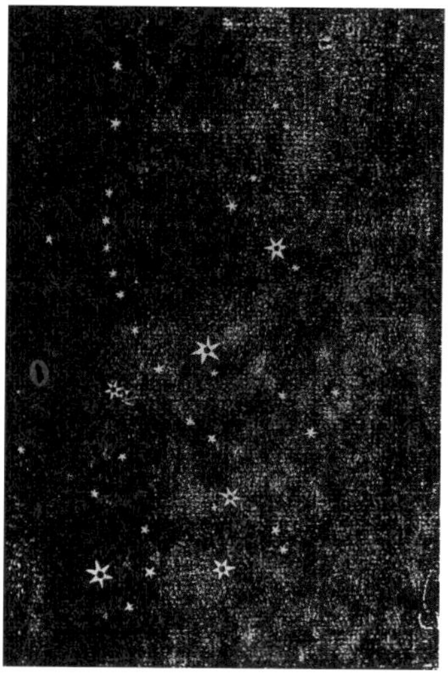

〈묘성의 별자리, 시테루스 눈키우스〉 속의 삽화,
갈릴레이, 1682년

밤하늘의 별처럼 서로 연결해 배열할 때, 이 속에서 창조의 근원적 말씀이 불현듯 별자리가 되어 그 모습을 드러낸다. 번개처럼 스쳐가는 깨달음. 세속적 계시라 할까?

신의 글

보르헤스Jorge Luis Borges, 1899~1986의 인물 치나칸은 마야의 마지막 사제다. 그는 신전의 보물을 탐하는 자들에게 고문을 받고, 평생을 지내야 할 감옥에 갇힌다. 세상을 구하는 것은 단 하나, 신이 만든 그 문장이었다. "신은 창조의 첫날에 세상의 마지막 날 많은 재난과 화근이 일어날 것임을 예견하고, 그러한 불행을 피하는 데에 필요한 마술적인 문장 하나를 지었다." 하지만 아무도 그게 어디에 쓰여 있고, 어떤 문자

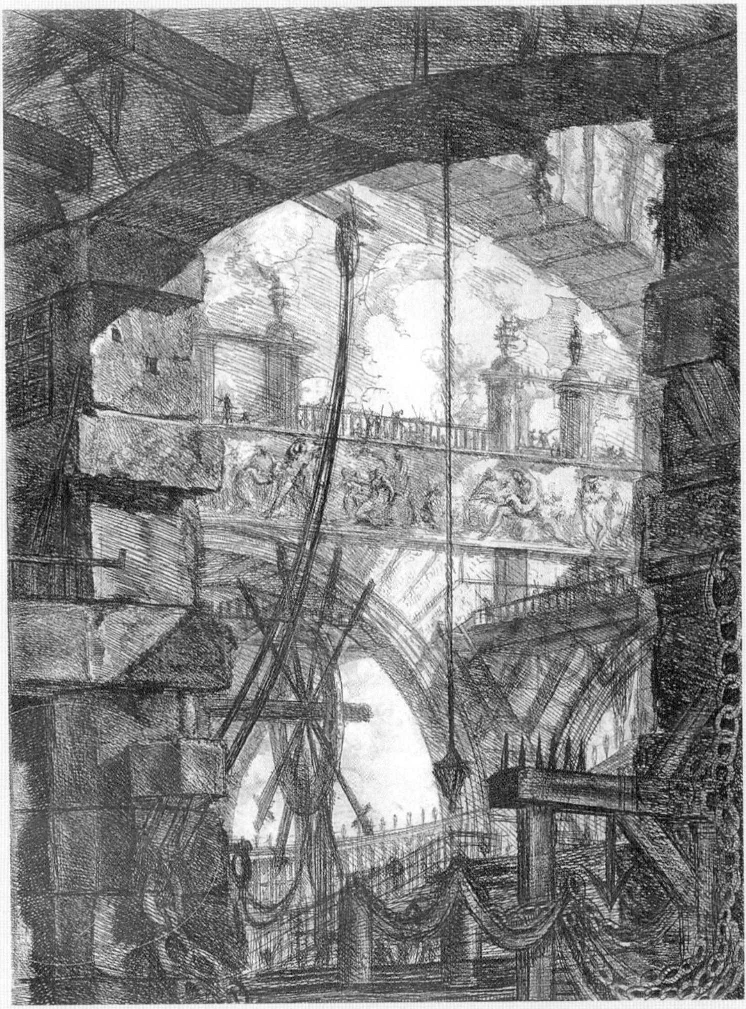

〈거대한 광장〉 조반니 피라네시, 동판화, 55×41cm, 1761년경

로 쓰여 있는지 모른다. 다만 "그것이 비밀스럽게 간직되어 있고, 선택된 어떤 사람이 그것을 읽게 되리라는 것"만은 확실하다.

신은 그것을 어디에 기록해놓았을까? 세상과 철저히 고립된 감옥에서 그가 읽을 수 있는 유일한 자료는 옆방에 갇혀 있는 재규어였다. 그는 재규어의 가죽 무늬가 가진 점들의 배열과 형태를 파악하느라 여러 해를 보낸 끝에, 어느 날 거기서 그 문장을 읽어내고 신성神性과의 신비한 합일을 체험한다. 그때 그는 물로 되어 있으면서 동시에 불로 된 거대한 바퀴를 본다. 그 안에는 우주의 심오한 구성 방식과 세상의 모든 기원이 들어 있었다. "오, 사유하거나 느끼는 것에서 오는 기쁨보다 더 거대한 깨달음에서 오는 기쁨!" 오, 인간의 인식을 초월한 진리의 계시여…….

보르헤스의 모티프는 베냐민의 것과 놀랍도록 비슷하다. 창조의 말씀이 있고, 그것이 사물 속에 흩어져 내린다. 그 파편들을 별자리를 짜듯이 배열하고, 그로써 결코 쓰이지 않은 것을 읽어낸다. 그리고 그 말씀으로 재난에서 세계를 구원한다. 다른 것은 결말이다. 베냐민의 결말이 플라톤적이라면, 보르헤스는 니체적이다. 베냐민의 것이 유대교적이라면, 보르헤스는 불교적이다. 신의 마지막 사제는 음절 40개, 단어 14개로 이루어진 그 문장을 끝내 발음하지 않는다. 더 이상 자신과 세상을 구하려 하지 않고, 물과 불로 된 윤회의 운명을 받아들인 것이다.

> 우주를 엿보았던 사람, 우주의 타오르는 구조들을 보았던 사람은 비록 그게 그 자신일지라도 어떤 한 인간, 그리고 그의 하잘것없는 행운이나 불행에 대해 생각할 수 없게 된다.

피라네시의 세계 3

바퀴

보르헤스도 피라네시의 판화를 보았을까? 아마도 이 눈먼 독서광은 피라네시를 알고 있었을 것이다. 피라네시의 영향을 받은 저자와 예술가가 얼마나 많은가. 그런데 왜 피라네시를 볼 때마다 보르헤스가 떠오르는 것일까? 아마도 피라네시가 18세기의 환상적 리얼리스트라서 그런 게 아닐까? 피라네시의 감옥은 환상이다. 그러나 동시에 너무나 실재적이다. 그의 작품에서 오류를 찾아내기가 어려운 것은 이 때문이다.

〈신의 글〉에 나오는 마술사 치나칸은 감옥에서 거대한 바퀴를 본다. "나는 지극히 높은 바퀴를 보았다. …… 그 바퀴는 물로 만들어져 있었다. 그러나 그것은 동시에 불로 만들어져 있었고, 그리고 그것은 (비록 그 둘레가 보이기는 했지만) 무한했다." 피라네시의 감옥에도 거대한 바퀴가 있다. 그렇다면 치나칸이 갇힌 감옥의 원형은 아마도 피라네시의 감옥이 아닐까? 보르헤스는 피라네시를 보았을 것이다. 틀림없이…….

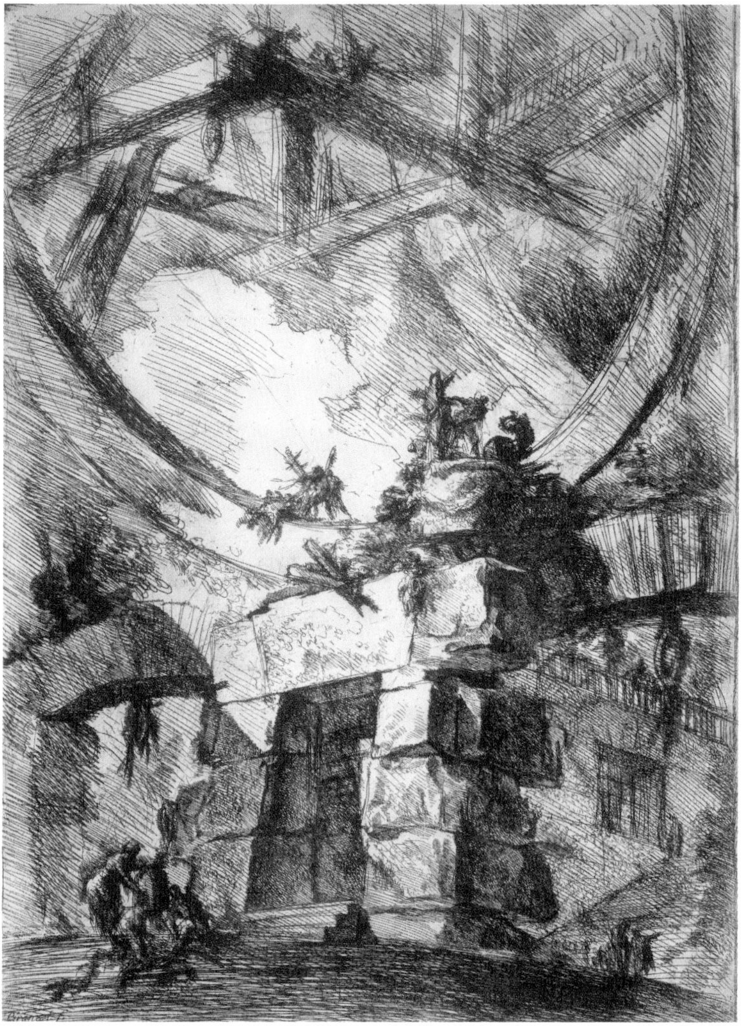

〈거대한 바퀴〉 조반니 피라네시, 동판화, 55×41cm, 1761년경

진리의 신전

파우스트가 말한다. "순간아, 멈추어라. 너는 너무나 아름답구나." 이처럼 가끔 세상이 너무나 아름다워, 그 순간을 붙잡아 두고 싶을 때가 있다. 하지만 세상의 모든 아름다움은 시간의 흐름에 실려 덧없이 흘러가버린다. 꽃의 아름다움에 매료되었는가? 그 꽃이 제아무리 아름다운들 불과 며칠 후엔 초라하게 시들어버릴 것이다. 얼마나 허무한가. 저 빛나는 아름다움의 순간을 붙잡아둘 수는 없을까? 왜 없겠는가. 그래서 예술이 필요한 것이다. 그 꽃을 그림으로 옮기면, 그 아름다움은 영원에 도달하게 되니까.

존재사건

하지만 정말로 한 송이 꽃을 위해 세상의 시간이 멈추는 경우가 있다. 어느 시인이 독재정권하에서 민주화 운동을 하다가 그만 사형선

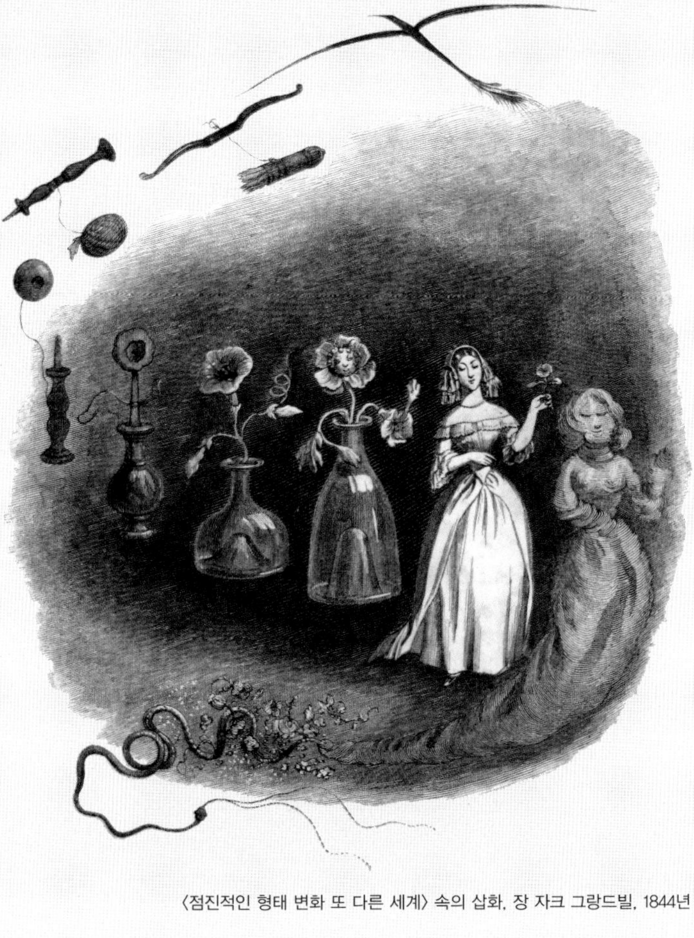

〈점진적인 형태 변화 또 다른 세계〉 속의 삽화. 장 자크 그랑드빌, 1844년

고를 받고 감옥에 갇혔다. 그때 그는 감옥 창문 쇠창살 아래에 핀 자그마한 들꽃을 보고, 그 생명의 힘에서 정체를 알 수 없는 충격과 전율을 느꼈다고 한다. 적어도 그 순간, 그 한 송이 꽃을 위해 세상의 모든 시간이 정지되었던 것이다. 그런데 이걸 '미적 체험'이라 불러야 할까? 고작 꽃의 아름다움에 반하는 체험이라 해야 할까? 그렇지는 않을 게다. 이것은 뭔가 다른 체험, 말하자면 '숭고의 체험'에 가깝다.

'존재'와 '존재자'는 다르다. 꽃의 모양과 색깔을 즐길 때, 우리는 그 꽃을 '존재자'로 대하는 것이다. 반면 시인의 체험은 분명 꽃의 아름다움에 관한 것이 아니다. 그를 전율에 빠뜨린 것은 꽃이 거기에 있다는 사실이었다. 이게 바로 '존재'의 체험이다. 과거의 예술은 존재자를 모방하려 했다. 하지만 하이데거Martin Heidegger, 1889~1976에 따르면 예술의 본질은 모방이나 재현에 있는 게 아니다. 예술의 진리는 무엇보다도 사건을 일으키는 데 있다. 즉 모든 존재자 아래에 묻혀 잊힌 존재의 체험을 일으켜, 우리를 존재망각의 상태에서 깨어나게 하는 데 있다.

존재망각

푸코Michel Foucault, 1926~1984는 자기 "사유의 전 지평을 산산이 부숴버린" 어떤 웃음에 대해 얘기한다. 그 웃음은 보르헤스의 텍스트에서 나온다. 이 눈먼 작가가 《중국의 한 백과사전*Cierta Enciclopedia China*》을 인용하는 대목이다. "동물은 다음과 같이 분류된다. (a) 황제에 속하는 동물, (b) 향료로 처리하여 박제로 보존된 동물, (c) 사육 동물, (d) 젖을 빠는 돼지, (e) 인어, (f) 전설상의 동물, (g) 주인 없는 개, (h) 이 분류에

포함되는 동물, (i) 광폭한 동물, (j) 셀 수 없는 동물, (k) 낙타털같이 미세한 붓으로 그릴 수 있는 동물, (l) 그 밖의 동물, (m) 물주전자를 깨뜨리는 동물, (n) 멀리서 볼 때 파리처럼 보이는 동물."

유쾌한 '존재'의 체험이다. 터져 나오는 웃음 속에서 우리에게 익숙한 존재자의 세계는 산산이 부서지고, 불현듯 사유의 새로운 지평이 열린다. 폭소는 곧바로 당혹스러움으로 이어진다. 생각해보라. 우리는 '종－속－과－목－강－문－계'로 이어지는 동물 분류법을 갖고 있다. 이게 17세기 이후에 등장한 자연과학의 세계관이다. 당신은 이 과학적인 분류법이 신이 창조한 그대로의 질서라고 믿을 게다. 하지만《중국의 한 백과사전》은 우리가 너무나 당연하게 여겨온 것을 갑자기 의문에 부친다.

저 해괴한 동물 분류법을 쓰던 삶의 세계가 정말로 고대 중국에 있었다면, 그들에게 우리의 분류법은 필요가 없을 게다. 왜? 그들은 제 삶의 조건에 맞게 그 분류법을 만들어냈을 테니까. 그들 삶의 형태에 우리의 과학적 분류법은 애초에 맞지 않는다. 동물을 '종－속－과－목－강－문－계'로 나누는 것은 외려 그들의 삶을 불편하게 할 뿐이다. 게다가 우리가 우리의 분류법을 신이 창조한 질서 그대로라 믿는 것처럼, 중국인들 역시 자기들의 것이 그렇다고 굳게 믿지 않았겠는가. 두 개의 분류법 중 어느 게 '있는 그대로의 세계'를 보여줄까?

유감스럽게도 그것을 판정해줄 상위 기준은 존재하지 않는다. 각 문화는 제 삶의 형태에 맞게 세계를 분류하고, 그게 신이 창조한 질서라 믿을 뿐이다. 우리의 것이라고 다르겠는가? 우리의 과학적 세계관 역시 특정 시대에, 특정 지역에서, 특정 필요에 따라 인위적으로 구성한 상대적 세계관에 불과하다. 우리는 이를 잊고 살았다. 이게 바

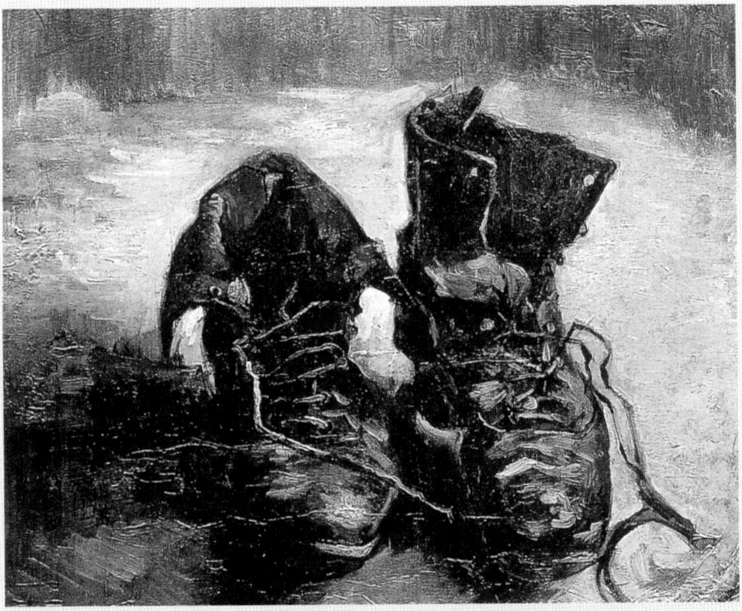

〈구두〉 빈센트 반 고흐, 캔버스에 유채, 38×45cm, 1886년

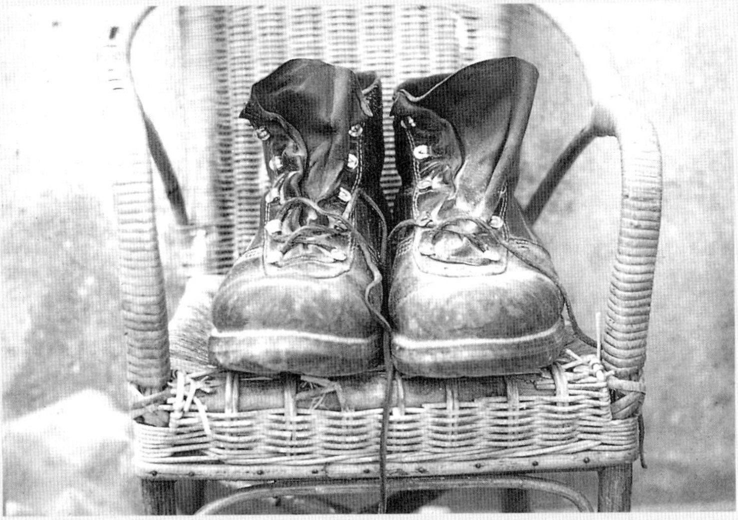

〈한 켤레의 작업화〉 파인버그, 1968년

로 존재망각이다. 보르헤스의 텍스트는 우리를 이 망각에서 일깨운다. 혹시 아는가? 언젠가 후대의 인간들이 우리의 분류법을 보며, 저 《중국의 한 백과사전》을 읽는 우리처럼 폭소를 터뜨릴지…….

재현에서 현시로

다시 앞의 시인의 체험을 생각해보자. 하이데거도 비슷한 체험을 한 모양이다. 그는 고흐Vincent van Gogh, 1853~1890의 〈구두〉 앞에 섰더니, 갑자기 구두라는 도구의 '존재'가 자신에게 열려 보이더란다. 아마도 이 그림을 우리와는 다르게 본 모양이다. 이 작품에서 우리는 그저 다 떨어진 구두를 볼 뿐이다. 이것은 한 켤레의 구두다. 구두가 뭔지 모르는 사람도 있던가? 구두는 우리에게 너무나 익숙하다. 우리는 그것을 아무 생각 없이 신고 다니다가 집에 들어오면 툴툴 벗어던진다. 구두, 그것은 발을 보호하는 도구다. 고흐의 작품은 그 도구를 그린 것이다. 그것은 구두의 '재현'이다. 아닌가?

하지만 저 작품의 진리가 기껏 '이것은 구두다'라는 데에 있을까? 그렇지 않을 게다. 그 작품은 적어도 하이데거에게는 어떤 장場을 열어주었다. 이때 작품과 철학자 사이의 공간space은 어떤 특별한 장소place로 변한다. 이렇게 "작품 앞에서 우리는 통상 있던 곳이 아닌 어떤 다른 데에 있게 된다". 그 순간 구두 역시 통상 보아오던 것이 아니라 다른 것으로 다가온다. 한마디로 저 작품 앞에서 우리는 구두를 '존재자'가 아니라 '존재'로서 체험하게 되는 것이다.

감추어지고 잊혔던 구두의 진정한 의미. 그것이 작품 앞에서 불현듯 열리는 체험. 하이데거는 이를 구두라는 도구의 '존재'가 드러나는 사건이라 불렀다. 고흐의 작품 앞에서 구두를 바라보는 우리의 일상적 시각은 깨지고, 우리는 그것을 완전히 새로운 눈으로 보게 된다. 이때 우리에게 은폐되고 망각된 존재자의 '존재'가 눈에 들어온다. 이런 존재체험, 이런 존재사건을 일으키는 게 예술 작품의 본질이다. 작품의 진리는 '존재자'의 재현representation이 아니라 '존재'의 현시presentation에 있다.

알레테이아

여기에 오래된 '칼'이 하나 있다 하자. 칼이 무엇인지 모르는 사람이 있을까? 우리는 그 칼을 만지작거리다가, 그걸로 물건을 자르기도 한다. 이게 칼을 하나의 존재자로 대하는 우리의 통상적인 태도다. 하지만 그 칼을 다른 시각으로 보게 되면 거기서 존재체험을 할 수도 있다. 즉 그 익숙함 속에 감추어졌던 사실이 불쑥 드러나는 경우도 있는 것이다. 가령 우리는 칼의 재질을 통해 그게 어느 시대에 속하며, 문양을 통해 어느 문화에 속하며, 나아가 장식을 통해 당시의 사회구조가 어땠는지 알 수 있다. 한마디로 '칼'이라는 도구 하나로 그것이 속한 문화 전체를 재구성할 수 있다. 그 익숙한 도구에서 그 존재자가 품은 세계가 불쑥 나타난다면?

'도구'는 그저 눈앞에 달랑 놓인 물건에 불과한 게 아니다. 그것은 하나의 세계를 품고 있다가, 볼 줄 아는 자의 눈앞에 그 세계를 펼쳐 보여준다. 우리 집 주방에 있는 스테인리스 칼도 제 몸 안에 우리의 세계를 품고 있다. 하지만 우리가 평소에 칼을 들고 파를 썰 때 언제 그런 생각을 했던가? 이렇게 일상적으로 우리에게 감추어진 것, 평소에 우리에게 망각된 것을, 예술 작품은 불현듯 우리 눈앞에 열어 보여준다. 이렇게 작품의 진리는 개시開示의 진리, 즉 은폐lethe를 들춰내고[a], 망각lethe을 일깨우는[a] 비은폐aletheia로서의 진리다.

작품은 제 앞의 공간을 어떤 특별한 장소로 바꾸어놓는다. 그리하여 우리는 문득 어떤 다른 곳에 있게 된다. 그때 우리에게 익숙한 것들이 갑자기 낯설게 다가온다. 사물을 보는 일상적 시각이 무효가 되면, 이때 감추어졌던 사물의 진정한 의미가 불쑥 모습을 드러낸다. 구두도 마찬가지다. 적어도 고흐의 작품 속에서, 구두는 그저 신고 다니다가 버리는 물건에 불과한 게 아니다. 그것은 농촌 아낙네가 밟고 다니던 농촌의 대지와, 그 위에 세워진 농민들의 삶의 세계를 품고 있다가 불현듯 우리 눈앞에 열어 보여준다.

> 대지에 이러한 도구가 귀속해 있고, 농촌 아낙네의 세계 안에 이 도구가 보호되어 있다.

세계의 개시

"가시적인 것을 재현하는 게 아니라 비가시적인 것을 가시화한다." 이는 현대 예술만이 아니라 실은 모든 예술에 해당된다. 고흐의 작품이 어디 추상화였던가? 눈에 보이는 것을 재현할 때조차 예술은 동시에 눈에 보이지 않는 것을 가시화하게 된다. 가령 터너Joseph Mallord William Turner, 1775~1851의 풍경화를 생각해보라. 터너는 눈에 보이는 안개를 재현함으로써 동시에 그때까지 미처 보지 못한 안개의 아름다움을 보게 했다. 이렇게 예술은 보이지 않는 것을 '보게 한다'. 그뿐인가? 그

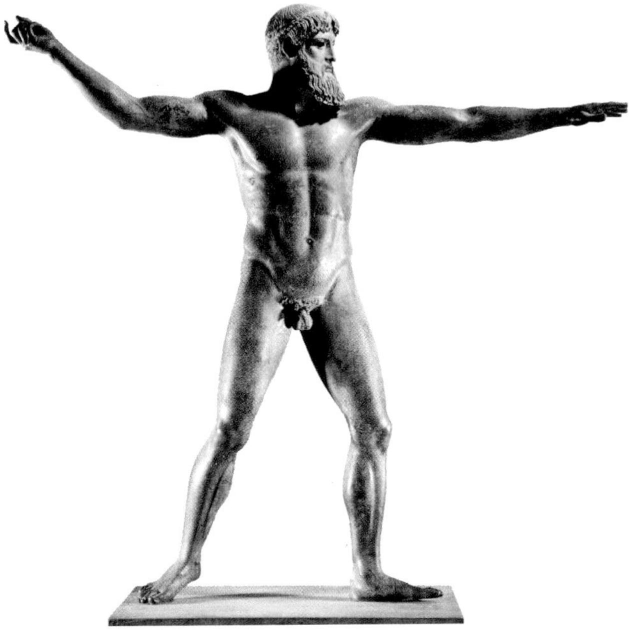

〈케이프 아르테미시온의 제우스〉 청동상, 높이 209cm, 기원전 460~기원전 450년
그리스인들은 먼저 신이 있기에 그것을 모방해 신을 만든 것이 아니다. 그들은 신상을 만들면서 비로소 신을 있게 했다.

아름다움을 얻게 되자, 거추장스럽기만 했던 안개가 영국인들 삶에 비로소 참되게 자리잡는다. 이렇게 예술은 없던 것을 '있게 한다'.

예술은 재현이 아니다. 진리는 모델 = 그림의 '일치'가 아니다. 진리는 더 근원적인 것이다. 예술의 진리는 보지 못하던 것을 '보게 하는' 개시이며, 없던 것을 '있게 하는' 정초定礎다. 가령 내 앞에 제우스 신상이 서 있다고 하자. 낡은 이론에 따라 이를 모방이나 재현이라 부를 수 있을까? 물론 그리스의 장인은 신상을 만들 때 모델을 사용했을 게다. 하지만 저 작품의 본질이 과연 모델과의 닮음에 있는가? 우리가 저 신상을 볼 때 거기서 겨우 그 모델이 된 한 인간을 떠올리는가? 신상을 대하는 우리의 체험이 고작 그런 것이었던가?

예술의 본질이 재현에 있다면, 대체 저 신상은 무엇의 모방이란 말인가? 제우스 신? 설마 그리스의 장인들이 정말로 신을 보았겠는가. 게다가 그리스 신화에서 신을 본 자들은 목숨을 잃지 않던가. 사실을 말하자면, 신상은 그 어떤 것의 모방도 아니다. 그리스인들은 먼저 신이 있기에 그것을 모방해 신상을 만든 게 아니다. 그들은 신상을 만듦으로써 비로소 신을 '있게 했다'. 먼저 신이 있기에 신전을 지은 게 아니다. 그들은 신전을 지음으로써 비로소 신을 그 장소에 '있게 했던' 것이다.

그리스인들은 신들의 축일에 맞춰 제사를 지내고, 축제를 벌이고, 경기와 경연을 했다. 신들은 그들의 공적 시간을 조직하는 달력이었다. 높은 곳에 세워져 폴리스를 굽어보던 신전은 그들의 공간을 조직하는 중심축이었다. 한마디로 올림포스의 신들은 그리스 민족의 '세계'를 세우는 원리였다. 신들이 떠난 그리스 문화는 존재할 수가 없다. 그런데 그 신들이 구체적으로 어떻게 존재했던가. 시, 조각, 건축과 같은 예술적 형상을 빌려 존재하지 않았던가. 이렇게 예술은 신들을 존재하게 하고, 그로써 한 민족에게 '세계'를 열어준다.

대지의 산출

파르테논 신전을 생각해보라. 자연 그대로의 대리석은 석회석과 크게 달라 보이지 않는다. 하지만 장인들이 그것을 다듬어 신전의 기둥

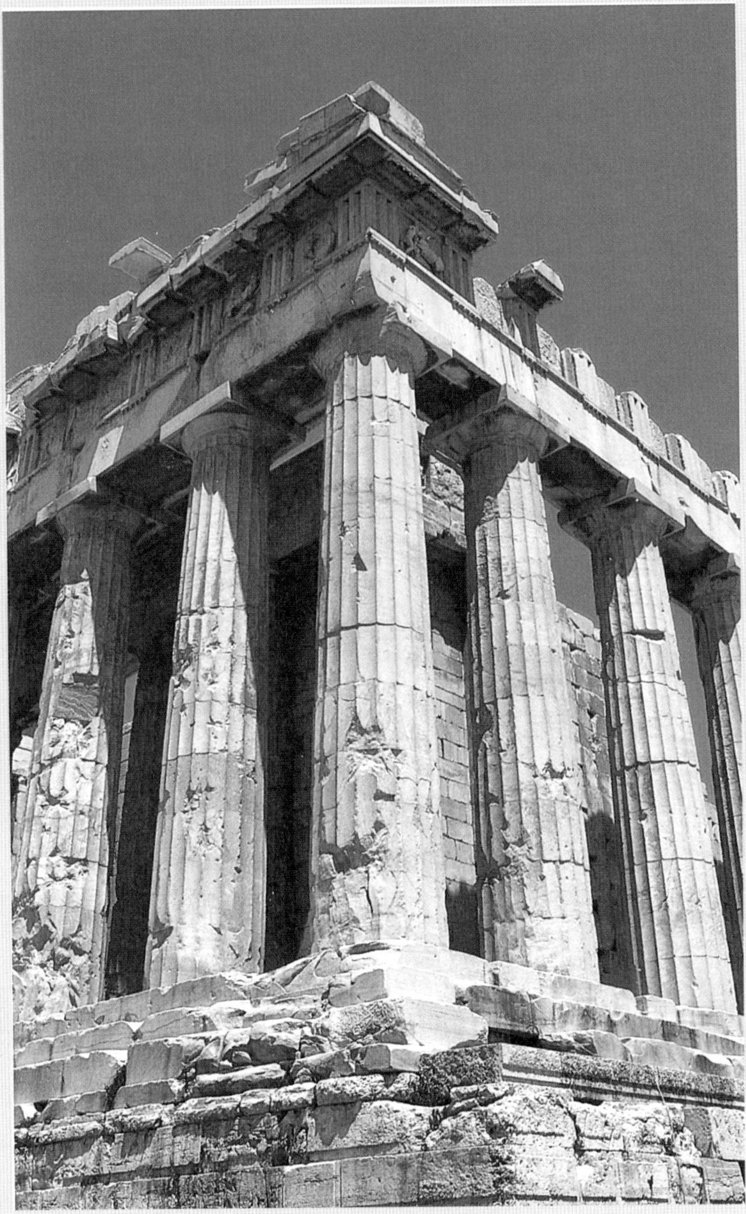

파르테논 신전의 남쪽 모서리, 대리석, 기원전 447~기원전 432년

으로 만들 때, 대리석은 비로소 우리가 아는 대리석 고유의 그 성질을 한껏 뽐낸다. 한낮에 태양빛이 그 위로 쏟아지면 거대한 대리석 덩어리는 찬란하게 빛날 것이다. 석양이 들면, 비스듬히 비치는 햇빛이 그 대리석 덩어리 위에 오색 영롱한 색채의 향연을 펼칠 것이다. 흐린 날에는 늘어선 기둥들 사이로 스쳐 지나가는 바람이 무서운 굉음을 내며 우리에게 자연의 위대함을 드러내줄 것이다.

언젠가 아파트 계단을 내려가다 계단실의 열린 창문으로 불어오는 바람 소리를 들었다. 건물의 벽을 스치고 들어와 엄청나게 큰 공명을 내는 그 소리는 소름끼치도록 오싹했다. 하지만 건물을 나와 공터로 나가자 바람 소리는 홀연 사라져버렸다. 그 위대한 자연은 대체 어디로 사라졌을까?

이렇게 건물을 하나 세운다는 것은 하나의 문화nomos를 세우는 동시에, 감추어져 있던 자연physis을 드러내는 것이다. 신전은 그리스인들에게 민족적 삶의 '세계'를 세우는 동시에, 저 자연으로부터 '대지'를 퍼다가 우리 앞에 펼쳐준다. 어디 그리스 신전만 그렇겠는가?

> 모리야 바위는 사실 이 돌로 만들어진 도시에서 흔히 볼 수 있는 돌들 가운에 하나일 뿐이다. 그러나 그 바위가 언덕 위에 놓이고, 코발트 색 하늘과 순백의 빛이 그 위에 드리워지는 순간, 이 도시는 거룩한 모습이 되어 사람들을 끌어안는다. 예루살렘은 새벽에 가장 신비한 모습이 된다. 이른 아침의 빛이 언덕을 비추기 시작하고, 그 위의 바위를 황금빛으로 물들이면 …… 하늘과 바위와 언덕이 함께 창조주께 고요히 경의를 표한다. 그 언덕을 바라보고 있노라면, 우리는 저절로 신이 이 도시를 만들었음을 믿게 된다.

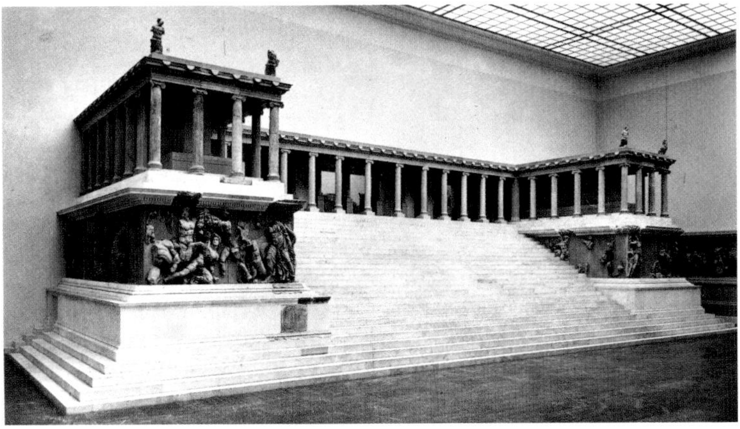

페르가몬의 제우스 제단, 페르가몬 박물관
저 제단이 열어준 세계는 붕괴하고, 제단은 한갓 관광객의 눈요깃감으로 전락했다.

세계의 붕괴

베를린의 '페르가몬 박물관'에 가면 헬레니즘 신전의 유적을 볼 수 있다. 원래 그것은 그리스 도시의 아크로폴리스에 있던 것이다. 그 제단이 통째로 뜯겨져 우중충한 게르만의 하늘 아래 전시되어 있는 것이다. 언젠가 그 신전은 그 땅에서 하나의 '세계'를 열어주었을 것이다. 그곳에 꿋꿋이 서서 작열하는 태양의 색채와 몰아치는 폭풍의 소리로써 '대지'의 존재를 드러내주었을 것이다. 하지만 이제 그 맥락에서 뚝 떨어져나와 박물관에서 하나의 유물로 전시되어 있다. 관람자들은 그것을 보며 기껏 헬레니즘 양식의 미적 특성을 논할 뿐이다. 이로써 '세계'는 붕괴되고, '대지'는 사라진다.

신상도 마찬가지다. 한때 그것들은 각자 자기가 서 있던 곳을 어떤 특별한 장소로 바꾸어놓으면서, 그것을 바라보는 이들에게 하나의 '세계'를 열어주었을 것이다. 하지만 이제 그것들은 박물관이라는 세속적 공간 속에, 여기저기서 온 다른 신상들과 함께 나란히 배치되어 있을 뿐이다. 관람자들은 여러 장소에서 떼어온 신상들을 바라보며, 거기서 그저 미적 특성이나 양식의 발전만을 본다. 한때 세계를 열어주었던 신상들이 한갓 미적 감상의 대상으로, 혹은 예술학적 연구 대상으로 전락해버린 것이다. 세계는 붕괴되고, 예술 작품이 열어주었던 진리도 사라진다.

신상을 만든 장인들은 근대의 예술가들이 조각상을 만들듯 그렇게 작업하지는 않았을 것이다. 그들의 창작은 경건한 '봉헌weihen'이었다. 신상을 바라보던 고대인들은 근대의 관람자들이 조각상을 바라보듯 그렇게 감상하지는 않았을 것이다. 그들의 감상은 작품이 열어주는 세계를 '보존bewahren'하는 것이었다. '보존'의 독일어 단어에는 '참wahr'이라는 글자가 들어 있다. 글자 그대로 풀면 참을 참이게 한다는 뜻이 된다. 한마디로 고대인들은 작품을 감상할 때 우리처럼 그것을 한갓 미적 대상으로 간주하지 않고 작품이 열어주는 진리를 진리이게 했다.

어머니의 태도

우리 집 거실에는 그림 한 점이 걸려 있다. 누구나 다 아는 그림이다. 다빈치Leonardo da Vinci, 1452~1519의 〈최후의 만찬〉. 그림 자체도 너무 흔한 데다 자수로 놓은 키치라서 색감도 원화와 많이 다르다. 그 키치가 내 섬세한 미적 취향을 심하게 거스르지만, 그것을 거실에서 제거하는 것은 집안의 복잡한 권력관계 때문에 불가능하다. 어머니가 반

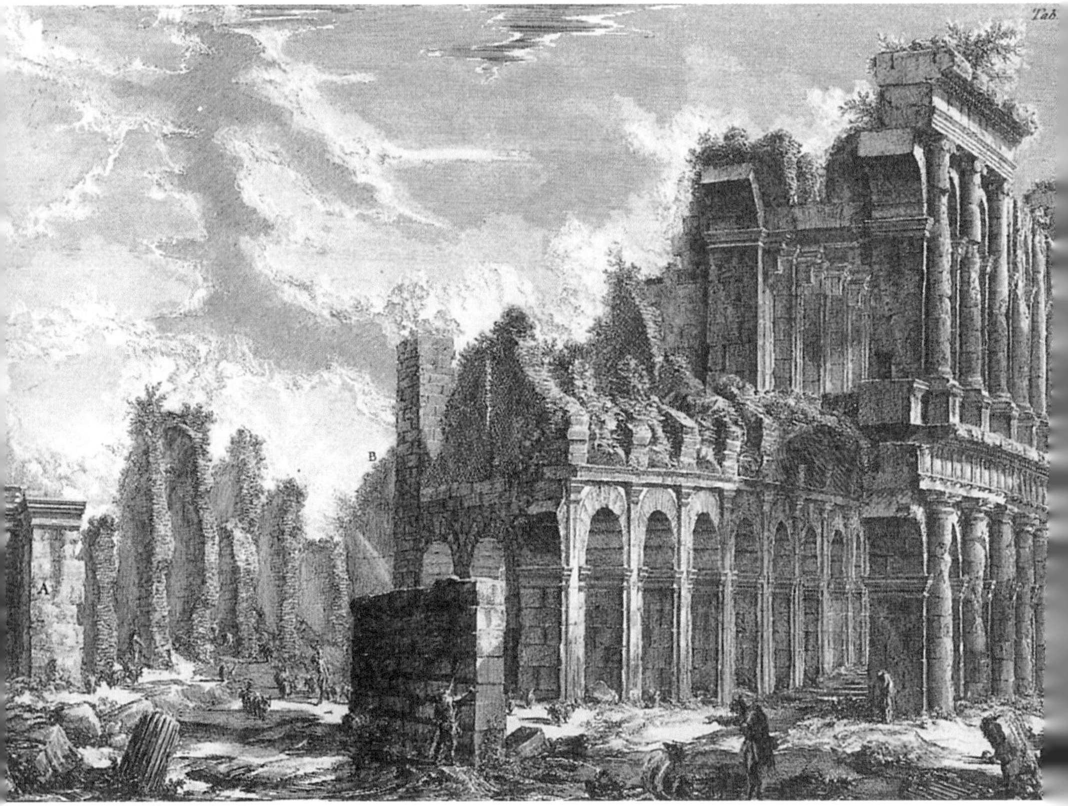

〈마르셀루스 극장의 잔해〉 조반니 피라네시, 동판화, 1762년

대하시기 때문이다. 내게 그 작품은 한갓 미적 평가의 대상일 뿐이나, 어머니에게 그 작품의 의미는 각별하다. 그 촌스런 그림이 거기에 걸려 있음으로써 어머니의 식사는 매번 그리스도와 함께하는 성만찬이 되기 때문이다.

실제로 다빈치의 원작은 어느 수도원의 식당에 걸려 있었던 것으로 안다. 거기에 걸려서 수도사들의 식사를 예수의 마지막 만찬으로 바꾸어놓았던 것이다. 우리는 〈최후의 만찬〉을 르네상스 양식의 예로 보아, 예수의 머리를 중심으로 이루어지는 삼각형에서 원근법을 찾아내지만, 원래 그 작품이 열어주는 진리는 그런 게 아니었다. 그 작품의 진리는 식당이라는 세속적인 공간을 예수의 마지막 만찬이 이루어지는 성스런 장소로 변용變容시키는 데에 있다. 그렇다면 외려 어머니 쪽이 작품의 진리에 가까이 있는 셈이다. 어머니는 그 그림의 진리를 보존했다. 즉 작품의 진리를 진리이게 했던 것이다.

하이데거는 현존재가 예술을 대하는 태도를 변경하기 위해 《예술 작품의 근원》을 썼다고 했다. 실제로 근대에 들어서면서 예술 작품은 더 이상 교회의 필요가 아니라 세속의 필요에 따라 제작되기 시작한다. 성당에 걸려 있던 그림들마저 점차 그 공간적 맥락에서 떨어져 나와 박물관에 수집되기 시작한다.

이때부터 작품은 한갓 미적 대상으로 전락한다. 이게 근대의 예술 문화다. 하지만 이렇게 작품을 미적 대상으로 격하할 때 작품의 진리는 사라지고, 그것이 열어주는 세계는 붕괴한다. 그래서 작품을 대하는 현존재의 태도를 바꿔야 하는 것이다. 변화된 태도를 가지고 작품을 볼 때, 작품은 존재자의 모방이 아니다. 그곳은 존재의 진리가 일어나는 신전이다.

신전 앞에서

디오게 그림, 좋네…….

아리스 앗, 그 사진만은 제발…….

디오게 이미 인터넷에 깔렸어.

아리스 그건, 프라이버시 침해 아닙니까.

디오게 알렉산드로스에게 여자라면 정신 못 차린다고 타박하더니, 꼴 좋다. 이랴 낄낄…….

아리스 어쩐지 자기 여자 친구를 선선히 소개시켜주더라니. 몰카, 그거 엄격히 단속해야 합니다.

모방의 진리

디오게 그건 그렇고, 이제 자네의 《시학》도 생명이 다한 모양이군.

아리스 무슨 말씀을. 아직도 소설과 드라마는 대부분 《시학》에 따라

써지고 있는데…….

디오게 그럼 뭐하나, 시대정신이 바뀌었는데. 자네는 예술을 '모방'으로 규정했지?

아리스 예.

디오게 그럼 예술의 진리는 모방의 진리가 되겠지?

아리스 물론이죠.

디오게 근데 이미 존재하는 현실을 베껴서 뭐하나?

아리스 재인식을 위해서지요. 가령 그림을 보고 "아, 이것은 말이구나" 하고 깨닫는 기쁨…….

디오게 말 배우는 아기인가? 말 그림 보며 "말이구나" 하고 좋아하게.

아리스 …….

디오게 대체 말 그림이 말을 가리킨다는 게 무슨 진리인가? 무의미한 동어반복이지…….

아리스 그럴까요? 가끔 연극을 보며 "아, 삶은 이런 것이구나" 하고 깨닫기도 하잖아요. 그게 사소한가요?

디오게 물론 드라마를 보고 감동을 받거나, 깨달음을 얻는 자들도 있겠지.

아리스 드라마는 일어날 법한 일을 미리 보여주는 시뮬레이션 게임이죠. 거기서 배울 게 없겠습니까?

디오게 하지만 드라마의 진리라야 결국 구태의연한 사회적 통념의 반복이잖나. 그래서 대중이 좋아하는 것이고…….

개시의 진리

아리스 그럼 '진리'가 뭡니까?

디오게 보지 못한 것을 보게 하고 없는 것을 있게 하는 것이야말로 '진리'라고 불릴 가치가 있는 게 아닐까?

아리스 하이데거 얘긴가요?

디오게 그 친구, 다른 건 몰라도 그 생각만은 옳다고 보네만, 가령 저 그림을 보게나.

아리스 한 사내의 얼굴이군요.

디오게 '재인식'을 했군. 그래서 기쁜가? 이제 그 그림을 뒤집어보게.

아리스 헉, …… 죽음이다.

디오게 어떤가? 바로 그게 삶의 본질일세. 인간의 덧없는 삶은 한 조각의 꿈에 불과하고, 영원한 진리는 죽음이겠지. 하지만 우리는 그것을 늘 잊고 살지. 저 그림은 우리를 그 망각에서 깨어나게 해준다네.

아리스 하지만 삶은 삶이고, 죽음은 죽음이지요. '삶=죽음'이라는 것을 논리학에서는 '모순'이라 부르지요.

디오게 삶은 삶이고, 죽음이 죽음이라는 것이 뭐 대단한 진리인가? 그런 것을 논리학에서는 '동어반복'이라 하지. 자, 저 앞을 바라보게.

아리스 풍경이네요.

디오게 자네 눈엔 그것밖에 안 보이나? 이제 고개를 90도 꺾어서 다시 보게.

아리스 앗, 사람의 형상이 나타나네요.

디오게 예술이 하는 일도 바로 이런 게 아닐까? 감추어져 우리가 잊고 지내던 것을 열어서 보여주는 것…….

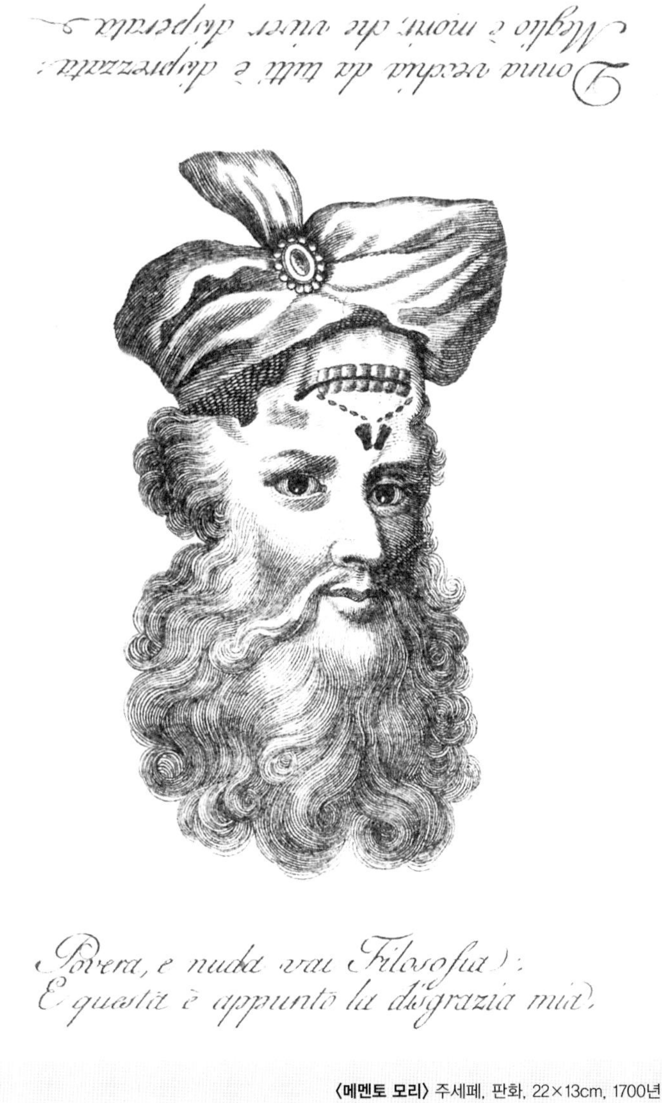

〈메멘토 모리〉 주세페, 판화, 22×13cm, 1700년경

그림을 뒤집어 보라.

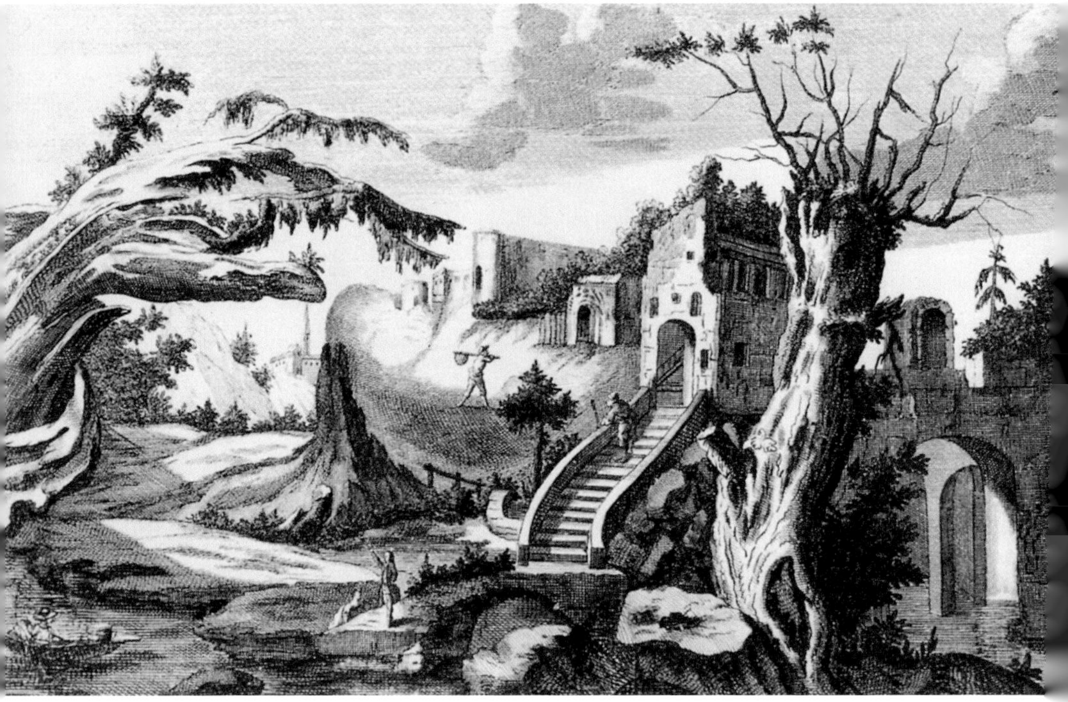

〈인간의 형상을 한 풍경〉 빌, 1780년

그림을 오른쪽으로 90도 돌려 보라.

진리의 일어남

아리스 신전은 진리가 일어나는 장소라면서요.

디오게 그렇지. 신을 비로소 존재하게 하는 그런 장소…….

아리스 그러는 선생께서 왜 신전을 마치 제 집처럼 활용하시나요? 가끔 기둥에 소피도 보시고.

디오게 아, 이거? 이건 아테네 시민이 나를 위해 특별히 지어준 집이 아닌가. 그런데 화장실을 잊었더군.

아리스 신들이 배설을 하나요?

디오게 그럼 나는 어디서 배설을 하란 말인가?

아리스 민족의 세계를 열어주는 장소에서 나뒹구는 것은, 아무래도 진리를 진리이게 하는 태도가 아닌 것 같은데요?

디오게 바로 그거라네. 나는 그 진리를 진리이게 하기를 거부하는 중이지.

아리스 왜요? 세계를 열어주는 게 진리라며, 왜 신전이 세계를 여는 걸 방해하나요?

아우라의 파괴

디오게 베냐민이라던가? 그 친구가 말했지. 현대의 지각은 아우라aura를 파괴한다고.

아리스 그게 이것과 무슨 관계가 있나요?

디오게 목하 자네들에게 현대적 지각을 열어 보여주고 있다는 뜻이라네.

아리스 무슨 뜻인지…….

디오게 저 신상과 신전이 신을 비로소 존재하게 하여 민족의 세계를 열어주었다는 것은 물론 올바른 지적이지.

아리스 그럼 그 진리가 진리일 수 있게 함께 '보존'하셔야지요.

디오게 그게 자네의 한계야. 신상과 신전은 세계를 한 번 열어주었을 때나 진리지, 내 참, 대체 언제까지 진리 행세를 해야 하나? 진리가 자신을 '보존'하기를 요구할 때, 그것은 더 이상 진리가 아니겠지.

아리스 왜요?

디오게 그것은 이미 낡은 가치관이 되었으니까. 실제로 저 신전과 신상이 열어준 진리는 이미 이 나라 백성 모두가 공유한 사회적 통념이 되지 않았나?

아리스 그렇지요.

디오게 그런데 몇백 년 묵은 그 통념을 '보존'하라고 요구하면 뭐가 되겠나?

아리스 '보존'은 곧 '보수'라는 얘긴가요?

디오게 빙고! 그래서 이 몸은 신전에서 뒹굴며, 자네 같은 통속적인 자들이 저 건물에 뒤집어씌운 빛나는 아우라, 그 성스러운 분위기를 깨고 있는 거라네.

도발의 진리

아리스 그러니까 사람들한테 욕먹지요.

디오게 욕이라. 그건 내가 정말로 말할 만한 가치가 있는 진리를 말했다는 징표겠지.

아리스 단지 인성에 문제가 있다는 징표는 아니구요?

디오게 언젠가 한 똑똑한 철학자가 "말들이 신상을 만들었다면, 신의 모습을 말의 형상으로 만들었을 것"이라고 했지?

아리스 예, 그때 난리가 났지요.

디오게 이렇게 자기들에게 익숙한 통념을 깰 때, 사람들은 짜증을 내기 마련이라네.

아리스 사람들을 짜증나게 해서 뭐하나요?

디오게 낡은 세계 안에 사는 그들의 보수적 머리를 때려, 세계를 새롭게 보게 해주는 거지.

아리스 …….

불꽃의 유토피아

파리 근교의 베르사유 궁전. 무엇보다도 그 정원 예술이 인상적이다. 충격적인 것은 나무들의 배열. 그 많은 나무가 한 치의 오차도 없이 자로 잰 듯이 일렬로 정돈되어 있다. 기하학적으로 배치된 이 정원은 거대한 인공 자연이다. 신은 세상을 창조했다. 인간은 신의 작품이 마음에 들지 않았다. 그래서 그것을 뜯어고쳐 다시 지었다. 신이 세상을 창조하신 후에 그랬던 것처럼, 이 인공 자연을 만든 이도 창조의 수고를 마친 후에 이렇게 느꼈을까? "보시기에 좋았더라."

이 정원은 17세기 데카르트 합리주의의 미학적 표현이다. 여기서 있는 그대로의 자연은 정신의 파악에 적합하게끔 다시 배열된다. 정신의 질서에 어긋나는 것은 제거되고, 모든 것이 직선이나 방사선의 기하학적 형태 속에 정돈된다. 그리하여 정신의 눈에 일목요연하게 들어온다. 합리주의적 인간은 이렇게 자연을 제 보기에 좋게 뜯어고쳐야 비로소 미적 쾌감을 느끼는 모양이다. 영국의 경험주의자들은

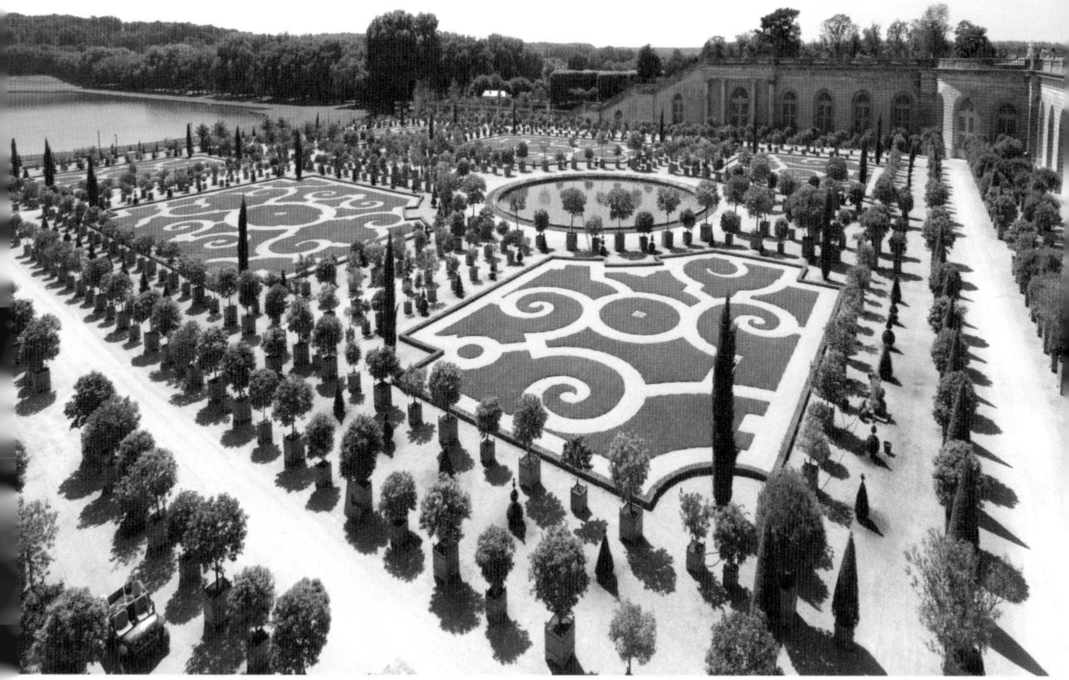

베르사유 궁전의 정원, 앙드레 르노트르 설계, 1669~1685년

덩굴과 숲 대신 수학적으로 정원을 설계하여 잔디와 나무들을 배열했다. 루이 14세의 정부(情婦)는 "좌우대칭, 좌우대칭, 어딜 가나 좌우대칭뿐"이라며 불평했다.

자연을 보는 눈이 좀 달랐던 걸까? 유럽에서는 프랑스 정원의 인공미에 종종 영국 정원의 자연미를 대립시킨다.

자연의 결함?

르네상스 화가들은 자연을 그대로 모방하지 않았다. 라파엘로Sanzio Raffaello, 1483~1520는 현실에서 완전한 미를 갖춘 모델을 찾기 어렵다며 종종 머릿속의 '아이디어'에 따라 작업했다고 한다. 그의 화폭은 현실의 모델보다 외려 그의 머릿속 아이디어, 즉 이데아에 조응했던 것이다.

풍경화도 마찬가지다. 고전주의적 풍경은 실제의 자연이 아니라 화가의 머릿속에 든 '이상미'에 가깝다. 실제의 자연이 화폭에 옮겨지는 과정에서 미의 이상에 맞게끔 적절히 수정되는 것이다. 일종의 예술적 성형수술이라고 할까?

자연을 고치는 것은 화폭에서와는 달리 현실에서는 매우 어렵다. 베르사유 정원을 생각해보라. 건축가의 미의 이상에 일치하게끔 자연을 뜯어고치는 데에 얼마나 많은 노력과 비용이 들었겠는가. 그런 의미에서 베르사유 정원은 고전주의 미학의 실천적 극한이라 할 수 있다. 이론적 영역에서 그 극한에 해당하는 것을 찾는다면 아마도 헤겔Georg Wilhelm Friedrich Hegel, 1770~1831의 미학을 들 수 있을 것이다. 헤겔은 감히 자연의 결함을 얘기한다. 자연미는 불완전하다. 완전한 아름다움에 도달하려면 그것을 뜯어고쳐야 한다. 그래서 예술이 필요하다는 것이다.

적어도 르네상스 화가들은 예술미가 자연미를 모방한 것이라 굳게 믿었다. 아직 자연의 우위를 인정하고 있었던 것이다. 하지만 헤겔은 이 관계를 뒤집는다. 예술의 아름다움은 자연에서 나오는 게 아니라 정신idea에서 나온다는 것이다. 이제 자연미는 예술미의 모범이 아니다. 그것의 불완전한 재료일 뿐이다. 이 관계의 역전에서 아도르노Theodor Wiesengrund Adorno, 1903~1969는 병적 징후를 본다. '자연미의 결함'을 운운하는 헤겔의 논리는 근대의 자연정복 이데올로기의 미학적 표현이라는 것이다.

정신의 동일자

헤겔은 자연이 거대한 정신에서 나왔다고 믿었다. 우리가 제 모습을 보려고 거울에 자신의 상을 투사하듯이, 정신도 자신을 인식하려고 자기를 밖으로 끄집어냈다. 그렇게 탄생한 게 자연이라는 것이다. 거울을 처음 본 아기가 거울 속의 제 모습을 타인으로 보듯이, 정신도 처음에는 제 앞에 선 자연을 '타자他者'로 본다. 그러다가 점차 그 낯섦을 극복하고 그게 결국 자신의 외화外化, 즉 자신의 다른 모습임을 깨닫게 된다. 그 깨달음에 도달하는 과정이 세계의 역사이자 철학의 역사다.

정신은 자연에서 제 모습을 본다. 언뜻 보기에 자연은 그저 혼란스런 물질 덩어리에 불과하다. 하지만 잘 들여다보면 그 안에 정신적 원리가 들어 있다. 그 원리를 우리는 흔히 '법칙'이라 부른다. 자연의 혼돈 속에서 법칙을 발견할 때, 혼란스런 물질 덩어리는 조화로운 원리의 체계로 나타난다. 바로 이때 정신은 자연 속에서 자기 자신의 모습을 보고, 마치 나르키소스처럼 제 모습에 취해 거기서 아름다움을 느낀다. 베르사유 정원도 이 느낌을 예술적으로 구현한 것이리라.

법칙을 이용해 인간은 자연을 수정한다. 제 보기 좋을 대로, 혹은 제 살기 편할 대로 뜯어고쳐 인공 환경을 만들어낸다. 이렇게 자연을 억지로 인간에 동화시키는 것을 근대 철학자들은 '자연의 인간화'라 불렀다. 마르크스Karl Heinrich Marx, 1818~1883도 이를 '진보'라 부르며 축성했다. 하지만 아도르노가 보기에 자연의 인간화란 결국 '자연의 탈자연화'에 불과하다. 말하자면 자연이 더 이상 자연이 아니게 되는 현상에 지나지 않는다는 것이다. 이게 우리에게 마냥 축복이기만 할까?

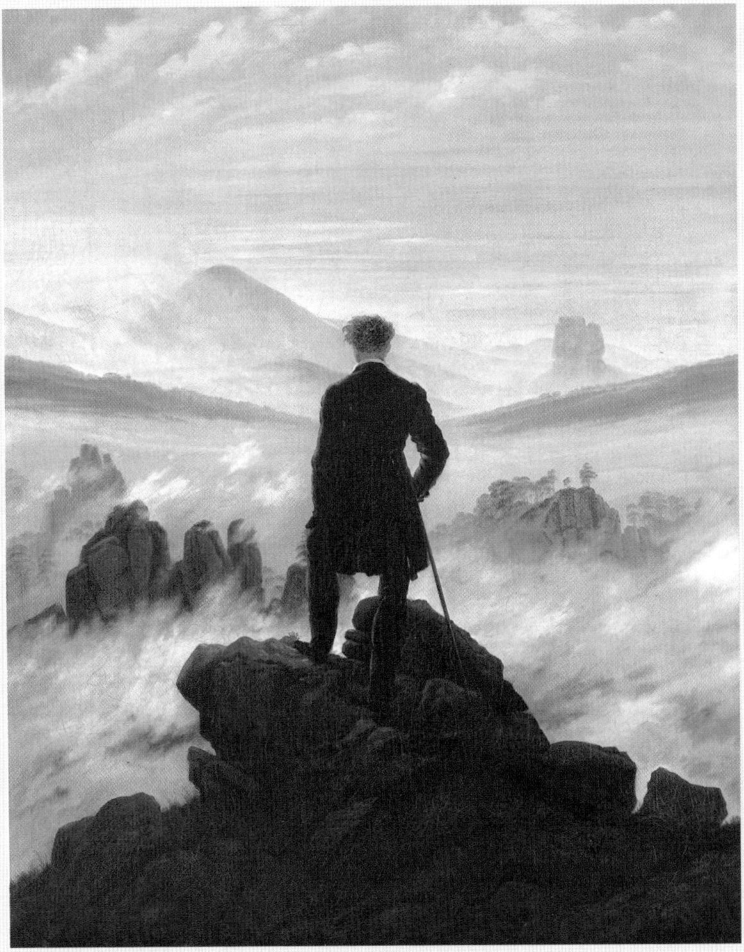

〈안개 바다 위의 방랑자〉 카스파르 프리드리히, 캔버스에 유채, 98×74cm, 1818년

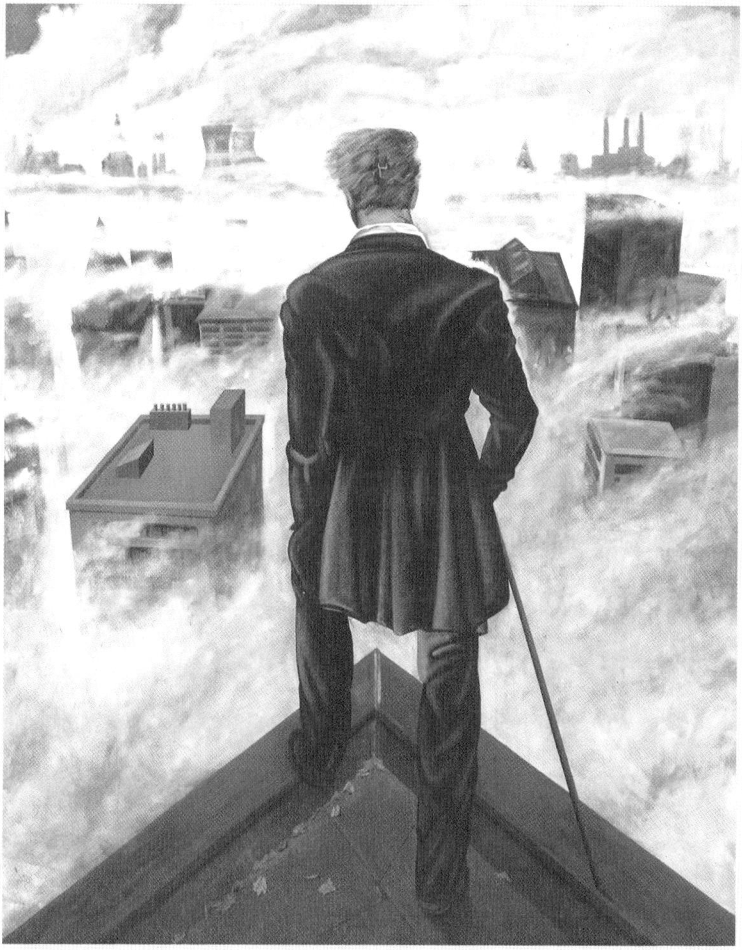

〈안개 바다 위의 방랑자〉 위르겐 발러, 캔버스에 유채, 1983년

정신의 타자

자연에서 정신만을 보는 헤겔처럼, 근대 자연과학자들도 자연에서 거대한 수학책을 보았다. 그리고 수로 파악되지 않는 자연의 질적 측면은 간단히 무시해버렸다. 하지만 자연이 법칙의 총합인가? 겨우 방정식의 체계에 불과한가? 그럴 리 없다. 자연의 정말 자연다운 부분은 수식으로 씌어질 수 없다. 빛이 '룩스'로 표기될 때 빛남은 사라진다. 소리가 '헤르츠'로 측정될 때 울림은 사라진다. 무게가 '킬로그램'으로 계산될 때 묵직함은 사라진다. 이렇게 자연의 고유한 질적 측면은 결코 정신으로 파악되지 않는다.

어렸을 적에 우연히 들어간 대나무 숲은 푸른색 숨결을 내뿜고 있었다. 이 신비야말로 진짜 자연이다. 하지만 합리주의적 정신은 신비가 존재하는 것을 못 견뎌 한다. 그래서 그 비밀을 밝혀내 굳이 자연의 '아우라'를 깨뜨리려 한다. 아우라를 잃은 자연은 숨쉬기를 멈추고 한갓 양적 계량의 대상, 기술적 조작의 대상으로 전락한다. 하지만 과학이 밝혀낸 것, 그게 자연의 전부인가? 결코 그렇지 않다. 숲의 숨결을 느끼는 체험을 과학으로 대신할 수는 없다.

자연은 정신이 아니다. 과학이 건드릴 수 있는 것은 자연의 양적 측면일 뿐이다. 과학이 신비를 폭로해도, 자연의 질적 측면은 끝까지 밝혀지지 않고 비밀로 남는다. 자연의 정말 자연다운 부분은 과학의 추적을 따돌리고, 이성의 저편에서 끝내 정신의 '타자'로 남는다. 끝없이 달아나며 신비함을 보존하는 자연. 아도르노에 따르면 자연의 이 끝없는 탈주를 미메시스한 것이 바로 현대 예술이라고 한다. 그런데 예술은 대체 무엇으로부터 달아나려 하는가?

관리되는 사회

기술합리성은 자연만이 아니라 인간의 사회도 지배한다. 자본주의적 생산은 엄청난 효율을 자랑한다. 하지만 거기서 아도르노는 어떤 전체주의적 위험을 본다. 가령 우리 앞에 연필과 공책이 있다고 하자. 둘은 사용가치가 다르다. 어느 게 더 귀중한지 비교할 수 없다. 하지만 자본주의는 어디까지나 교환가치를 위한 생산이다. 그래서 질적으로 다른 사물들을 약분約分 할 수 있게 만든다. 가령 사물의 가치를 가격으로 환산하면, 서로 비교할 수 있는 수數가 된다. 자본주의는 이렇게 사물의 고유한 질을 지우고, 그것들의 가치를 화폐의 양으로 환원한다.

자본주의는 인간마저도 획일화한다. 사회를 보라. 어디를 가나 인간은 번호가 매겨진 개인 정보의 더미로 처리되어 합리적으로 관리되지 않는가. 태어나자마자 국가로부터 열세 자리의 숫자를 나눠받지 않는가. 권력은 자신의 관리 대상이 감시의 눈에 들어오지 않는 어둠에 묻히는 것을 싫어한다. 권력은 모든 인간의 위치가 명석판명이라는 합리주의적 이상 아래 일목요연하게 파악되어야 비로소 안심한다. 권력을 안심시키기 위해 인간은 '번호'가 되어 합리적으로 관리되어야 한다.

하나의 '코드'로 수많은 복제를 찍어내는 게 자본주의 생산의 특징이다. 그래서 자본은 인간마저도 제 버릇대로 '코드'로 찍어내려 한다. 자본은 인간 개개인의 고유성에는 전혀 관심이 없다. 그저 자신을 확대 재생산해줄 클론을 원할 뿐이다. 예컨대 우리의 대학을 보라. 자본의 요구에 맞추어 시장원리가 대학에 도입되자, 학과들의 다양성

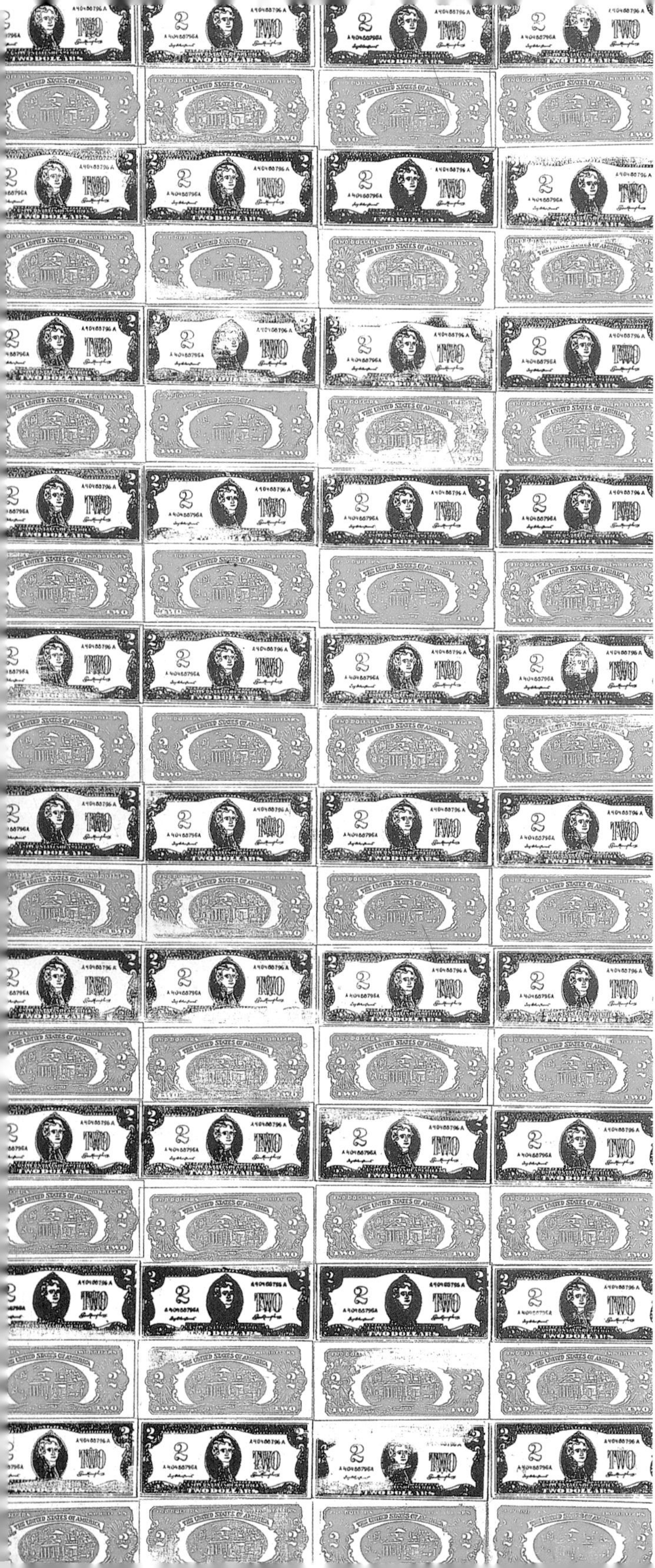

〈2달러짜리 지폐(앞뒷면)〉 앤디 워홀,
캔버스에 아크릴 물감과 실크스크린,
1962년

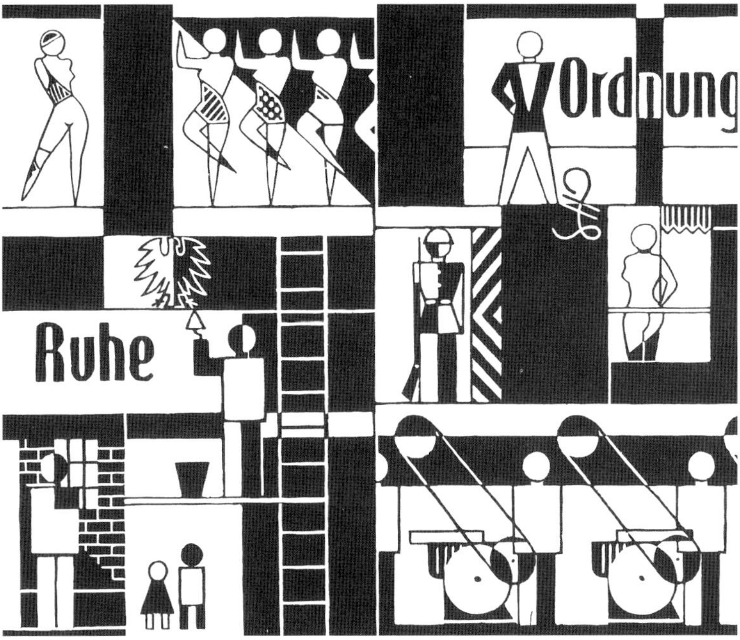

〈안정과 질서〉 게르트 아른츠, 목판화, 27×33cm, 1926년

안정과 질서, 독재자가 좋아하는 두 단어.

이 급속히 사라져버렸다. 이런 획일적인 틀 속에서 관리된 인간들이 얼마나 다양할 수 있겠는가? 바로 이것이 합리적으로 관리되는 사회의 비합리성이다.

타자의 미학

제 언어의 본질이 부정당하자 자연은 애도의 침묵을 지켰다. 예술도

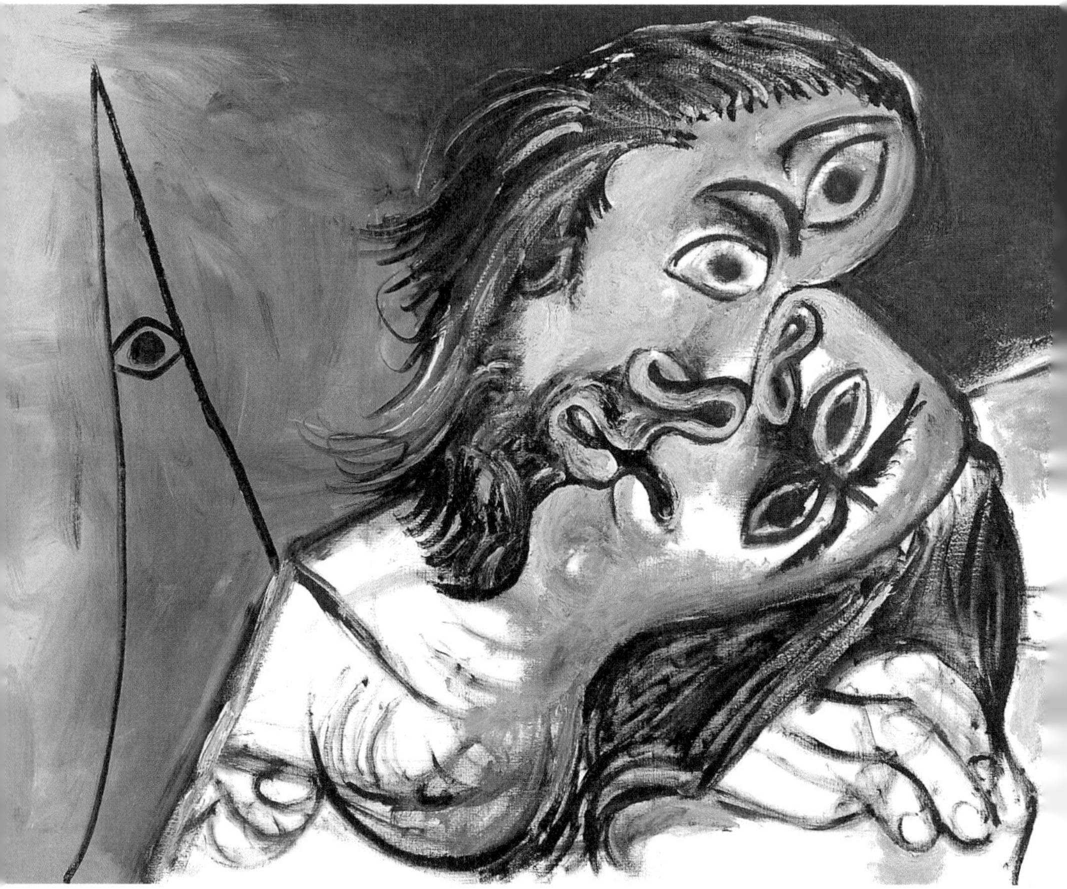

〈키스〉 파블로 피카소, 캔버스에 유채, 97×130cm, 1969년

마찬가지다. 관리되는 사회의 비인간성에 항의하기 위해 예술은 이 침묵을 미메시스한다. 현대 예술은 사회와의 소통을 거부한다. 왜? 소통은 '코드'를 전제하고, '코드'는 획일성을 의미하기 때문이다. 모든 것을 획일화하는 동일성의 폭력에 저항하기 위해 예술은 사회 안에 통용되는 '코드'를 거부한다. 그 결과 오늘날의 예술은 평균적인 대중에게는 이해될 수 없는 것으로 남는다. 이는 현대 예술이 관리되는 사회의 비인간성에 항의하는 방식이다.

고전 예술은 대중과 '코드'를 공유했다. 현대 예술은 일부러 그 공통의 '코드'를 깨고, 다양한 형식 실험을 통해 오직 자기만의 '코드'를 만들어낸다. 현대 예술이 어려운 것은 이 때문이다. 왜 현대 예술은 사회에 널리 공유되는 코드를 거부하고 굳이 이해되지 않으려 하는가? 그것은 모든 것을 획일화하는 동일성의 폭력으로부터 자기의 개별성과 고유성을 지키기 위해서다. 오직 이렇게 할 때만이 예술은 비인간적인 사회 속에서 유일하게 인간적인 존재로 남을 수 있다.

하지만 자본주의 문화산업은 일탈을 용납하지 않는다. 그것은 제아무리 난해한 작품도 대중이 이해하는 코드로 번역해 상품으로 판매한다. 한때 충격을 주었던 피카소Pablo Picasso, 1881~1973와 칸딘스키의 작품도 오늘날 무리 없이 받아들여진다. 그래서 예술은 끝없이 자신을 혁신할 수밖에 없다. 자기를 상투적 코드 안에 가두려는 문화산업의 추적을 피해 끝없이 탈주하며, 끝까지 이해되지 않는 이성의 타자로 남으려 한다. 자연을 전혀 닮지 않으면서도 현대 예술은 이렇게 자연을 미메시스한다.

예술의 탈주는 혁신innovation을 통해 이루어진다. 동일성의 폭력에서 벗어나려면 기존의 코드를 깨고, 늘 새로운 형식을 만들어내야 한다. 아방가르드는 이렇게 낡은 '아름다움' 대신에 형식의 '새로움'을 추구한다. 그래서 이제 예술은 내용 없는 형식이 된다. 하지만 내용이 없다고 진리가 없는 것은 아니다. 예술의 진리는 형식을 '통해' 전달되는 내용이 아니라, 형식 '안에' 침전되는 소리 없는 목소리로 존재한다. 그 목소리를 들으려면 그것이 침전된 형식에 귀를 기울여야 한다.

현대 예술은 추하다. 왜 그래야 할까? 생각해보라. 과거의 예술가들은 자연을 모방하면서 그것을 이상적 아름다움으로 끌어올렸다. 그렇게 탄생한 '아름다운 가상' 속에서 예술과 사회, 이상과 현실은 조화를 이루었다. 하지만 아직도 이런 화해가 가능할까? 그렇지 않다. 오늘날의 예술이 아름다움을 추구한다면, 그것은 거짓말이 될 것이다. 왜? 사회가 추할 대로 추해졌기 때문이다. 바로 이를 정직하게 증언하려면 현대 예술은 추해져야 한다.

현대 예술은 추상적이다. 왜 그렇게 되었을까? 인간들의 관계 자체가 추상적으로 변했기 때문이다. 자본주의는 사물의 질적 측면들을 사상하고, 거기서 교환가치의 양을 추상해낸다. 인간들 사이의 협력도 화폐라는 추상적 관계를 매개로 하여 이루어진다. 찰리 채플린의 〈모던 타임스〉에서 볼 수 있듯이 자본주의적 노동은 그 자체가 추상적이다. 농부의 노동은 유기적 전체이지만, 공장 노동은 무기적 파편이다. 피카소와 브라크Georges Braque, 1882~1963의 작품은 그 파편적 형식으로써 불구화된 노동을 기린다.

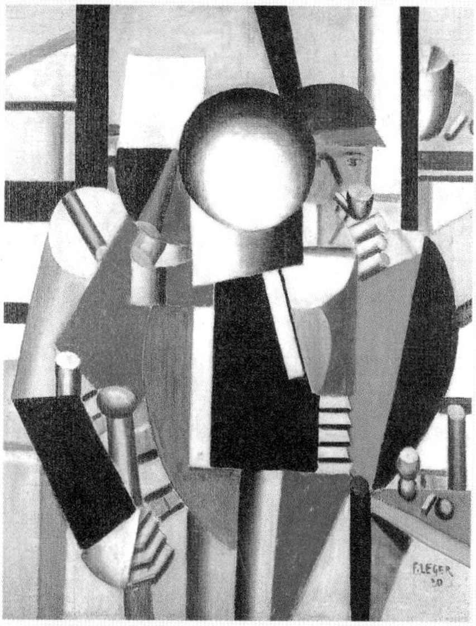

〈세 명의 동료〉 페르낭 레제,
캔버스에 유채, 93×74cm, 1920년

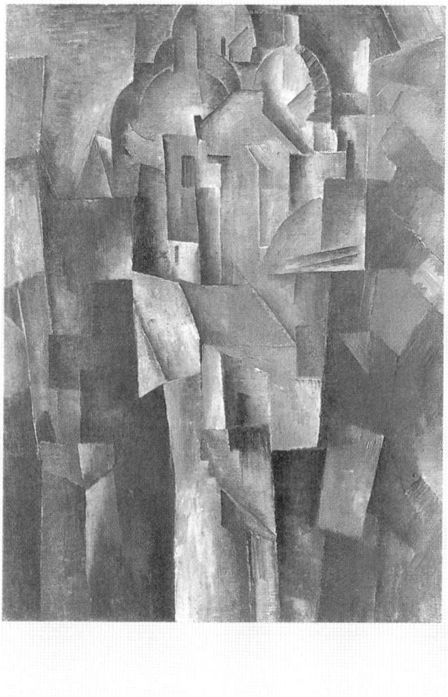

〈사크레 쾨르 성당〉 조르주 브라크,
캔버스에 유채, 55×41cm, 1909~1910년

현대 예술은 고통스럽다. 고전 음악을 듣는 것은 미적 향유라 할 수 있지만, 현대 음악을 듣는 것은 거의 고문에 가깝다. 예술은 이렇게 합리적으로 관리되는 사회에서 사물과 인간이 당하는 고난을 증언한다. 그리고 그 고통의 체험에 우리를 동참시킨다. 현대 예술은 사회를 비난하는 메시지를 발하지 않으나, 갈기갈기 찢겨진 그 형식 속으로 우리 사회의 어떤 부정적 상태가 침전되어 들어온다. 이렇게 현대 예술은 사회를 재현하지 않고도 사회의 고통을 미메시스한다.

가상의 구제

'보편성의 폭력 앞에서 개별자로 남으라.' 이것이 오늘날 보존할 가치가 있는 유일한 진리다. 예술은 바로 그 참을 지니고 있다. 하지만 그것을 표현할 수는 없다. 반면 철학은 그것을 말로 표현할 수 있다. 하지만 스스로 참을 가질 수는 없다. 이 시대의 참은 개별성에 있는데, 철학은 보편적 개념을 사용하기 때문이다. 이 때문에 예술과 철학은 서로 상보적 관계를 이루게 된다. 오늘날 전시회 카탈로그에 철학적 담론이 난무하는 것은 이 때문이다.

현대 예술은 기호가 아니다. 그것은 내용 없는 형식, 새로운 사물일 뿐이다. 하지만 베냐민의 얘기대로 말 없는 사물에도 언어의 본질이 깃들어 있다. 우리는 현대 예술의 추함에서 우리 사회의 추함을 보고, 예술의 추상성에서 자본주의적 관계의 추상성을 읽고, 예술이 주는 고통 속에서 불구화된 개별자들이 지르는 비명을 듣는다. 철학은 이처럼 말 못하는 예술의 참을 인간의 언어로 옮겨놓는다. 이렇게 말 없는 사물의 참을 구원하는 작업을 우리는 '비평'이라 부른다.

하지만 개별자의 참을 보편적 개념에 담을 수 있을까? 물론 불가능하다. 개별자의 참은 결코 온전히 개념에 담길 수 없다. 현대 예술이 수수께끼처럼 느껴지는 것은 이 때문이다. 철학이 작품에 대해 하나의 해석을 내놓으면, 작품은 거기서 달아나버린다. 그 뒤를 쫓아가 또 하나의 해석을 내놓으면, 또다시 달아난다. 무지개를 쫓는 아이들이 무지개에 닿지 못하고 뒤로 수많은 발자국만 남기듯이, 작품의 참을 좇는 철학도 결코 거기에 도달하지 못하고 뒤로 수많은 해석만 남기게 된다.

그럼 작품의 진리는 어디에 있을까? 뒤에 남은 해석들, 그 발자국들의 총체 속에 흩어져 있다. 그리고 발자국은 끝없이 이어진다. 해석은 작품의 언어적 본질을 개념이라는 바벨의 언어로 옮기는 번역이다. 하지만 번역이 의미의 손실을 가져오는 것은 아니다. 무한히 펼쳐지는 번역들을 통해 외려 우리는 근원적 언어로 상승한다. 바로 이것이 보편적 개념으로 된 인간의 언어를 가지고 개별자의 참에 접근하는 유일한 방법일 게다.

예술의 존재 미학

아무것도 그리지 않은 그림도 그림이다. 가상 없는 예술도 어떤 의미에서는 여전히 가상이다. 앞에서 우리는 그 가상을 '참'으로써 구원했다. 그럼 이제 우리가 구원받을 차례가 아닌가. 우리는 구원의 유토피아를 그려서 실현하려던 운동이 이 땅에 결국 디스토피아만 남겼음을 안다. 자신의 추한 모습을 아름다운 유토피아로 치장했던 사회들도 얼마 전에 모두 사라졌다. 그럼 구원은 없단 말인가? 그렇지 않다.

그러면 어디에 있단 말인가? 바로 예술의 정신 속에 있다.

위험에 처한 자연을 구원하는 것은 미메시스다. 우리를 계몽해 자연의 폭압에서 해방시킨 합리성이 오늘날 자연을 총체적으로 위협할 지경에 이르렀다. 이 얼마나 비합리적인가. 그래서 이제 합리성도 계몽되어야 한다. 합리성을 계몽할 수 있는 것은 오직 미메시스뿐이다. 가령 새만금의 어느 스님을 생각해보라. 인간이 갯벌의 뭇 생명을 대신해 말을 하다니, 이 얼마나 우스운 얘기인가. 하지만 이 비합리 속에는 그 어떤 합리성보다 더 큰 지혜가 들어 있다.

관리되는 사회에서 인간을 구원하는 것은 '탈주'의 실천이다. 개별자의 고유성을 지우고 모든 것을 획일화하는 사회. 이런 자본주의 사회에서 보존할 가치가 있는 유일한 진리는 거기에 동화되기를 거부하고 단독자로 남는 것이다. 자신을 쫓아오는 모든 동일성의 폭력에서 끝없이 벗어나는 것. 바로 그것만이 이 사회에서 인간이 참되게 존재하는 방식이다. 우리는 이 존재 미학도 소통을 거부하는 현대 예술에서 배웠다.

불꽃놀이

그렇다면 사회를 구원할 길은 없을까? 그 길을 어쩌면 현대 예술의 '구성composition'에서 볼 수 있을지도 모른다. 고전 예술은 전체주의적이다. 그 속에서 요소들은 전체 효과를 위해 존재한다. 아리스토텔레스는 스토리 진행에 필요 없는 삽화들은 생략하라고 가르쳤다. 현대 예술의 '구성'은 다르다. 그것은 개별 요소들의 존재를 배려하며, 그것들을 폭력적이지 않은 방식을 통해 전체로 종합한다. 이렇게 전체를 위해 개별자를 희생하지 않고, 개별자의 고유성을 배려하는 사회. 그런 질서는 불가능한 것일까?

오늘날 누군가가 또다시 완성된 유토피아의 '타블로'를 그린다면, 그것은 극악한 거짓말이 될 것이다. 현대 예술은 이상적인 사회의 상을 그리지 않는다. 그러나 유토피아 없이는 살아갈 수 없는 게 또한 인간이다. 따라서 그를 위해 여전히 해방된 사회의 모습을 미리 보여줘야 한다. 오늘날 유토피아는 '타블로'가 아니라 '현현apparition'으로 존재한다. 그것은 예술 작품 속에서 마치 밤하늘의 불꽃놀이처럼 순간적으로 나타났다가 아련히 스러진다. 보지 못했는가? 방금 우리 눈앞을 불꽃처럼 스치고 지나갔는데…….

피라네시의 세계 4

탈 옥

왜 하필 감옥이었을까? 왜 하필 감옥의 공상이었을까? 피라네시가 별 이유 없이 2차원 평면과 3차원 공간의 차이를 이용해 착시의 유희를 즐기려 한 것 같지는 않다. 그러기에 저 그림은 너무 무겁다. 분위기가 에셔의 것과는 너무 다르지 않은가. 앞으로 다가올 세계의 영상이 그에게 불쑥 나타났던 걸까? 아마도 그는 저 환상이 곧 우리가 사는 현실이라고 말하려고 한 게 아닐까? 그런 의미에서 저 감옥은 환상적으로 실재적이다.

피라네시를 보는 순간, 우리는 저 환상의 감옥에 갇힌 수인이 된다. 수인은 누구나 탈옥을 꿈꾼다. 갑자기 감옥에 갇힌 우리 역시 저 어둡고 음침한 건물에서 벗어나고 싶어 한다. 출구는 어디에 있는가? 저 복잡한 계단을 따라가면 혹시 밖으로 나갈 수 있지 않을까? 하지만 쉽지 않을 것이다. 저 감옥은 간수의 눈과 벽돌의 두께로 이루어진 것이 아니니까. 우리를 가두는 것은 건물의 재료가 아니라 구조다. 어떤 구조?

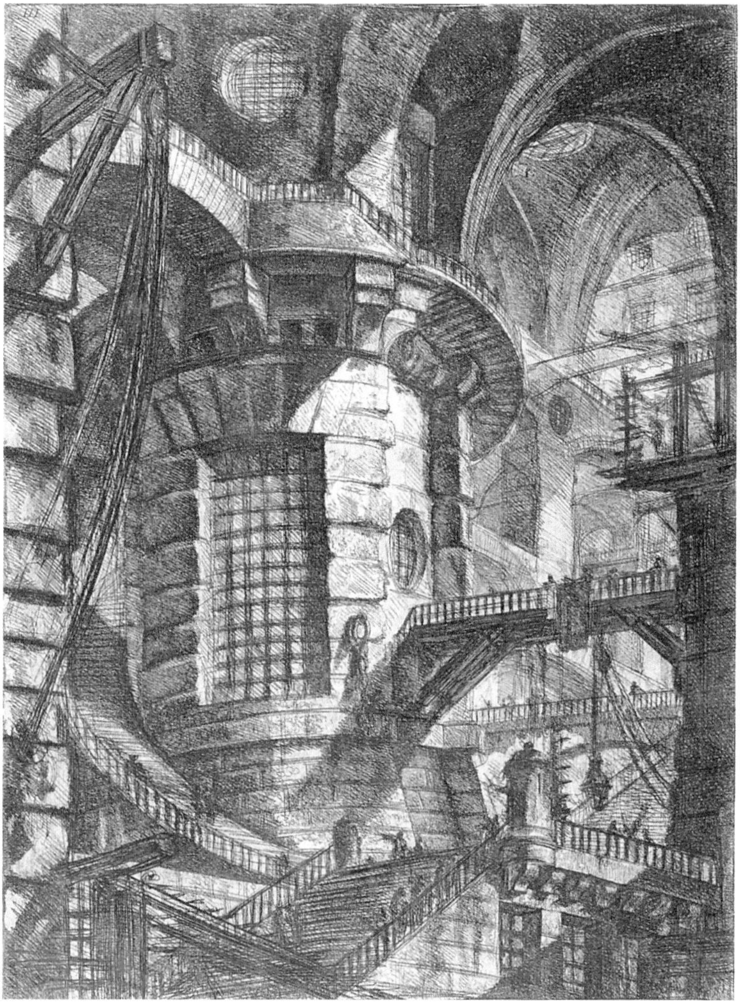

〈둥근 탑〉 조반니 피라네시, 동판화, 55×42cm, 1761년경

삶의 예술

디오게 예술이 행위의 '모방'이라고? 풋, 예술은 그냥 '행위'일 뿐.

아리스 무슨 뜻인지요?

디오게 예술은 삶의 재현이 아니라, 그냥 삶 자체라는 얘기지.

아리스 예술은 허구이고, 삶은 현실이잖아요.

디오게 그거야 현실을 바꿀 마음이 없는 자들의 생각이지.

아리스 예술로 현실을 바꾸시겠다. 그러고 보니 수염이 덥수룩한 독일 친구의 말이 생각나네요. "이제까지 철학은 세계를 여러 가지로 해석해왔다. 문제는 세계를 변혁하는 것이다."

디오게 그자의 철학이 나의 예술이라네.

재현과 현시

아리스 삶이 예술이라는 게 무슨 뜻인가요?

디오게 내가 하고 돌아다니는 걸 보게나. 내 삶이 곧 예술 아닌가. 행위 예술…….

아리스 고약한 농담이나 하고 다니는 게 예술이라고요?

디오게 유식한 말로 '퍼포먼스performance', 그냥 자네가 좋아하는 '연극'이라 해두세.

아리스 그럼, 선생의 연극도 행위를 '모방'하나요?

디오게 아니지. 자네 연극이 모방적이라면, 내 것은 원본적이라고 할까…….

아리스 무슨 뜻이죠?

디오게 자네 것이 일어날 법한 행위를 재현한다면, 내 것은 전혀 일어날 것 같지 않은 사건을 처음으로 일으킨다는 뜻이지.

아리스 하긴, 남의 강의실에 깃털 뽑은 닭을 들고 나타나는 일을 누가 또 하겠어요?

디오게 그럼. 오직 나만 할 수 있는 행위. 내 연극은 그걸 현시한다네.

아리스 그런 짓 해서 뭘 얻지요?

디오게 허튼 관념의 세계에서 인간의 이데아를 찾으며 헤매던 자네들을, 닭들이 홰를 치는 이 땅으로 구해내지 않았나. '인간이란 깃털 없이 두 발로 걷는 동물'이라. 부랴부랴 거기에 한 가지 규정을 덧붙이던 자네 스승의 꼴이 가관이더군. 뭐였더라?

아리스 '넓은 발톱을 가진…….'

보편자와 개별자

디오게 자네의 연극에는 대본이 있겠지. 가령 소포클레스나 에우리피

데스. 그다음엔 배우들이 상연을 하겠지. 그 짓을 해마다 반복할 수도 있겠고…….

아리스 당연하지요. 선생의 것은 다른가요?

디오게 내 것은 대본이 없어. 상연한 다음에 누군가가 그것을 기록하는 일은 있어도. 게다가 아예 반복이 불가능하고…….

아리스 왜요?

디오게 삶의 예술이니까. 자네 것은 한 예술가의 주관에 바탕한 허구지만, 내 것은 객관적 현실이 아닌가. 현실이 맘대로 움직여주던가? 현실의 여러 조건이 맞아떨어져야 비로소 하나씩 일어나는 '사건', 그게 내 작품이지.

아리스 유일무이한 사건으로서의 작품이라…….

디오게 연극이 있을 법한 일들의 모방이라 했던가? 있을 법한 일이라면, 여기저기서 반복될 수도 있다는 뜻이겠지?

아리스 예. 그래서 시는 역사보다 '보편적'이라 한 겁니다.

디오게 자네의 진리는 보편을 지향하는군. 내 진리는 개별자를 지향하지.

아리스 개별자의 진리? 그래서 기행을 하고 돌아다니시나요?

디오게 그렇지. 바로 내 몸이 작품이지.

아리스 그 작품 덕에 시노페에서 추방형을 당하셨구요…….

디오게 대신 그자들에게 이 몸은 체류형을 내렸지. 개별을 배제하는 보편의 감옥에 사는 것과, 그 밖에서 개별자로 자유롭게 사는 것. 어느 게 더 무서운 형벌인지 그 돌머리들이 알기나 할까?

유토피아

아리스 근데 '유토피아가 불꽃처럼 나타난다'는 무슨 뜻인가요?

디오게 이런 얘기 아니겠나? 가령 유토피아의 그림은 많았지. 책으로 쓴 자도 있고, 그림으로 그린 자도 있고, 현실로 조각한 자도 있고. 근데 결과가 어떻든가?

아리스 하나같이 전체주의의 악몽이었지요.

디오게 유토피아를 자처하던 사회에서 나온 작품들을 보았나?

아리스 예, 그림 속의 인민들이 45도 각도로 눈을 하늘로 향한 채, 행복한 표정을 짓고 있더군요.

디오게 근데 그 시간에 그림 밖의 인민들은 굶고 있었거든…….

아리스 그림이 거짓말을 한 셈이군요.

디오게 그렇지. 오늘날 유토피아를 그린다면, 그것은 거짓말이겠지.

아리스 그럼 유토피아 그리기를 포기할까요?

디오게 아니지. 유토피아의 희망 없이는 또한 살 수가 없으니까. 다만 그 희망을 간직하되, 그것을 화폭에 고정된 그림이 아니라 허공을 스쳐 지나가는 불꽃처럼 나타나게 해야 한다는 얘기지.

아리스 왜요?

디오게 유토피아는 고정되는 순간 거짓말이 되어버리거든…….

아리스 어떻게 해야 유토피아를 불꽃처럼 나타나게 할 수 있나요?

디오게 현대 예술이 하는 게 바로 그것 아니겠나?

아리스 그 괴상망측한 작품들이 유토피아를 보여준다구요?

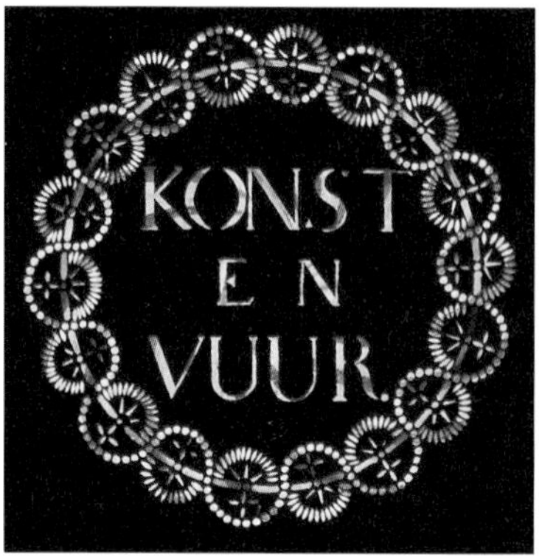

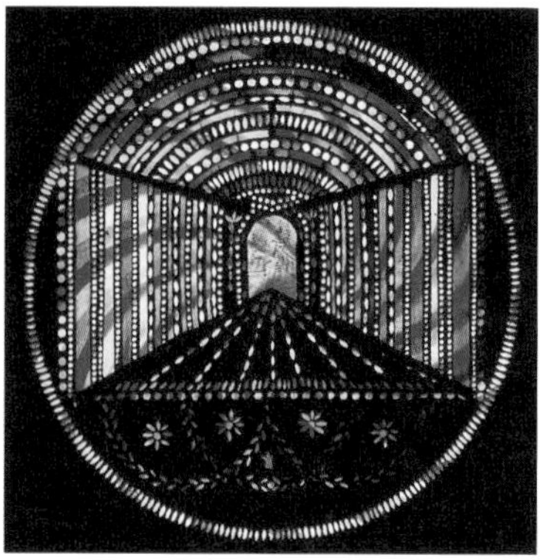

〈예술과 불〉 헤이그, 중국식 만화경, 1634년

국카스텐(guckkasten)이라 불리는 만화경을 위한 그림이다. 이것을 상자 속에 끼워 넣고 그 뒤로 형형색색으로 채색된 투명한 원반형의 셀로판지를 받쳐 넣은 후에 이를 돌리면서 촛불로 비추면 영롱한 불꽃놀이의 영상을 얻을 수 있었다고 한다.

고전 예술과 현대 예술

디오게 그렇지. 자네가 방금 '악몽'이라 부른 사회들이 실은 자네의 미학을 충실히 실현했다는 걸 아나?

아리스 제 미학이 전체주의적이라는 얘깁니까?

디오게 그럼. 자네가 낳은 고전주의 미학은 작품의 모든 요소에 위계질서를 만들지 않나. 가령 색은 형에 종속되고, 형은 제재에 종속되고, 제재는 주제에 종속되고…….

아리스 그런데요?

디오게 반면 현대 예술을 보게. 내용의 독재가 사라지고, 형과 색이 자율성을 얻지 않았나?

아리스 무정부주의 카오스 상태군요.

디오게 자네 눈에 질서는 곧 위계질서로 보이나 보지?

아리스 그럼, 다른 질서도 있나……?

디오게 게다가 《시학》에서 뭐라고 말했나? 전체 줄거리의 진행에 관계없는 삽화들은 빼라고 하지 않았나.

아리스 그래야 짜임새가 생기지요.

디오게 하지만 그게 사회의 구성원리라면, 얼마나 끔찍하겠는가. 전체에 도움이 되지 않는 개인은 배제되어야 한다, '반동분자' 혹은 '반국가분자'로…….

아리스 그럼 현대 예술은 뭐가 다른가요?

디오게 다르지. 현대 예술에서 일단 형과 색은 자율성을 얻지 않았나? 게다가 현대 예술의 '구성composition'은 요소들의 개별성을 존중하면서 동시에 화면에 질서를 부여하는 것을 의미한다네…….

아리스 보통 힘든 게 아니겠네요.

디오게 유토피아가 어디 쉽게 실현되겠나?

아리스 쩝…….

디오게 자, 이제 자네의 첫 질문에 대답하겠네. 이 새로운 사회의 영감이 어디서 나왔겠나? 현대 예술의 구성을 보다가 머릿속에 불꽃처럼 스쳐가지 않았다면…….

3

포스트모던의 미학

숭고와 시뮬라크르

동일자의 영겁 회귀? 세계는 여섯 번 무너지고, 일곱 번 세워진다. 그렇다면 피라네시가 본 폐허의 환상은 허구가 아니라 정말로 존재하는 이 세계의 본질일지도 모른다. 세계의 무상함을 깨달을 때, 비로소 윤회의 고리에서 벗어날 수 있다. 이 세계 자체가 시뮬라크르라는 진리가 문득 우리에게 열릴 때, 우리는 전율과 함께 숭고의 체험을 하게 된다. 세계는 무너지고 재현은 사라졌다. '세계와 재현'의 사라짐을 대신하는 것은 '숭고-시뮬라크르'의 미학이다. 숭고와 시뮬라크르는 동전의 양면처럼 맞붙어 고전적 세계가 무너진 폐허에 사는 현대인의 세계 감정을 이룬다. 여기서는 독일 사상가들이 마련한 숭고와 시뮬라크르 미학의 단초가 프랑스 사상가들에 의해 어떻게 급진화되는지 살펴볼 것이다.

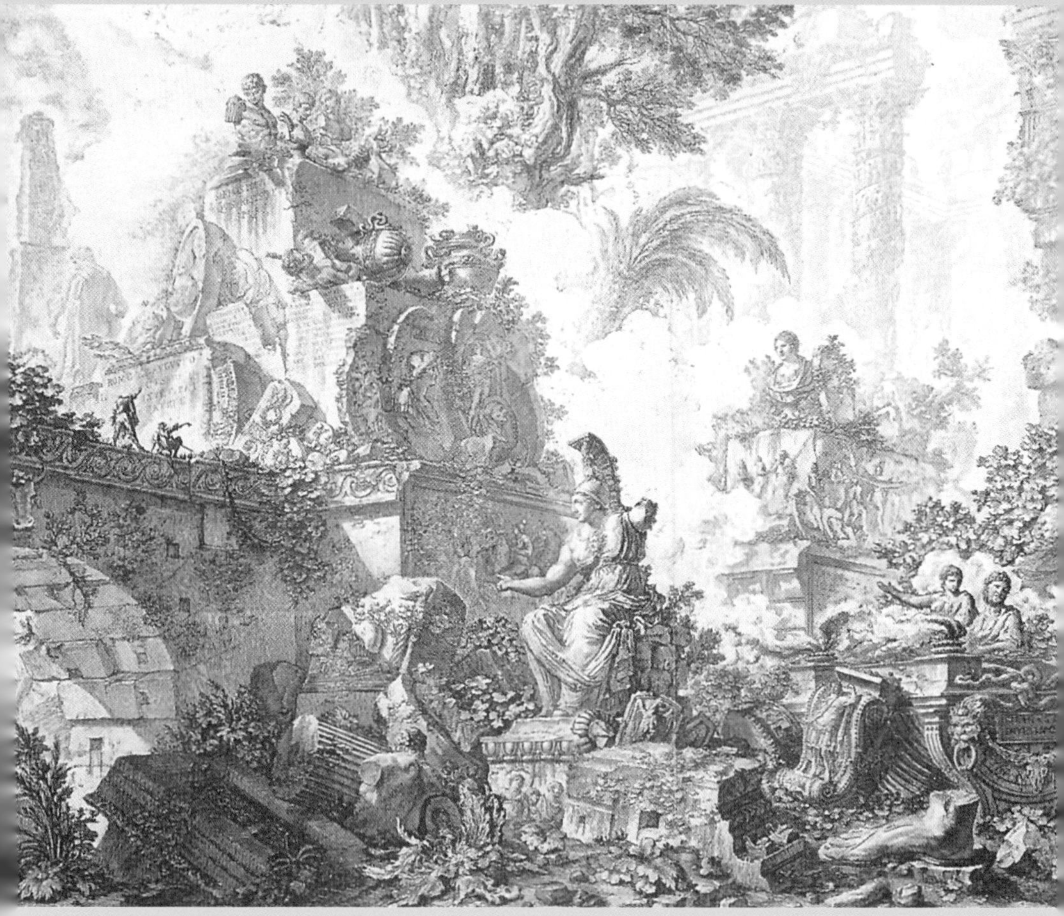

〈미네르바의 조각이 있는 환상의 폐허〉 조반니 피라네시, 동판화, 50×64cm, 1774년

바벨의 도서관

누가 그랬더라? 인간이 미로 속에서 발견하는 것은 미노타우로스가 아니라 자기 자신이라고. 실제로 옛날에 그려진 미로 그림에는 인간의 형상을 닮은 것도 있다. 아득한 선사 시대부터 오늘날까지 미로가 인간의 마음을 사로잡은 것은, 아마도 그것이 인간 삶의 심오한 상징으로 여겨졌기 때문이리라. 역사적으로 존재한 미로들의 다양한 형태 속에서 실제로 우리는 그만큼 다양한 인간적 삶의 형태를 읽어낼 수가 있다. 그런 의미에서 미로는 그 자체가 인간의 역사를 기록한 하나의 책 혹은 도서관이라 할 수 있다.

세 개의 미로

고전적 미로의 구성은 간단하다. 하나의 길을 따라 계속 가면 언젠가 중심에 도달하고, 거기서 뒤돌아 걸으면 다시 밖으로 나오게 된다. 사

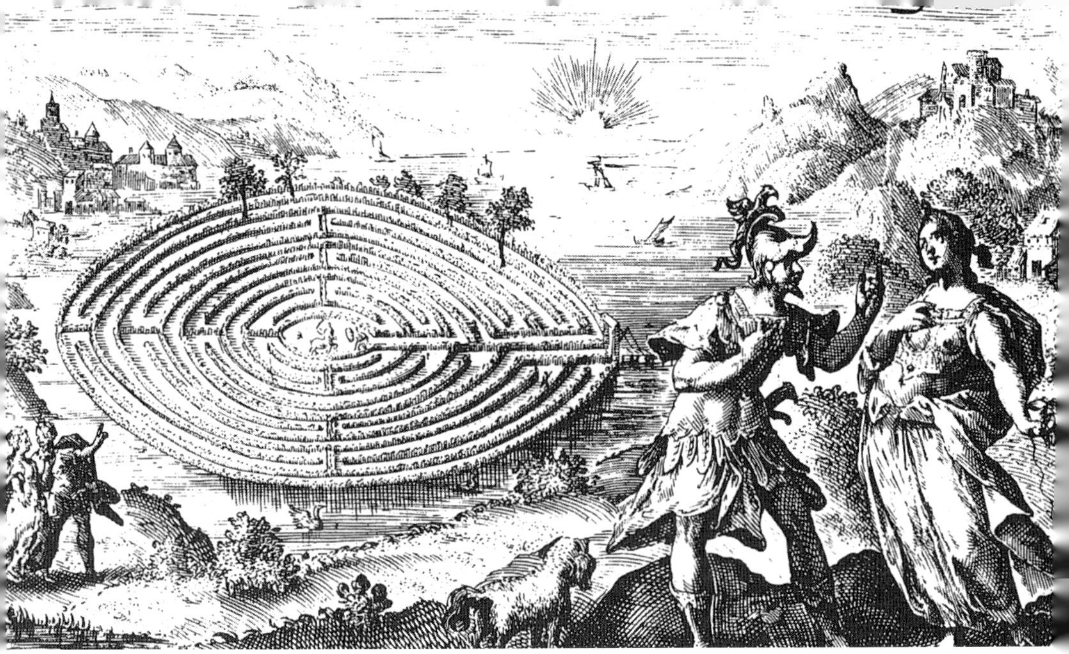

오비디우스 〈변신〉 제8권의 삽화

실 미궁 안에서 자기 확신만 잃지 않는다면, 굳이 '아리아드네의 실'이 필요 없다. 문제는 길을 찾는 것보다 외려 중심에 사는 괴물을 처치하는 것이다. 그런 의미에서 고전적 미로는 원시 사회의 성인식 비슷한 영웅들의 '통과의례'라는 의미를 갖는다. 중세적 미로도 형태는 동일하다. 다만 의미가 변했을 뿐이다. 성당 바닥에 그려진 미로는 속俗에서 성聖으로 넘어가는 통과의례의 의미가 있다.

근대적 미로는 다르다. 여기서는 길이 여러 갈래로 갈라져 매 순간 선택해야 한다. 잘못 선택하면 막다른 골목에 닿거나, 먼길을 돌아 제자리로 오게 된다. 여기서는 오직 시행착오를 통해서만 밖으로 나올 수 있다. 이는 고대와 달리 근대 사회가 꽤 복잡해졌음을 의미한다. 과거에는 미로에서 나오는 데에 영웅적 용기만 필요했다면, 이제는 수많은 갈림길에서 선택을 하는 지혜가 필요하게 된 것이다. 세속적

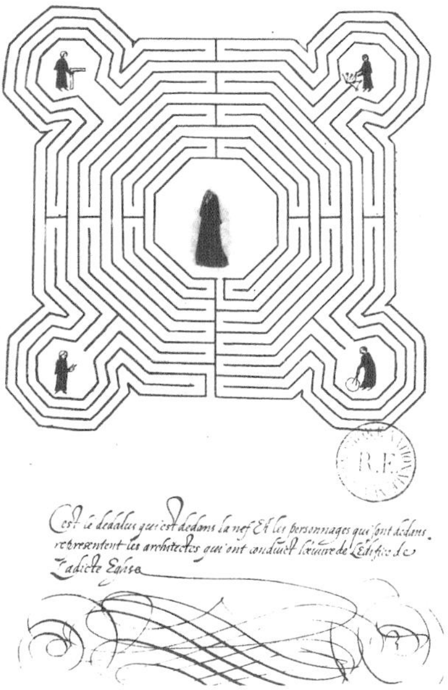

〈예루살렘으로 가는 길에 머무는 곳〉
랭스 성당의 미로 도안, 1270년

인 사람들은 '미로'라는 이름의 미혹에서 인간을 이끄는 빛은 '이성'이라 할 테고, 좀더 종교적인 사람이라면 세상의 미로에서 인간을 구원하는 것은 신의 '은총'이라 믿을 것이다.

또 다른 미로가 있을까? 실제로 지어진 적이 없는 가상의 미로가 있을 수 있다. 고전적 미로든 근대적 미로든, 입구와 출구가 있다는 점에서는 마찬가지다. 입구와 출구가 있다는 것은 안과 밖이 있으며, 안에서 밖으로 나올 가능성이 있다는 것을 의미한다. 하지만 입구도 출구도 없고, 시작도 끝도 없고, 그리하여 빠져나올 가능성도 없는 어떤 미로를 상상해볼 수 있지 않을까? 만약 그런 게 있다면, 그것은 아마 '탈근대적 미로'라고 할 수 있을 것이다. 실제로는 결코 지어질 수 없는 피라네시의 상상의 '감옥'이 바로 그런 미로 중 하나가 아닐까?

바벨의 도서관

보르헤스는 벌집처럼 육각형의 방이 무한히 이어지는 '바벨의 도서관'에 대해 얘기한다. 이 도서관의 책장은 알파벳의 가능한 모든 조합으로 이루어진 일정한 길이의 책들로 가득 차 있다. 책들은 알파벳의 무작위적 조합이므로, 그중 어떤 것들은 의미 없는 헛소리를, 어떤 것들은 시시껄렁한 잡설을, 또 어떤 것들은 해석할 수 없는 문장을 담고 있다. 하지만 그 육각형의 방들 가운데 어딘가에, 그 책 더미들 속에, "나머지 모든 책의 암호"이자 "동시에 그것들의 완전한 해석"이 되는 책이 감추어져 있다. 전설에 따르면 한 사서가 우연히 그 '책 중의 책'을 발견하여, 그걸 읽고 신과 같아졌다고 한다.

바벨의 도서관은 우주의 상징이다. 모든 인간은 그 속을 헤매는 "불완전한 사서들"이다. 그들은 신이 된 전설의 사서를 좇아 육각형의 방을 순례하며 일생을 보낸다. 이 책의 단서를 통해 저 책으로, 그 책에서 단서를 찾아 또 다른 책으로, 그렇게 무한히 옮겨다니며 언젠가는 전설 속의 사서가 봤다는 '책 중의 책'에 도달하리라는 믿음을 실천한다. 17세기에 제작된 다음 판화는 이 상황을 적절하게 보여준다. 저 미로 밖에서 인간을 끌어주는 천사를 신과 같아진 전설의 사서라고 생각해보라. 미로 속의 인간은 갈림길에 설 때마다 제 선택의 의미를 알지 못하나, 미로 위에서 내려다보는 천사는 모든 길의 의미를 이미 안다.

근대인들은 그 사서가 되려고 했다. 하지만 그런 책이 있을까? 전

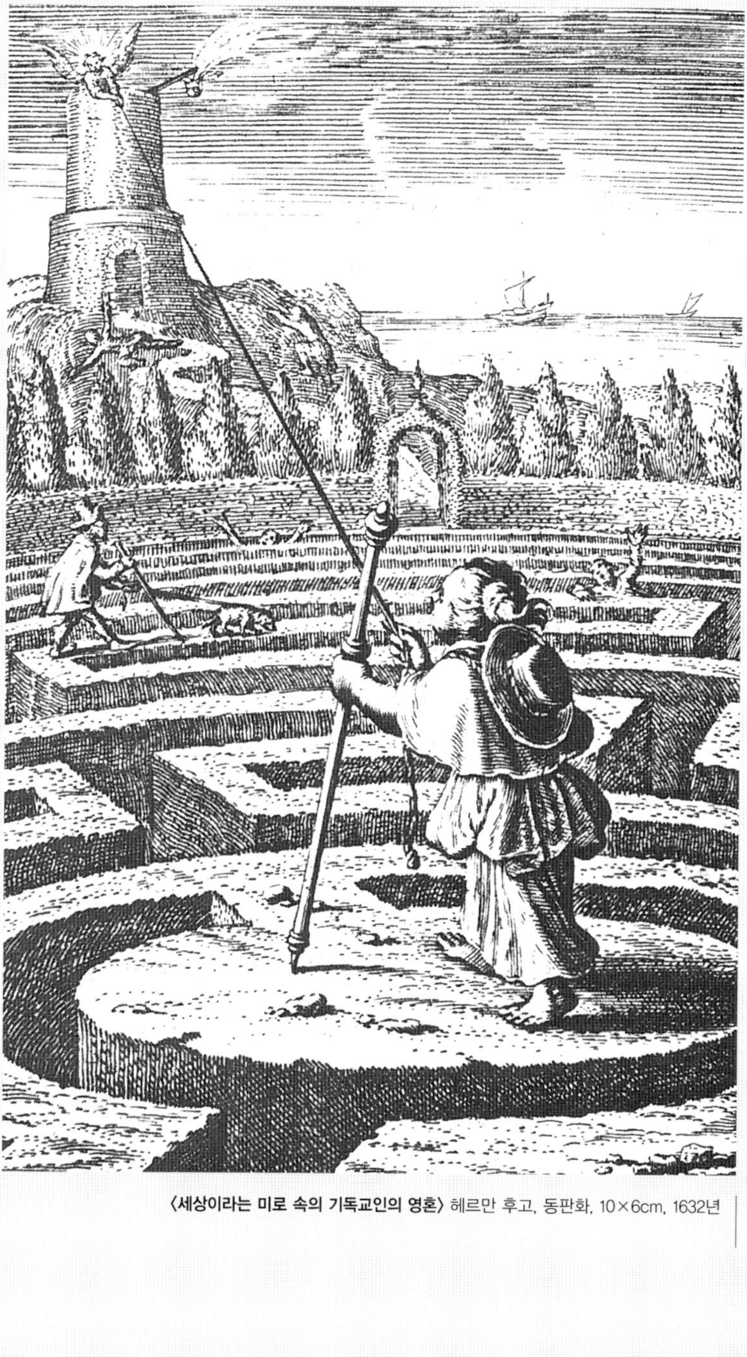

〈세상이라는 미로 속의 기독교인의 영혼〉 헤르만 후고, 동판화, 10×6cm, 1632년

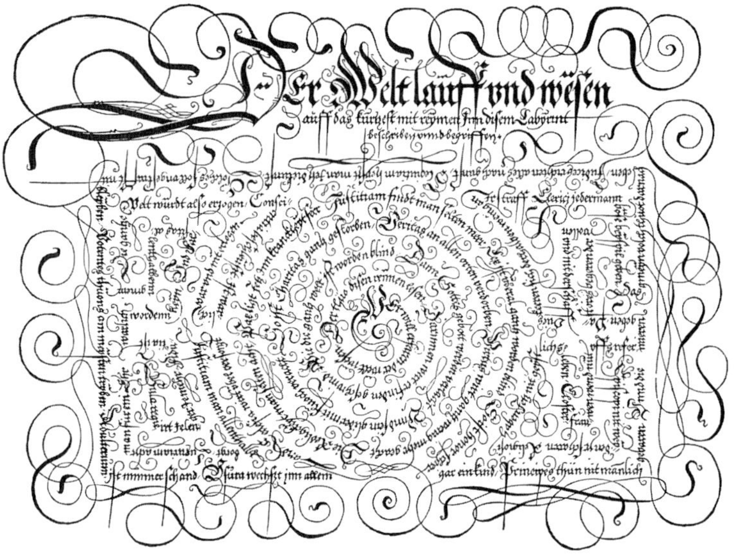

〈미로〉 우르반 비스, 목판화, 21×32cm, 1561년

설의 사서처럼 누군가가 우주의 최종적 진리를 가질 수가 있을까? 유감스럽지만 오늘날 그런 최종적인 책이 존재한다는 믿음은 깨졌다. 이로써 미로에서 나가는 것도 불가능해진다. 미로의 입구와 출구를 연결해 그 우주에 질서를 도입하는 것도 불가능해진다. 우주는 무한하기에 거기에는 중심도 없고, 가장자리도 없다. 그런 의미에서 세계는 '리좀rhizome'형 도서관이다. 우주라는 이름의 도서관은 무한하다. 하지만 26개의 알파벳 조합으로 이루어진 장서의 수는 분명히 유한하다. 이 모순을 어떻게 극복할 것인가? 보르헤스는 이런 해결책을 제시한다.

도서관은 한계는 없지만 주기적이다.

여기서 어떤 이는 '카오스' 이론을, 다른 이는 니체Friedrich Wilhelm Nietzsche, 1844~1900의 '영겁회귀'를, 또 다른 이는 들뢰즈Gilles Deleuze, 1925~1995의 차이와 반복을 연상할 것이다. 그뿐인가? 데리다Jacques Derrida, 1930~2004의 해체론을 떠올릴지도 모르겠다. 최종적인 책이 사라진 세계. 궁극적인 진리의 믿음이 무너진 세계. 그 우주에는 안도 없고 밖도 없으며, 중심도 없고 주변도 없다. 바벨의 도서관으로 상징되는 미로의 이미지는 데리다의 텍스트 개념에 꼭 들어맞는다. 이 모든 연상은 제각기 옳다. 보르헤스를 포스트모던의 선구라 부르는 것은 아마도 이 때문이리라.

이것이 말을 했다

하이데거는 존재와 존재자를 구별함으로써 탈근대의 지평을 열었다. 하지만 그것도 데리다가 보기에는 충분하지 못했던 모양이다. 데리다는 '존재론적 차이'를 얘기하는 이 독일 철학자가 뒷문으로는 슬며시 다시 근대 형이상학을 끌어들인 게 아닌가 의심한다. 여기서 독일의 해석학과 프랑스의 해체론은 충돌한다. 그 대결은 엉뚱한 데서 날아온 논쟁으로 유쾌하게 시작된다. 고흐의 〈구두〉를 보고 하이데거가 한 얘기가 있다. 그는 이게 자기가 꾸며낸 얘기가 아니라, 그림에게 직접 들은 것이라 잘라 말했다. "이것그림이 말을 했다."

닳아 빠져나온 신발 도구의 안쪽 어두운 틈새로부터 노동하는 발걸음

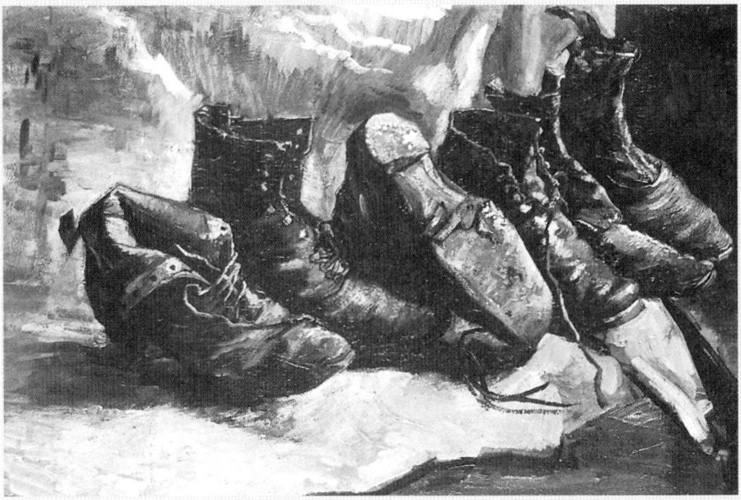

〈**구두 세 켤레**〉 빈센트 반 고흐, 캔버스에 유채, 48×71cm, 1886년

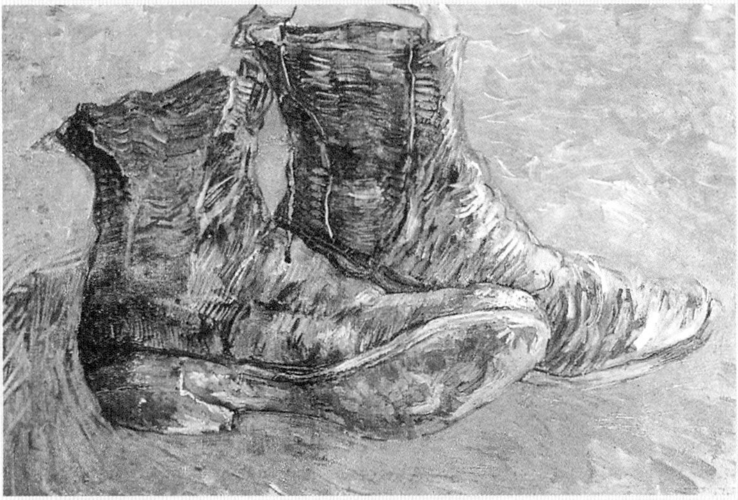

〈**구두 한 켤레**〉 빈센트 반 고흐, 종이에 유채, 33×41cm, 1886년

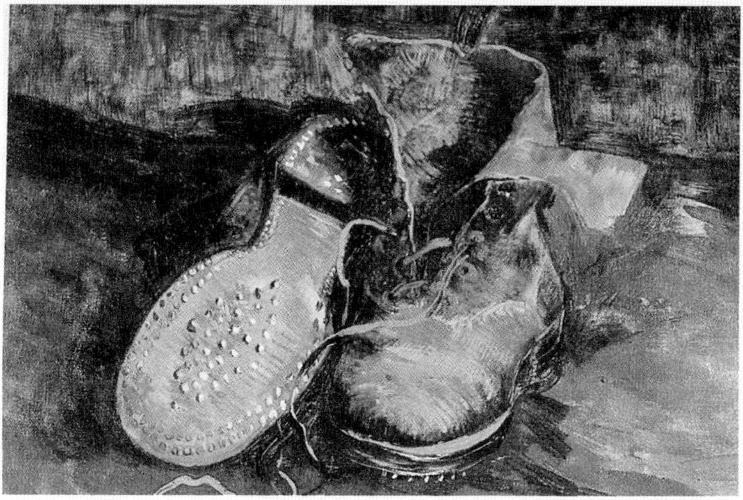

〈구두 한 켤레〉 빈센트 반 고흐, 캔버스에 유채, 34×42cm, 1887년

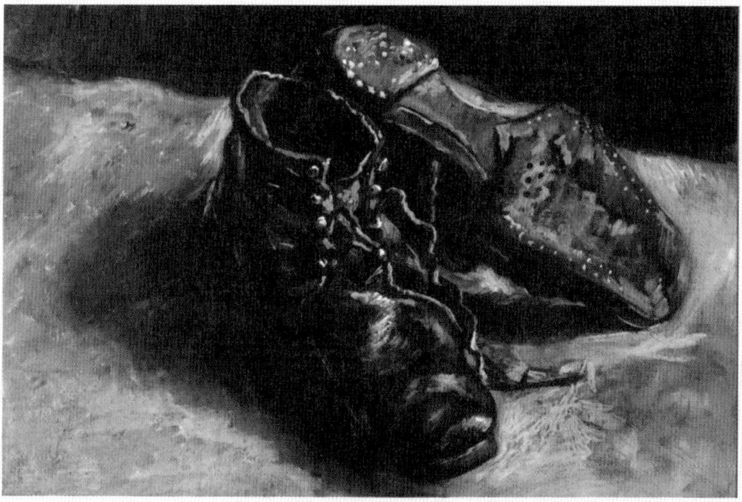

〈구두 한 켤레〉 빈센트 반 고흐, 캔버스에 유채, 38×46cm, 1887년

> 의 힘겨움이 굳어 있다. …… 대지의 침묵하는 부름, 무르익은 곡식을 대지가 조용히 선사함, 그리고 겨울 들판의 황량한 휴경지에서 대지의 설명할 수 없는 거절 …… 빵을 안전하게 확보하는 데에 대한 불평 없는 근심, 궁핍을 다시 넘어선 데에 대한 말 없는 기쁨, 출산이 임박함에 따른 초조함, 그리고 죽음의 위협 속에서의 전율 …… 대지에 이러한 도구가 귀속해 있고 농촌 아낙네의 세계 안에 이 도구가 보호되어 있다.

그런데 미술사학자 샤피로Meyer Schapiro, 1904~1982에 따르면 그림의 구두는 촌 아낙네가 아니라 고흐 자신의 것이라고 한다. 만약 그의 말이 맞다면, 하이데거가 그림에게 들었다는 저 심오한 얘기는 졸지에 허무 개그가 된다. 게다가 정말 그 얘기를 그림에게 직접 들었다면, 그림이 제 정체에 관해 거짓말을 했다는 얘기가 된다. 세상에, 거짓말을 하는 그림도 있단 말인가? 또 작품이 열어주었다는 게 진리가 아니라 기껏 거짓이었단 말인가?

샤피로의 추정에 따르면 저 그림을 그릴 당시 고흐는 파리에 살았다. 그럼 저 구두는 농촌의 들판이 아니라 당시 세계의 수도로 통하던 대도시의 아스팔트를 밟고 다닌 셈이다. 저 구두는 대체 어디에 속할까? 도시? 아니면 농촌? 이 대립 속에서 샤피로의 도시적 감성은 하이데거의 농촌적 감성과 충돌한다. 게다가 저 구두가 고흐의 것이라면, 여자가 아니라 남자의 발에 신겨져 있었던 셈. 저 구두는 도대체 누구의 발을 감싸고 있었을까? 남자? 여자? 과연 누구의 말이 옳을까?

농촌과 도시

먼저 데리다는 하이데거를 반박한다. 저 구두가 촌 아낙네의 신발이라고 단언할 근거는 없다. 하이데거 자신이 말하지 않았던가. "어디에 이 신발이 속할 수 있는 것과 관련해서는 아무것도 없고, 불특정한 공간만이 있을 뿐이다." 그런데도 그는 어떤 알 수 없는 이유에 의해 그게 촌 아낙네의 구두로서 농촌에 속한다고 말한다. 왜 그랬을까? 연상 때문이었을까? 고흐의 그림에는 농민들의 삶을 다룬 작품이 많다. 그 구두를 신었을 법한 어느 아낙네의 초상도 있다. 그것들을 보고 무의식적으로 선입관을 가졌던 게 아닐까?

그렇다고 샤피로의 손을 들어줄 수도 없다. 당시 고흐가 파리에 있었다 할지라도, 저 구두가 고흐 자신의 것이라는 결정적 증거가 되는 것은 아니다. 어디서 농민 여인의 구두를 구해다 그릴 수도 있고, 설사 제 구두를 모델로 했어도 그것을 촌 아낙네의 구두로 연출하지 못할 것도 없지 않은가. 더군다나 고흐는 자신을 일종의 농부라 생각했고, 평소에 자신의 힘든 작업을 농부의 고된 노동에 비유하기도 했다. 그러므로 딱히 그 구두가 농촌에 속한다고 하지 못할 이유도 없는 셈이다.

누구의 것일까? 프로이트Sigmund Freud, 1856~1939가 도움이 될까? 정신분석은 꿈에 나오는 물건들을 성적 상징으로 읽는다. 구두처럼 길쭉한 물건은 전형적인 페니스의 상징이다. 그렇다면 저 구두는 사내의 것일 가능성이 높다. 하지만 이것도 우리에게 도움이 되지 못한다. 왜냐하면 볼록한 구두는 그 안에 공간을 품고 있기 때문이다. 움푹 팬 홈은 전형적인 바기나vagina의 상징이다. 게다가 프로이트에 따르면 농시에 남성과 여성의 상징으로 통하는 사물들도 있다고 한다. 저 구두가 그런 게 아닐까? 이로써 승부는 원점으로 돌아간다.

재현과 개시

데리다는 이제 샤피로에게 화살을 돌린다. 샤피로는 그림을 재현으로 본다. 그래서 그 모델이 된 주인을 밝히려는 것이다. 그에게 작품의 진리는 재현의 올바름에 있다. 그런 의미에서 그의 비판은 철저히 근대 미학의 틀에 갇혀 있다. 하지만 그 틀을 하이데거는 이미 넘어섰다. 이 철학자에게 예술의 진리는 '존재자'가 아니라 '존재'에 관한 것이다. 따라서 '누구의 구두를 재현했느냐' 따위는 별로 중요하지 않다. 그 구두가 화가의 것이라면, 그는 위에서 인용한 구절의 도시적 버전을 만들어냈을 것이다. 비판을 하는 샤피로가 실은 비판을 받는 하이데거보다 외려 한 시대 뒤떨어진 셈이다.

샤피로 역시 제 비판이 사소하다는 것을 안다. 그리하여 구두의 주인을 잘못 밝힌 것은 큰 문제가 아니라고 말한다. 결정적인 오류는 다른 데에 있다는 것이다. 하이데거는 그 구두가 실은 고흐의 '다른 자아alter ego'라는 점을 놓쳤다. 널리 알려진 것처럼 고흐는 장갑이나 파이프 같은 개인 소지품personal object을 즐겨 그렸다. 이 정물들은 일종의 제유법으로서 화가 자신personal subject을 암시한다. 그렇다면 그 구두 역시 잘려나간 그의 왼쪽 귀처럼 화가 자신을 암시하는 일종의 초상화로 봐야 한다. 하이데거는 작품의 이 본질적 측면을 놓친 것이다.

하지만 이 역시 철저하게 근대 미학의 한계에 갇혀 있다. 작품의 진리를 예술가의 주체성의 표현에서 찾기 때문이다. 이게 '주체subject'를 중심으로 전개되는 근대 형이상학의 한계다. 하이데거는 작품의 본질을 화가의 주체성에서 찾지 않는다. 작품이 열어주는 진리는 한갓 화가라는 한 주체의 산물이 아니다. 그것은 예술가 개인을 넘어서는 어떤 객관적 사태, 어떤 절대적 진리의 일어남이다. 작품을 통해 말하는 것은 화가가 아니다. 말을 하는 것은 작품 그 자체다. 그래서 하이데거는 말하지 않았던가. "이것이 말을 했다."

화가와 농부

샤피로는 구두에서 다리를 거쳐 고흐의 얼굴로 올라간다. 하이데거는 구두에서 아래로 내려가 농촌의 대지를 접한 후 그 위로 열리는 농민의 세계로 나아간다. 재미있는 것은, 두 사람이 이렇게 극적으로 대립할 때 둘의 유사성이 가장 극명해진다는 것이다. 고흐의 〈구두〉가 예술가 자신의 주체성의 표현임을 강조하는 가운데 샤피로는 이렇게 말한다.

> 하지만 고흐는 여러 면에서 농부와 같다. 예술가로서 그는 일한다. 그의 피할 수 없는 소명이자 삶이 되는 불굴의 과제에 고집스럽게 전념한다. …… 우리가 대지를 밟을 때, 힘겹게 몸을 움직일 때에 우리 몸이 걸치는 피로, 압력, 무거움—땅을 딛고 곧게 선 몸뚱이의 짐. 이것들이 대지 위에서 떼어놓을 수 없는 우리의 위치를 나타내준다.

하이데거가 아니라 샤피로의 말이다. 여기서 고흐는 세련된 도회의 파리지앵이 아니라 농촌의 투박한 '농부'가 된다. '대지'라는 표현

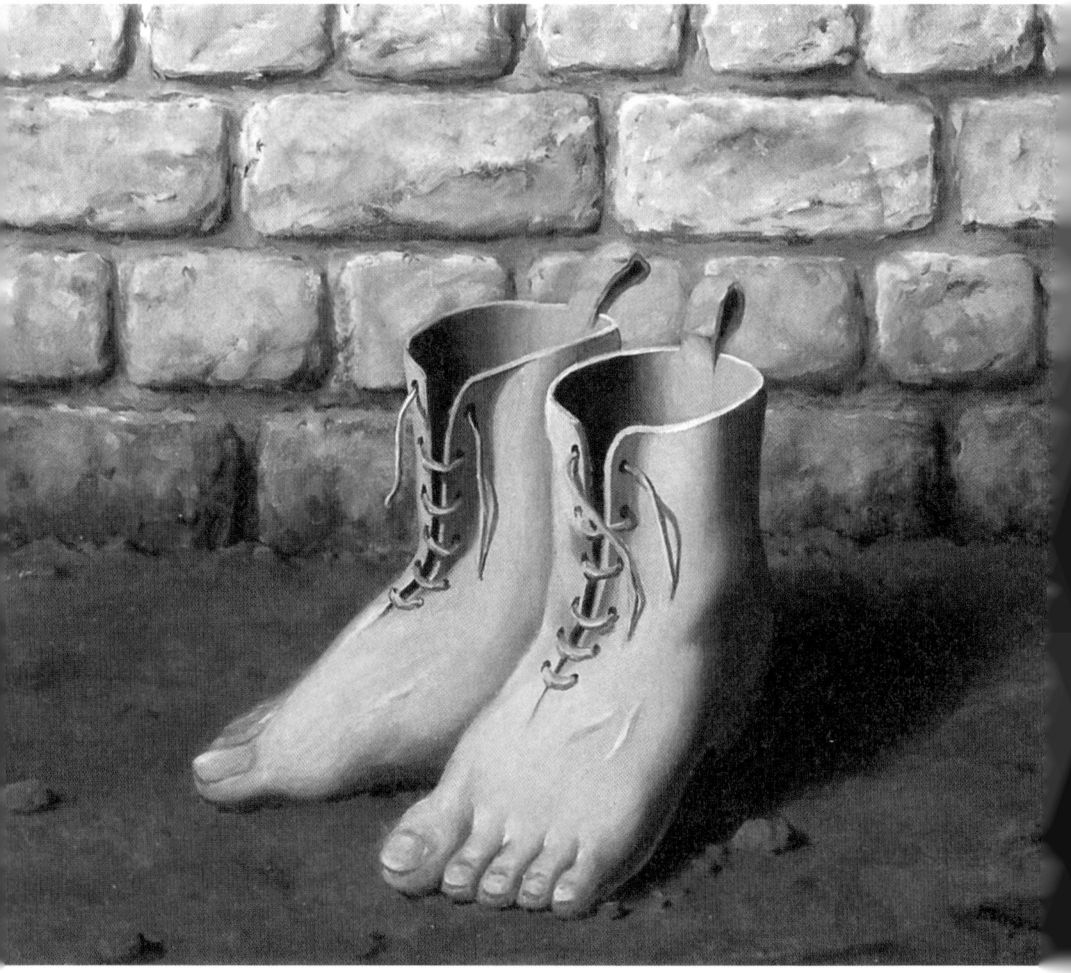

〈**붉은 모델**〉 르네 마그리트, 캔버스에 유채, 38×46cm, 1953년

도 반복적으로 사용된다. 문장에 절절히 흐르는 파토스 역시 하이데거의 것을 그대로 닮았다. 만약 하이데거가 그 구두가 고흐의 것이라 생각하고 글을 썼다면, 그 글은 위의 샤피로의 것과 내용이 거의 같지 않았을까?

서로 대립하는 듯해도 어떤 부분에서 둘은 완벽하게 일치한다. 왜 그럴까? 똑같은 전제에서 출발했기 때문에 그럴 게다. 가령 이 둘은 별 생각 없이 그 구두가 한 '켤레'를 이룬다고 본다. 그리고 별 근거 없이 누군가 그 구두를 신고 다녔다고 상정한다. 나아가 그 구두의 주인을 찾아, 그것을 그 사람에게 돌려주려 한다. 한마디로 아직 입증되지 않은 사실들을 성급하게 전제해버린 것이다. 하지만 데리다가 보기에 이 중 어느 것도 확실하지 않다. 가령 그림 속의 구두를 굳이 한 '켤레'로 봐야 할 이유는 뭔가?

유령은 없다

저 구두를 한 켤레로 볼 경우, 다른 해석은 간단히 배제되고 만다. 사실 거기에 얼마나 많은 가능성이 존재하는가. 가령 저 구두는 두 개의 왼짝 혹은 오른짝일 수 있다. 아니면 각각 다른 켤레에 속하는 왼짝과 오른짝일 수 있다. 아니면 한 짝에 그와 똑같은 다른 한 짝이 따라다니는, 이른바 '도플갱어dopplegänger'일 수도 있다. 이런 경우라면 저 구두에서 하나의 주체를 찾는 것은 우스운 일이 될 것이다. 설사 한 켤레를 이루어도, 왜 거기서 굳이 주체를 찾아 위로 올라가야 하는가? 마그리트René Magritte, 1898~1967의 그림에서처럼 위로 올라가다 발목이나 무릎에서 멈출 수도 있지 않은가.

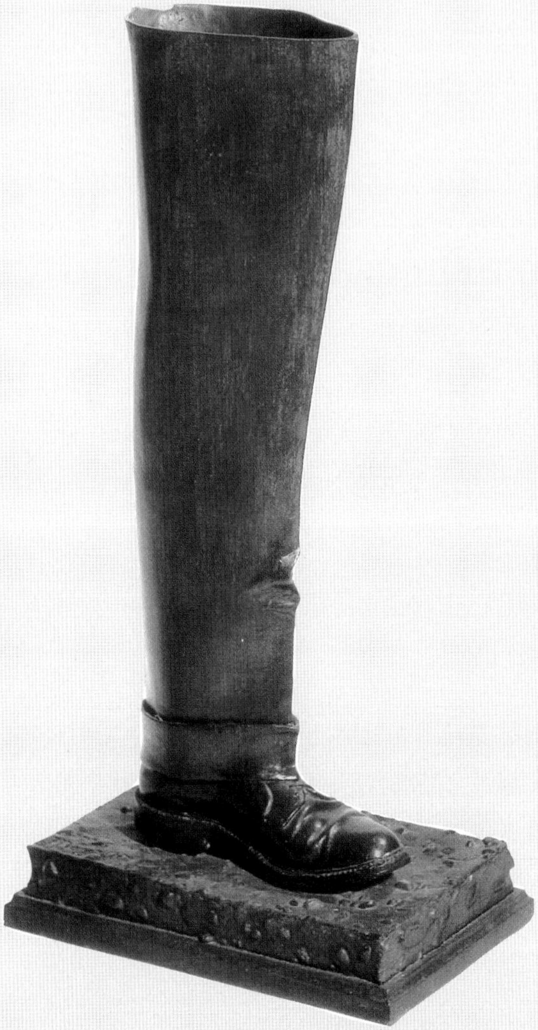

〈진리의 우물〉 르네 마그리트, 청동상, 높이 81cm, 1967년

두 사람은 덫에 걸려들었다. 그 덫은 '베팅의 숙명성'이다. 왜 굳이 저 구두가 한 '켤레'이며, 나아가 누구의 것이라고 베팅을 했는가? 하이데거는 잘라 말한다. 저것은 촌 아낙네의 구두라고. "그림이 말을 했다"라고. 자기 앞에서 작품의 진리가 열렸다고. 샤피로 역시 그에 못지않게 자신 있는 어조로 말한다. 하이데거는 틀렸다고. 저것은 촌 아낙네의 구두가 아니라고. 그것은 '분명히', '명백히' 화가 자신의 구두라고. 두 사람 모두 마치 작품의 진리를 저 홀로 소유한 것처럼 말한다. 하지만 그 누가 감히 작품의 최종적 진리를 가졌다고 주장할 수 있단 말인가.

저 구두 안으로 그 누군가가 돌아온다. 이렇게 '돌아온 자revenant'를 프랑스어에서는 '유령'이라 부른다. 먼저 촌 아낙네가 돌아와 신발을 신고 들일을 나가, 하루 종일 대지를 밟고 다니다가 해질녘의 밭고랑을 걸어 천천히 집으로 돌아온다. 아낙네가 신발을 벗어놓자, 이제 고흐의 유령이 그 위로 내려앉는다. 그는 그 구두를 신고 파리의 몽마르트르 언덕을 돌아다닌다. 그가 산책을 마치고 아틀리에로 돌아왔는가? 구두는 다시 홀로 되었다. 자, 이제 유령들은 떠나 보내기로 하자. 아르토Antonin Artaud, 1896~1948의 말대로 "반 고흐의 그림에 유령은 없다. 영상도 없고, 환영도 없다. 이것이 뜨거운 진리다".

다시 미로 속으로

예술의 진리를 '존재자의 재현'에서 찾은 샤피로와 달리 하이데거는 '존재의 개시'로서의 진리를 말한다는 점에서 탈근대적이다. 하지만 샤피로와 똑같이 작품의 최종적 진리를 가졌다고 주장하는 점에서 그

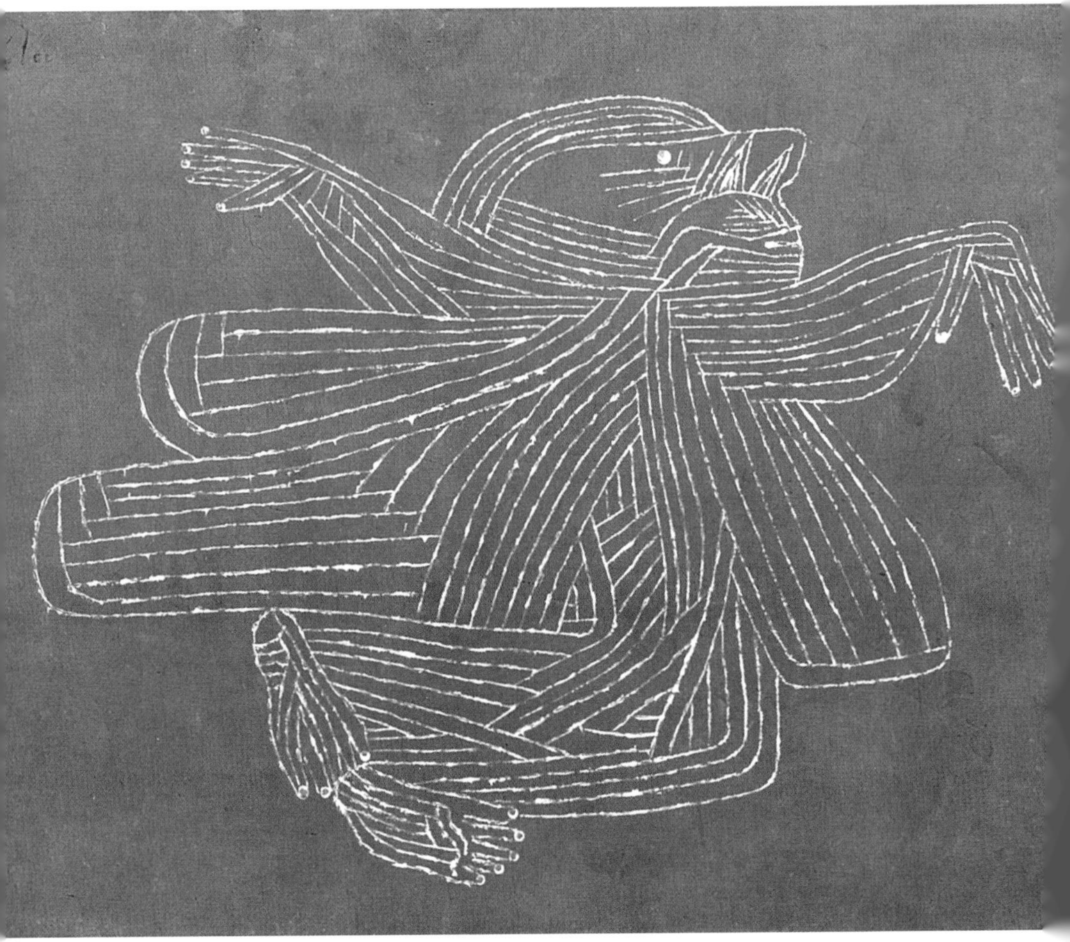

〈창조주〉 파울 클레, 캔버스에 유채, 42×54cm, 1934년

는 여전히 근대의 한계에 머문다. 데리다는 이마저 해체하려고 한다.

그가 반대하는 것은 하나의 작품에 최종적 해석이 있다는 믿음, 누군가 그 진리를 독점할 수 있다는 생각이다. 중요한 것은 다양한 해석의 가능성을 풀어주고, 그것을 무한히 전개하는 것이다. 최종적 해석은 이 창조적 놀이를 중단하고, 그 결과 진리를 사라지게 할 것이다.

그럼 작품에 대한 데리다 자신의 해석은 어디에 있는가? 유감스럽지만 데리다는 에세이가 끝날 때까지 어떤 해석도 주지 않는다. 그러면서도 동시에 가능한 모든 해석을 암시한다 .

가령 구두가 켤레가 아닐 가능성, 도플갱어일 가능성, 각자 다른 켤레에서 왔을 가능성 등등. 만약 작품에 '진리'란 게 있다면, 그것은 오직 '하나'의 해석 안에 남김없이 현전現前하지 않을 것이다. 그것은 서로 조금씩 차이를 내며 무한히 전개되는 수많은 해석 속에 존재하는 듯, 부재하는 듯 그렇게 살짝 모습을 비치며 덧없이 스쳐갈 뿐이다.

샤피로와 하이데거의 우주는 '근대적 미로'다. 이 미로는 선형적線形的이다. 미로 안에서 바깥 출구로 이어지는 하나의 선이 존재한다. 샤피로는 합리적 시행착오를 통해, 그리고 하이데거는 존재의 계시를 통해 출구를 발견한다. 그들의 해석은 문제 상황에서 해결에 이르는 선형적 구조를 갖고 있다. 반면 데리다의 우주는 '탈근대적 미로'다. 이 미로는 리좀이다. 그 안에는 하나의 길만 있는 게 아니라, 마치 나무뿌리의 조직처럼 서로 복잡하게 얽힌 수많은 길이 공존한다. 하지만 그 길들 중 어느 것도 우리를 출구로 인도하지는 않는다. 왜? 그것은 안과 밖, 시작과 끝이 없는 무한한 미로이기 때문이다.

도서관의 호르헤

이미 알아차렸겠지만, 에코Umberto Eco, 1932~의 소설《장미의 이름》에 나오는 도서관은 보르헤스의 '바벨의 도서관'을 본뜬 것이다. 보르헤스는 말한다. "도서관의 모든 사람처럼 나는 젊은 시절 여행을 했다. 나는 한 권의 책, 아니 책 목록에 대한 목록을 찾아 방황했다. 내 눈이 현재 내가 쓰고 있는 글조차 거의 볼 수 없게 된 지금……."

이걸로 보아《장미의 이름》에 나오는 맹인 수사 호르헤는 같은 이름을 가진 보르헤스를 모델로 했을 것이다. 하지만 그렇다고 호르헤와 보르헤스가 같은 인물이라고 할 수는 없다. 소설과 현실의 두 인물은 성향이 전혀 다르기 때문이다. 호르헤를 연상시키는 인물은 정작 따로 있다.

후고의 판화로 돌아가자. 미로의 안이 있고 밖이 있으며, 천사가 있고 인간이 있다. 천사는 밖에서 미로를 굽어보며 기다란 끈으로 한 사람을 이끈다. 그의 인도를 받지 못하는 이들은 스스로 길을 찾다가 죽음의 구렁텅이로 떨어진다.

저 미로 안에서 샤피로는 스스로 길을 선택하려 한다. 반면 하이데거는 미로 안에서 천사의 도움으로 진리의 길이 열리는 것을 본다. 그럼 데리다는? 그는 저 미로 자체를 부정한다. 저것은 우주의 모습이 아니라는 것이다. "텍스트에는 밖이 없다." 따라서 우주의 미로에는 밖이 없어야 한다.

절대적 진리를 가졌다고 믿는 하이데거는 어딘지 호르헤 수사를 닮았다. 그의 독단을 비판하는 샤피로는 합리적인 인물 윌리엄 수사를 연상시킨다. 그러면 데리다는? 그는 합리성의 한계를 보고 깨달음을 얻는 순간의 윌리엄 수사다. 불타는 도서관을 바라보며 그는 말한다. "이제까지 나는 뭔가에 사로잡힌 이처럼 외관상 질서로 보이는 것의 뒤를 쫓아왔어. 이 세상에 질서란 존재하지 않는다는 것을 알았어야 했는데……."

우주는 무한한 미로다. 안과 밖이 없기에 그 안의 모든 길, 모든 해석은 출구에 이르지 못한다. 따라서 그것들은 옳지도 않고, 그르지도 않다. 아니, 옳으면서 동시에 그르다. 그럼 어떻게 하란 말인가? 로엔슈타인Daniel Casper von Lohenstein, 1635~1683의 소설 〈어느 미로의 명문〉 속, 미로 벽에 쓰인 글귀가 답이 될지 모르겠다.

> 하지만 미로 속에서 현명하게 길을 잃는 자,
> 구원의 길을, 진리의 길을 발견하리니…….

피라네시의 세계 5

미 로

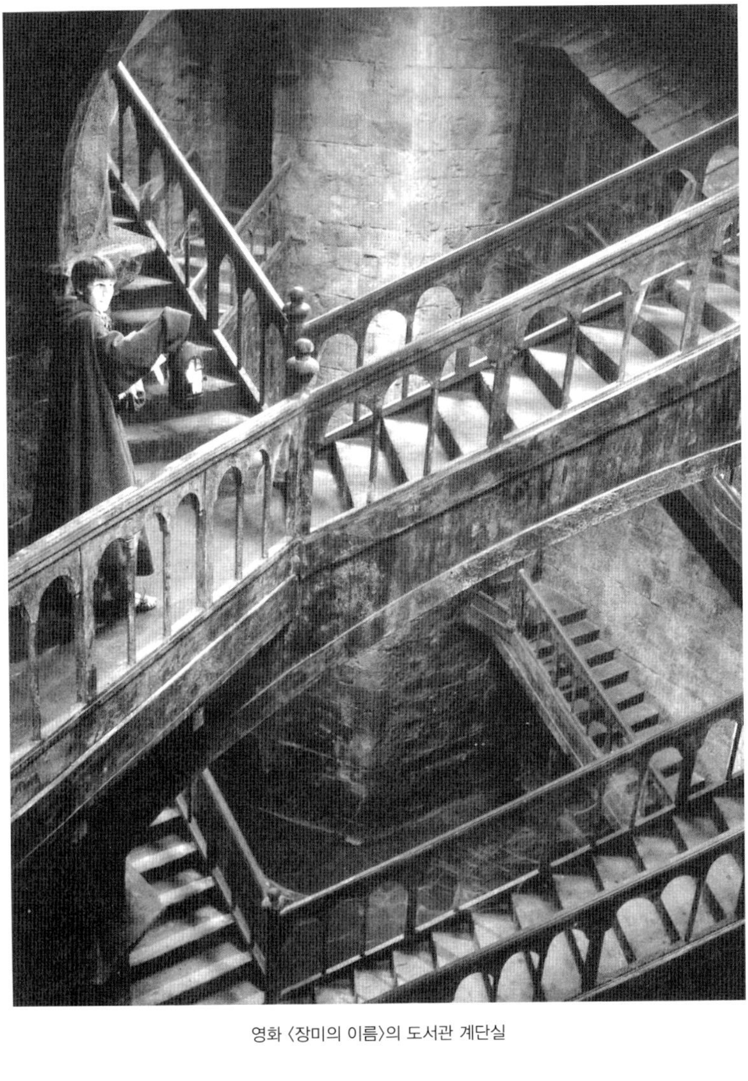

영화 〈장미의 이름〉의 도서관 계단실

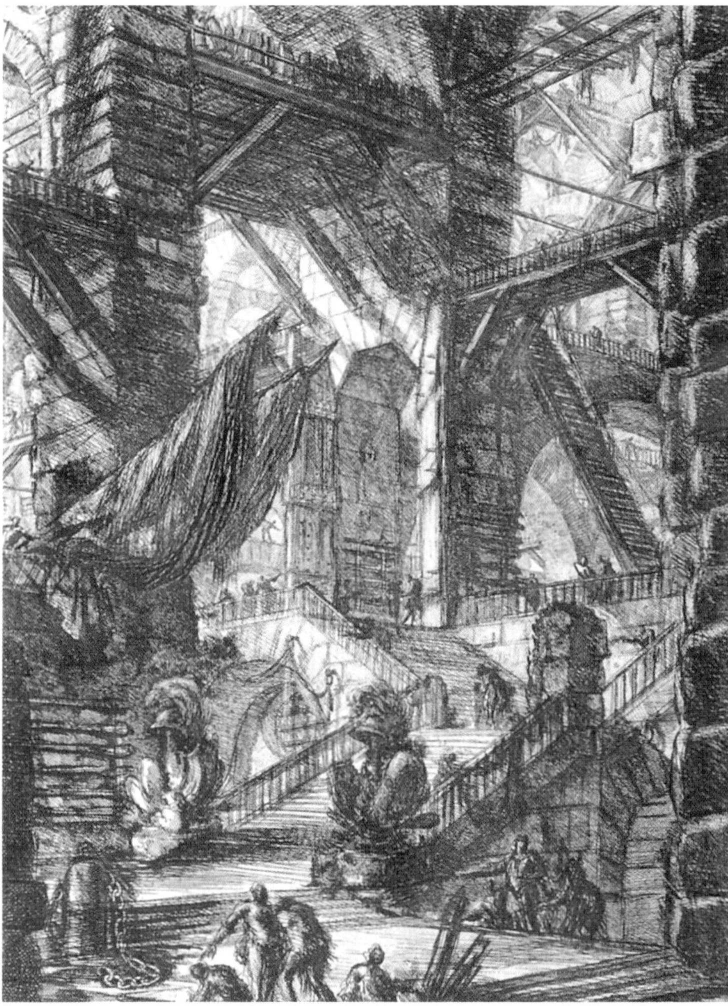

〈트로피가 있는 계단실〉 조반니 피라네시, 동판화, 55×40cm, 1761년경

유사와 상사

"잎사귀에서 새로 옮겨가는 것은 장미에서
글자로 옮겨가는 것보다 훨씬 쉬운 일이지요."
-보르헤스, 〈아베로에스의 추적〉

내가 앞으로 쓰지 않을 소설—태어나지 않은 소설이 실제로 얼마나 많은가—에서 주인공 K는 어느 노인네와 체스를 두려다가 한바탕 말다툼을 벌인다. 어디론가 사라져 없어진 '왕'의 자리에 로션 뚜껑을 올려놓은 게 화근이었다. 모든 말은 제 역할에 맞는 형상을 갖고 있었다. 졸卒은 병사, 마馬는 말, 성城은 요새, 왕비는 고귀한 여인의 형상을 닮았다. 다만 사라진 '왕' 대신에 올려놓은 로션 뚜껑만이 원기둥의 기하학적 형태를 하고 있었다. 노인은 왕을 닮지 않은 로션 뚜껑은 왕 노릇을 할 수 없으며, 왕 없는 체스는 애초에 불가능하다고 주장했다.

K는 말들의 역할은 '닮음'이 아니라 다른 말들과의 '차이'에서 비롯된다고 주장했다. 말이 실제 형상을 닮지 않아도 놀이를 하는 데에는 전혀 지장이 없다. 그저 말들의 형태에 '차이'만 난다면, 졸은 병사를 닮지 않고도 졸의 역할을 하고, 마는 말과 비슷하지 않아도 말의 역

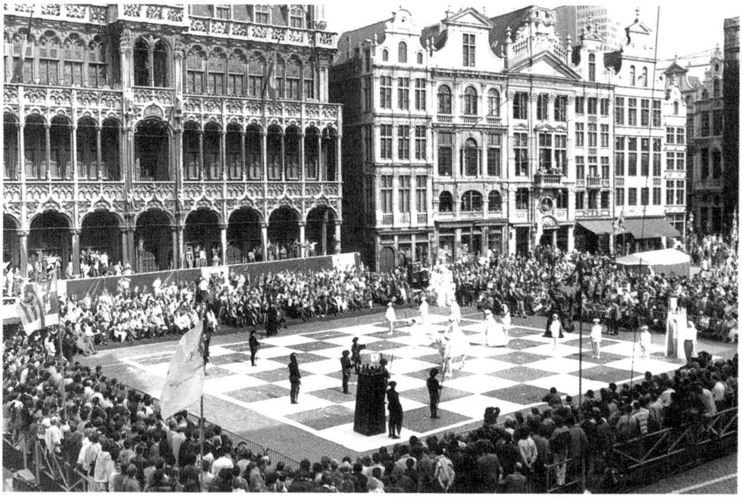

브뤼셀 광장에서 실연된 인간 체스, 1988년

할을 할 수 있다. 어느 하나의 말이 장기판에서 맡는 역할은 체스판 '밖'의 현실과의 '닮음'에서 나오는 게 아니다. 그 역할은 장기판 '안'에서 말들이 갖는 '차이'에서 비롯된다. 그 예로 K는 중국 장기의 말은 모두 납작한 원기둥 모양이라는 사실을 상기시켰다.

하지만 러시아 전선에서 살아 돌아온 이 늙은 베테랑은 그걸 믿지 않았다. 그에게 체스는 자신이 경험한 전장의 생생한 재현이었다. 졸卒을 옮기면서 그는 북소리에 맞추어 한 걸음, 한 걸음 진군하는 보병대를 떠올렸고, 마馬를 옮길 때에는 쏜살같이 달려들어 이리저리 적진을 교란시키는 기병대의 활약을 상상했다. 그리고 왕王! 왕을 옮길 때마다 그는 높은 언덕에서 이 모든 것을 굽어보며 작전 명령을 내리는 병법의 천재인 나폴레옹 보나파르트 황제를 기억하며 속으로는 주체할 수 없는 울음을 터뜨리곤 했다. 오, 폐하…….

체스와 언어

흔히 체스 안에는 삶이 담겨 있다고 한다. 아예 우주가 들어 있다고도 한다. 만약 그렇다면 체스는 세계를 기술하는 기호, 일종의 언어라고 할 수 있다. 우리가 언어로 세계에 대해 얘기할 수 있는 것은 무엇 때문일까? 저 늙은 베테랑이 고집하듯이 말들이 세계 속의 대상을 닮았기 때문일까? 그럴 리 없다. 말들이 납작한 원기둥 모양인 중국 장기를 보면 알 수 있듯이, 장기 놀이를 가능케 하기 위해 굳이 말들이 현실의 대상을 닮을 필요는 없다. 언어 놀이도 마찬가지다. 우리가 사용하는 낱말들이 어디 바깥의 대상들과 닮은 구석이 있던가?

그럼 K가 주장하듯이 언어란 '차이'의 문제일까? 여기에도 문제가 있다. 말들이 자기들끼리 차이를 갖는 게 현실이랑 무슨 관계가 있단 말인가? 자기들끼리 이루는 차이를 가지고 어떻게 현실과 연결될 수 있단 말인가? 여기 책 한 권이 있다고 하자. 그것은 서로 차이를 이루는 문자와, 서로 차이를 이루는 낱말들로 구성되어 있다. 문자도, 낱말도 전혀 현실의 대상을 닮지 않았다. 그런데 그걸 읽고 우리는 세계를 떠올려야 한다. 어떻게 그럴 수가 있겠는가?

과거로 올라갈수록 체스의 말은 구체적 형상을 띤다. 시간이 흐르면서 그 형상이 단순해지더니 점점 기하학적 형태에 가까워진다. 그림도 마찬가지다. 20세기에 들어와 대상들은 구체적인 형상을 잃어버리고 완전히 추상화되었다. 문자라고 다르겠는가. 최초의 문자들은 그림의 형태를 띠고 있었다. 하지만 오늘날 문자는 닮음을 잃어버리

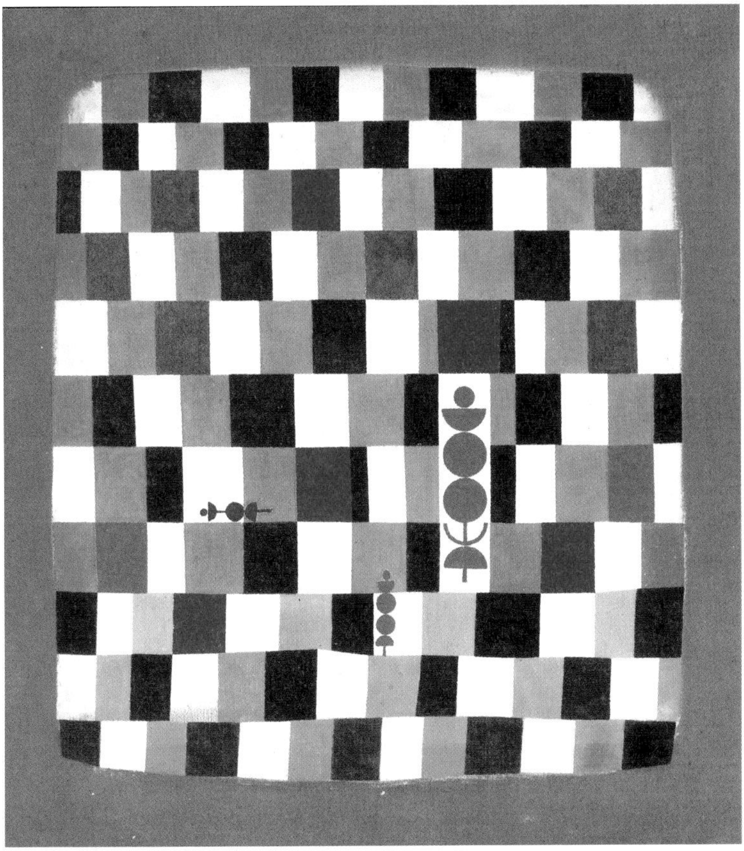

〈체스〉 파울 클레, 캔버스에 유채, 121×111cm, 1937년

고 추상적 기호가 되었다. 문제는 여기에 있다. 기호들이 더 이상 세계를 닮지 않았는데, 그것들로 어떻게 세계의 그림을 전달할 수 있단 말인가?

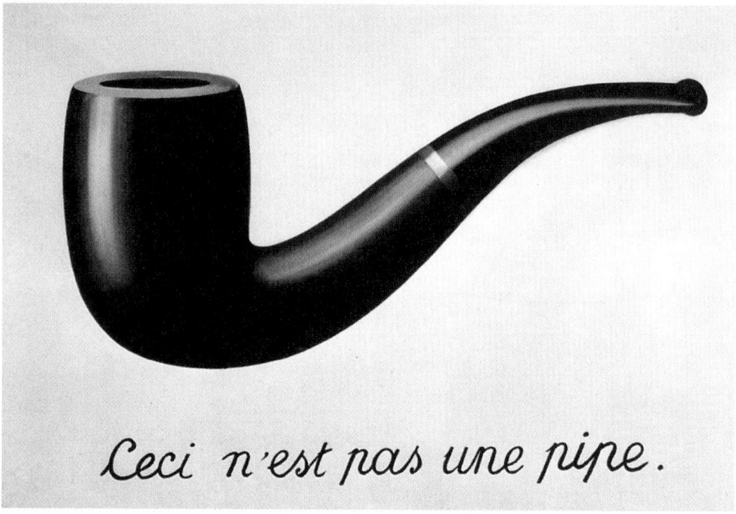

〈이미지의 반역〉 르네 마그리트, 캔버스에 유채, 60×81cm, 1929년

파괴된 캘리그램

이 불안감에서 나온 것이 캘리그램calligram이다. 그것은 낱말로 한 번 대상을 가리키고, 그림으로 지시를 또 한 번 반복한다. 도상과 문자라는 두 개의 끈으로 '대상과 기호' 사이를 단단히 동여매려는 것이다. 이렇게 '캘리그램'에는 현실을 닮지 않은 문자 텍스트가 현실과 유리되지 않을까 하는 우려가 담겨 있다. 근대 철학자들은 문자 텍스트를 '자연의 거울'이자 '세계의 그림'으로 만들려고 했다. 그런 의미에서 캘리그램은 근대의 철학적 이상이라고 할 수 있다. 그런데 오늘날 이 순진한 이상은 무너지고 말았다. 마그리트가 혹시 그 얘기를 하려고 했던 게 아닐까?

이 초현실주의자의 작품은 일종의 캘리그램이다. 문자와 도상이 공존하기 때문이다. 하지만 전통적 캘리그램과는 다르다. 그림이 가리키는 것을 문자가 부정하기 때문이다. 그 유명한 〈이미지의 반역〉을 보자. 그 안에서 우리가 보는 것은 분명히 파이프다. 그런데도 문자는 잘라 말한다. "이것은 파이프가 아니다." 전통적인 캘리그램에서는 문자와 도상이 협력하여 이중으로 대상을 지시하나, 여기서는 문자와 도상이 서로 충돌하고, 이 싸움 때문에 기호문자+도상는 현실을 가리키는 데에 실패하고 만다.

마그리트의 세계에서 '유사성'은 현실로 나아가는 길을 열어주지 않는다. 그 안에서 파이프의 그림은 더 이상 파이프를 가리키지 못한다. 가방은 '하늘'이 되고, 주머니칼은 '새'가 되고, 나뭇잎은 '탁자'가 된다. 이렇게 그는 캘리그램으로 캘리그램을 파괴한다. 이로써 그는 근대적 사유와 예술의 종언을 말한다. 그의 파괴된 캘리그램은 텍스트를 '자연의 거울'로 만드는 재현적 인식론과, 작품을 '자연의 모방'으로 보려는 재현적 예술론의 죽음을 암시한다. 하긴 체스 말이 현실의 대상을 닮지 않았다고 어디 전투를 시뮬레이션하지 못하던가?

재현의 파괴

재현 회화는 두 가지 원칙 위에 서 있다. 첫 번째 원칙은 도상과 문자가 하나의 화폭에 함께 나타나서는 안 된다는 것이다. 가령 중세의 〈수태고지〉에서는 마리아에게 나타난 천사의 입에서 띠가 흘러나오고, 이 녹음 테이프 위에 예수의 탄생을 알리는 천사의 말이 적힌다. 하지만 르네상스 이후 서양 회화는 가시적 공간의 재현을 목표로 삼

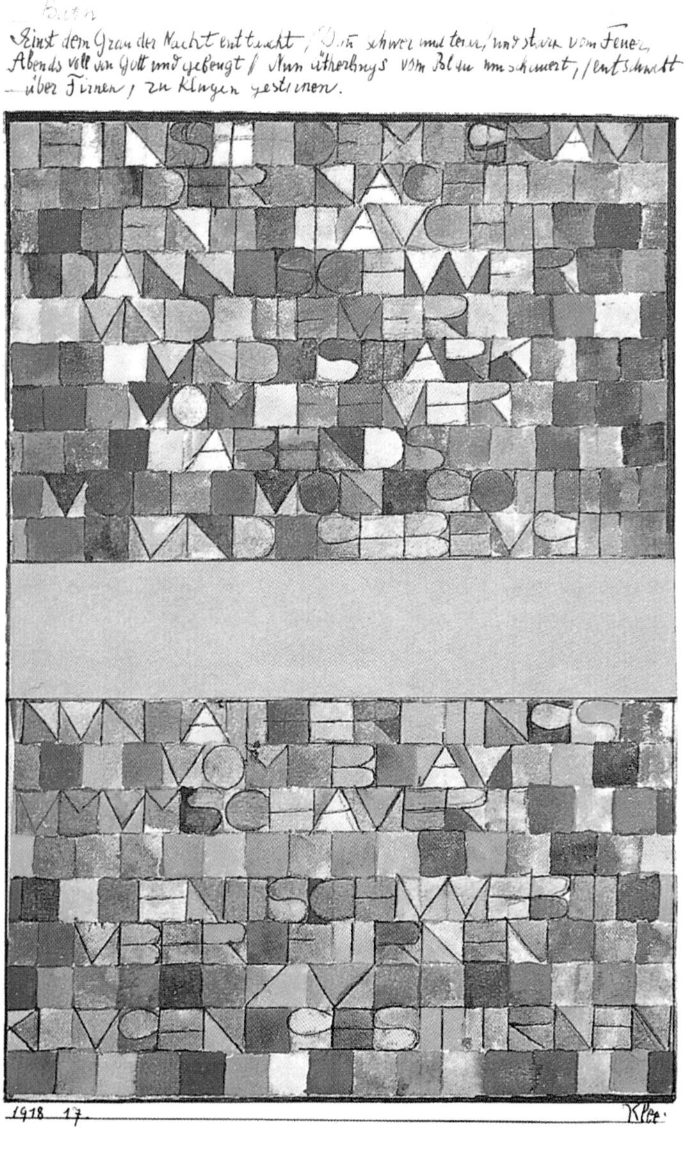

〈언젠가 밤의 어스름 속에 나타나〉 파울 클레, 종이에 수채·잉크·은종이, 23×16cm, 1918년

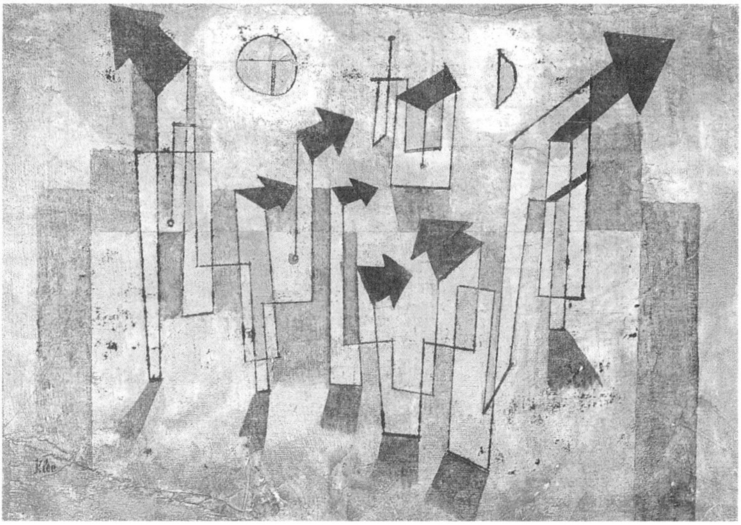

〈**동경의 신전 벽화. ↖저리로↗**〉 파울 클레, 종이에 수채, 26×24cm, 1922년

게 된다. 그 결과 눈에 보이지 않는 말은 화폭에서 사라져버린다. 여기서 문자는 밖으로 나가 제목이 되거나, 굳이 그림 안에 등장하려면 묘비의 명문, 책 위의 글자, 아니면 악보 위의 음표와 같은 형태로 그려져야 한다.

이 원리를 파괴한 사람은 클레였다. 그는 밖으로 쫓겨났던 문자를 다시 그림 안에 받아들인다. 〈언젠가 밤의 어스름 속에 나타나〉를 보라. 언뜻 보기에는 색채 구성처럼 보이나 자세히 보면 그 안에 독일어로 된 시 텍스트가 적혀 있다. 이것은 회화가 눈에 보이는 것을 재현하기를 포기했기 때문에 가능한 일이다. 그의 그림에 종종 등장하는 화살표도 공간적 이미지를 문자 텍스트처럼 '선형적'으로 읽으라고 지시한다. 이 점에서 마그리트는 어딘지 클레와 통하는 데가 있다. 이 초현실주의자의 작품에도 도상과 문자가 한 공간에 사이좋게(?) 공존하기 때문이다.

재현 회화의 두 번째 원칙은 '유사의 원리'다. 그림은 되도록 실물을 닮아야 하고, 그 닮음으로써 그 대상의 기호가 되어야 한다는 것이다. 이 원리를 파괴한 것은 칸딘스키였다. 그의 이미지들은 아무것도 닮지 않았고, 그래서 현실의 대상들을 가리키지 않는다. 마그리트 역시 '유사의 원리'를 파괴한다. 하지만 그의 방식에는 독특한 점이 있다. 칸딘스키와 달리 유사를 파괴하기 위해 마그리트는 되도록 닮게 그린다. 실제로 그의 묘사를 보라. 거의 백과사전의 삽화를 방불케 할 정도로 실물을 닮지 않았는가.

유사와 상사

'유사의 원리'에 따른 재현 회화를 파괴하고, 마그리트는 대체 무엇을 하려고 했을까? 푸코가 보기에 마그리트의 작품은 유사類似의 의무를 포기하는 대신에 상사相似의 놀이를 지향한다. '유사'와 '상사', 둘 다 '비슷하다'는 뜻을 지닌 낱말이나, 실은 명확히 구별되는 두 개의 개념이다. 가령 〈마태복음〉의 첫 구절을 생각해보라. "아브라함이 이삭을 낳고, 이삭은 야곱을 낳고, 야곱은 유다와 그의 형제를 낳고……." 유다와 그 형제들은 후에 이스라엘 열두 지파의 시조가 된다. 이 신성한 가계도를 그려보자.

아브라함

↓

이삭

↓

야곱

↓

르우벤, 시므온, 레위, 유다, 스불론, 잇사갈,
단, 갓, 아셀, 납달리, 요셉, 베냐민

르우벤과 형제는 야곱을 닮고, 야곱은 이삭을 닮고, 이삭은 아브라함을 닮았을 것이다. 이것이 유사類似, ressemblance의 관계다. 반면 같은 아비를 둔 열두 명의 형제들 또한 서로 비슷하게 생겼을 게다. 르우벤은 시므온을 닮고, 시므온은 레위를 닮고, 레위는 유다를 닮고……. 이것이 상사相似, similitude의 관계다. 유사의 관계에는 원본아비과 복제아들 사이에 위계질서가 있다. 아들이 아무리 아비를 빼닮아도 아비보다 더 아비처럼 생길 수는 없지 않은가. 반면 상사의 관계에는 그런 위계질서가 없다. 르우벤이 비록 장자라 하나, 그의 얼굴이 막내 베냐민 얼굴의 원본이 되는 것은 아니다.

'유사'의 원리가 포기되면 남는 것은 '상사'의 놀이뿐이다. 유사의 원리는 원본과 복제의 '동일성'에 집착하나, 상사는 그 집착에서 벗어나 복제들 사이의 '차이'를 전개시킨다. 마그리트 작품 속의 형상은 유사를 지향하지 않는다. 가방을 닮은 형상이 가방을 지시하지 못하고, 나뭇잎을 닮은 형상이 나뭇잎을 가리키지 못한다. 마그리트의 작

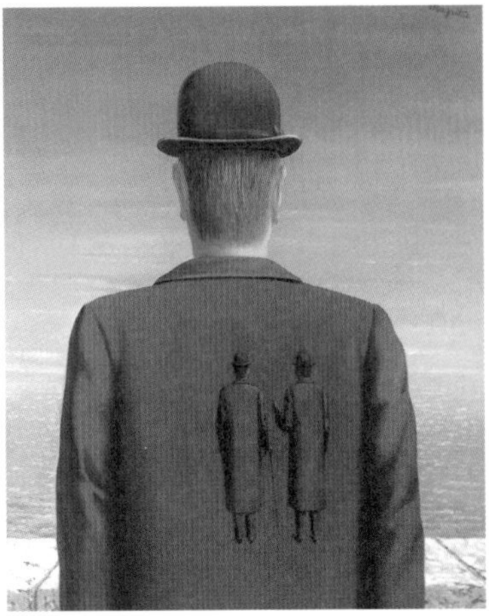

〈**모험 정신**〉 르네 마그리트, 캔버스에 유채, 55×46cm 1962년

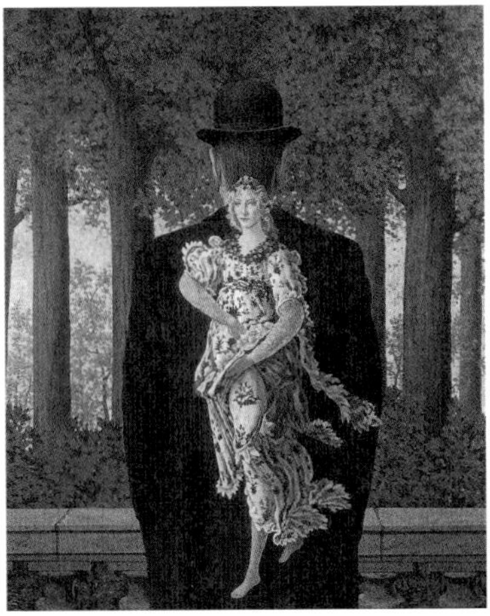

〈**레디메이드 부케**〉 르네 마그리트, 캔버스에 유채, 167×129cm, 1956년

품은 '유사'로서 실물을 지시하는 대신에, 그 수직적 의무에서 풀려나 맘껏 '상사'의 수평적 놀이를 즐긴다. 동일한 모티프가 그의 여러 작품에서 종종 반복되는 것은 이 때문이다.

데칼코마니

상사의 놀이는 놀라운 예술적 효과를 낸다. 가령 그의 작품에 등장하는 중절모의 사내를 생각해보자. 누구일까? 아마도 마그리트 자신이겠지만, 거기서 형상의 모델이 된 실물이 누구인지는 중요하지 않다. 문제는 그 사내가 여기저기 다른 작품들 속에 나타나면서 풀어놓는 상사의 놀이다. 뒤로 돌아선 사내는 그 등에 봄의 여신을 모셨다가,

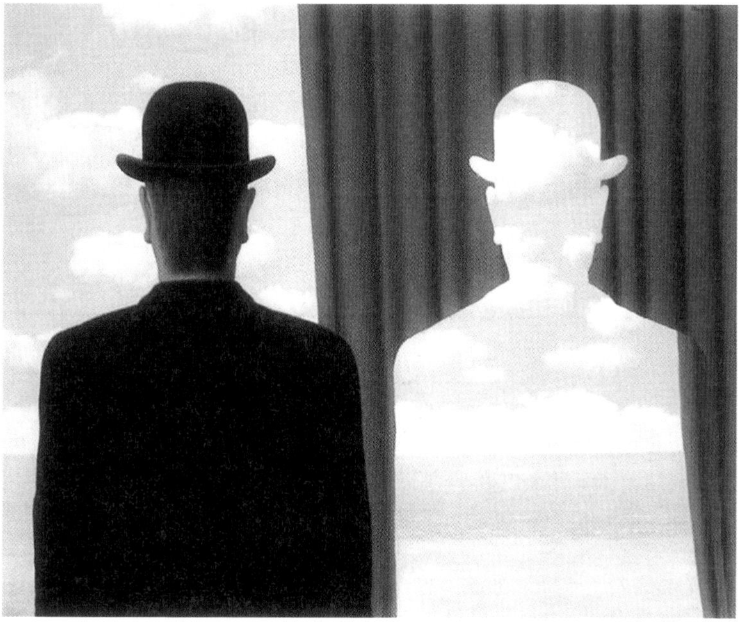

〈**데칼코마니**〉 르네 마그리트, 캔버스에 유채, 81×100cm, 1966년

두 명의 제 분신을 모셨다가, 커튼의 잘려나간 부분이 되었다가, 이윽고 비가 되어 하늘에서 내린다. 이렇게 동일한 모티프가 다른 맥락들 속에 반복적으로 나타날 때, 우리는 그 이미지가 가진 다양한 조형적 의미를 보게 된다.

그가 나뭇잎을 그렸다고 하자. 그에게 중요한 것은 나뭇잎이 나뭇잎이라는 상투적인 사실이 아니다. 그에게서 나뭇잎 그림은 나뭇잎이라는 실물을 가리키지 않는다. 중요한 것은 그 나뭇잎 형상을 가지고 할 수 있는 다양한 시각적 놀이다. 그 나뭇잎에는 나무 하나가 통

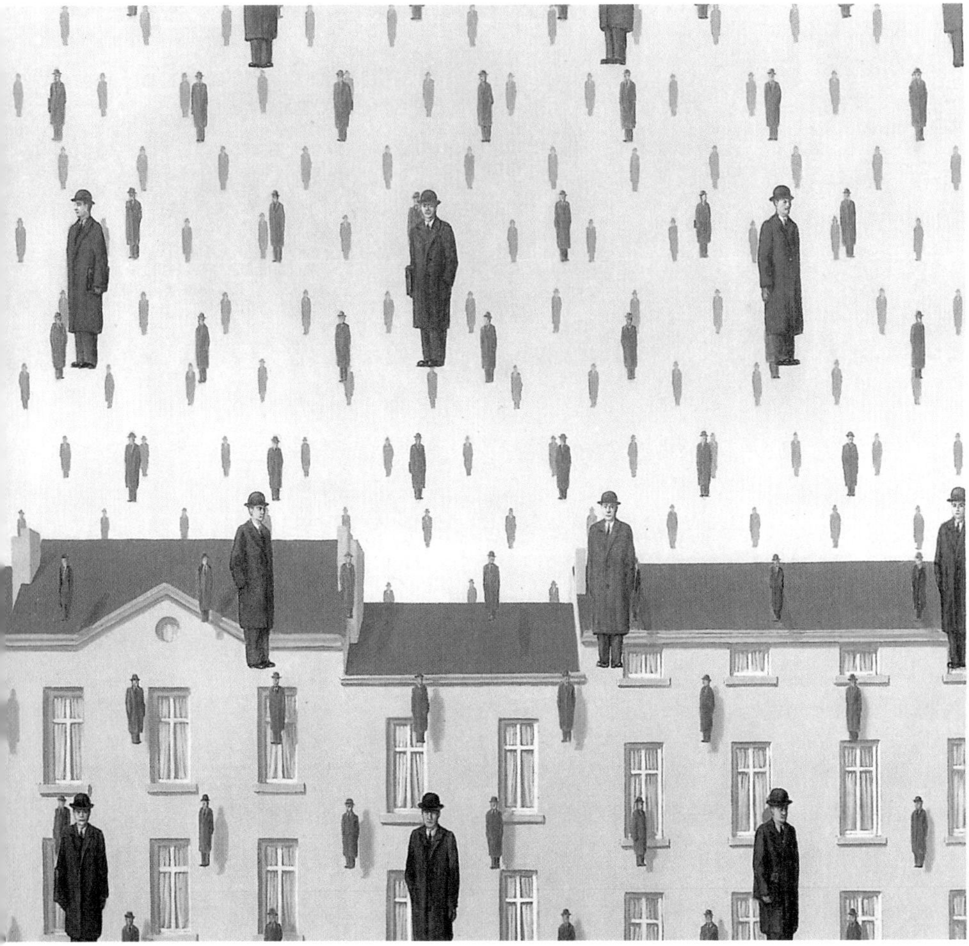

〈**골콩드**〉 르네 마그리트, 캔버스에 유채, 81×100cm, 1953년

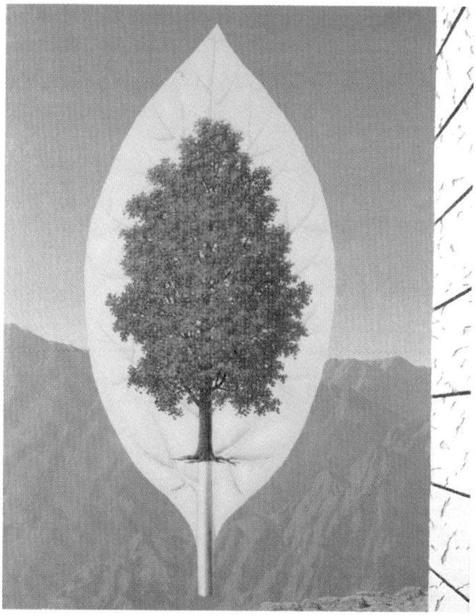

〈**마지막 외침**〉 르네 마그리트,
캔버스에 유채, 81×65cm, 1967년

째로 들어가 있을 수 있고, 뼈대만 남은 채 그대로 나무가 될 수도 있고, 나아가 그 형상에 힘입어 비둘기가 되기도 하고, 부엉이로 둔갑할 수도 있다. 나뭇잎이 새가 되면, 그 새는 벌레에 갉아 먹히기도 한다. 이 상사의 놀이 속에서 우리는 문득 하나의 이미지 안에 들어 있는 무한한 조형적 잠재성을 깨닫게 된다.

누가 커튼 안에 사내의 형상이 들어 있음을 알겠는가. 누가 하늘에서 내리는 비를 사람의 형상으로 보겠는가. 누가 나뭇잎 안에 나무 한 그루가 통째로 들어 있으며, 나뭇잎의 형상이 비둘기와 부엉이를 품고 있으리라 생각하겠는가. 유사에 입각한 재현은 우리의 상투적 시각을 강화하여 나뭇잎 그림에서 나뭇잎을 보게 할 뿐이다. 유사의 진리는 이렇게 동어반복이다. 반면 상사에 입각한 전사轉寫는 우리의

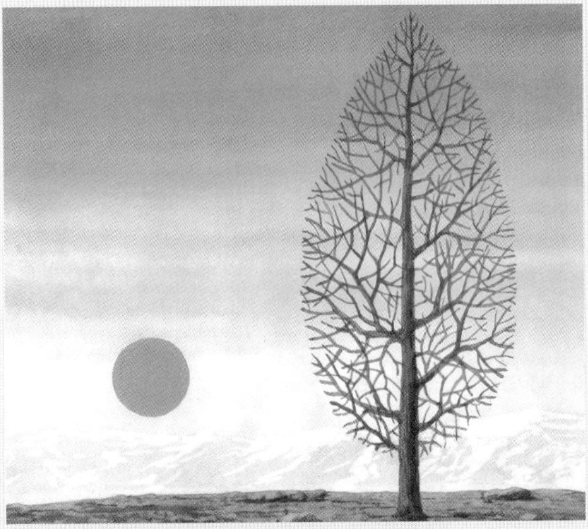

〈절대적인 것의 탐구〉
르네 마그리트, 종이에 과슈,
23×28cm, 1960년

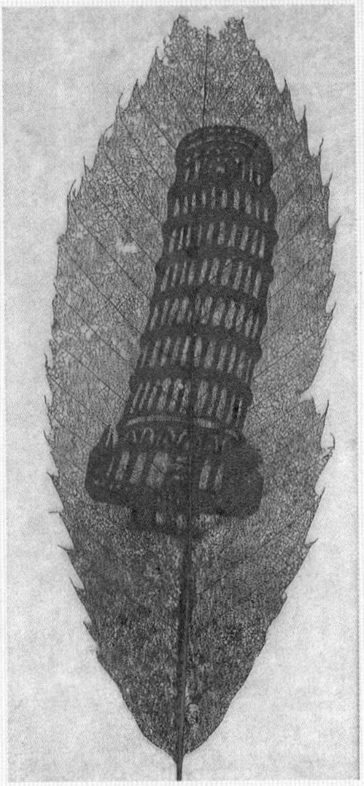

〈피사의 사탑, 나뭇잎 뼈대〉, 1817년
화학약품을 이용해 나뭇잎의 뼈대만 남기는 테크닉.
19세기에 유럽의 선원들이 중국에서 이 기술을 들여왔다.

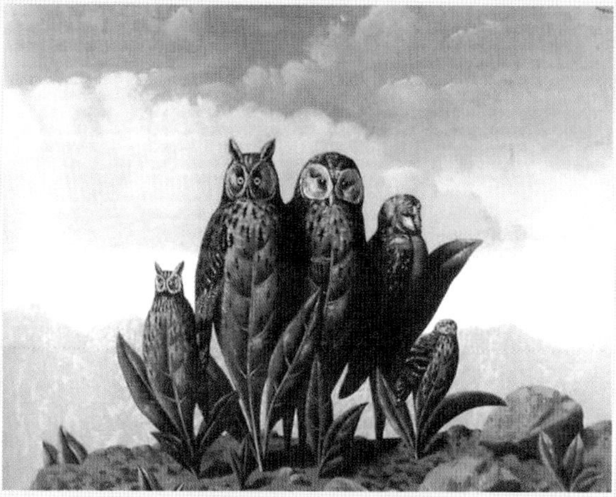

〈두려움의 친구들〉
르네 마그리트, 캔버스에 유채,
70×92cm, 1942년

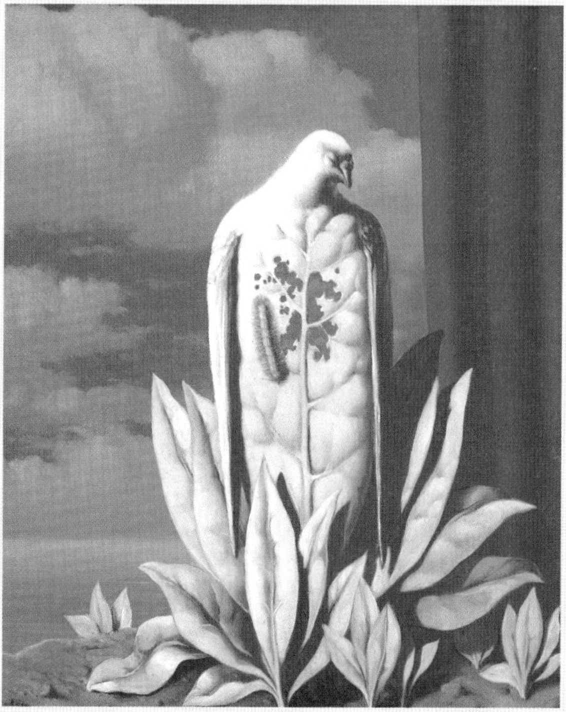

〈눈물의 맛〉
르네 마그리트, 캔버스에 유채,
60×50cm, 1948년

눈을 이 상투성에서 해방시켜, 일상 사물들 속에서 우리가 미처 보지 못했던 것을 비로소 보게 한다. 이게 바로 마그리트가 추구하는 상사의 진리다.

캠벨

마그리트는 비가시적인 것을 가시화한다는 현대 회화의 과제를, 닮음을 통해 닮음을 파괴하는 방식으로 해결한다. 상사의 원리는 곧 원본 없는 복제, 즉 시뮬라크르들의 놀이다. 그 점에서 마그리트의 작업은 워홀Andy Warhol, 1928~1987과 상통하는 데가 있다. 워홀의 작업 역시 처음부터 끝까지 시뮬라크르의 창조로 이루어졌기 때문이다. 그가 실물을 복제한 사진을 다시 복제하는 식으로 작업을 했다는 것은 널리 알려진 이야기다. 필름을 화폭 위에 영사해놓고, 그는 연필로 그 이미지의 윤곽을 뜬 후에 거기에 채색을 하여 작품을 얻어낸다. 한마디로 복제의 복제, 즉 시뮬라크르를 생산하는 것이다.

〈마릴린 먼로〉 연작을 보자. 그 작품은 저 유명한 대중문화의 우상을 얼마나 닮았느냐에 있는 게 아니다. 그 닮음으로써 "여기 이 사람은 마릴린 먼로"라는, 누구나 다 아는 상투적 사실을 반복하는 데에 있는 것도 아니다. 그가 노리는 것은 유사의 진리가 아닌 상사의 진리, 즉 미세한 뉘앙스의 차이를 내며, 동일한 이미지를 여러 번 반복할 때 얻어지는 어떤 시각적 효과다. 그런 의미에서 그것은 원본 없는 복제, 원본과의 일치가 필요 없는 복제, 즉 시뮬라크르의 놀이가 되는 셈이다.

푸코가 《이것은 파이프가 아니다》에서 "……캠벨, 캠벨, 캠벨"이라

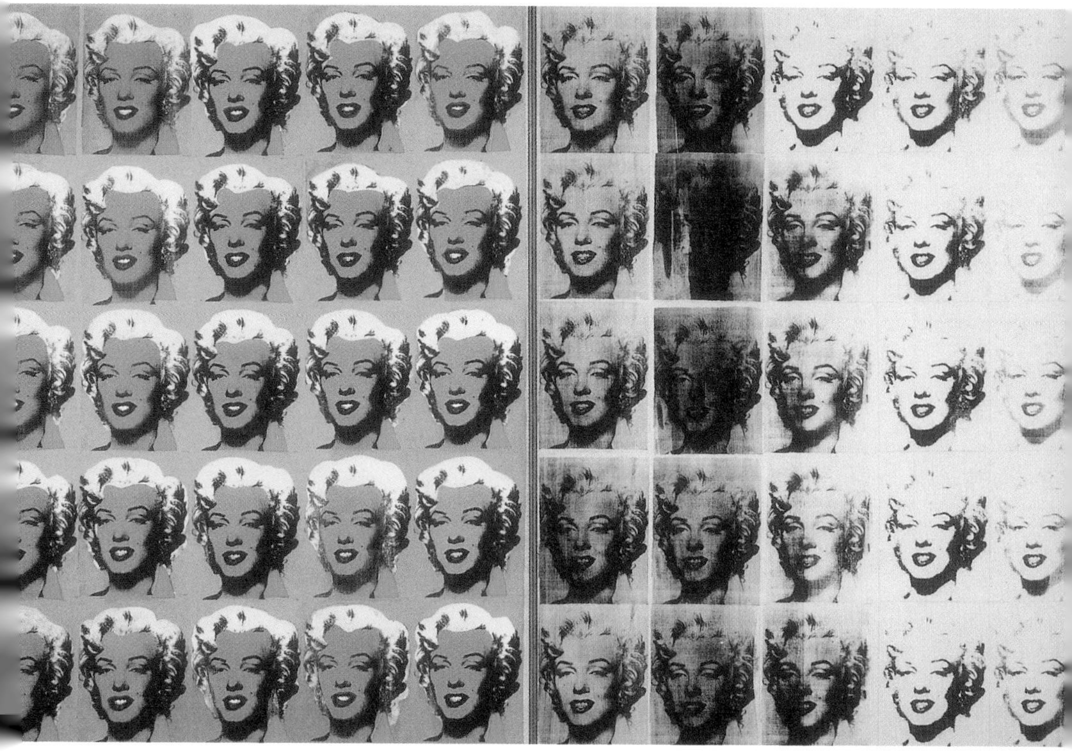

〈마릴린 먼로 2면화〉 앤디 워홀, 캔버스에 아크릴, 각 205×145cm, 1962년

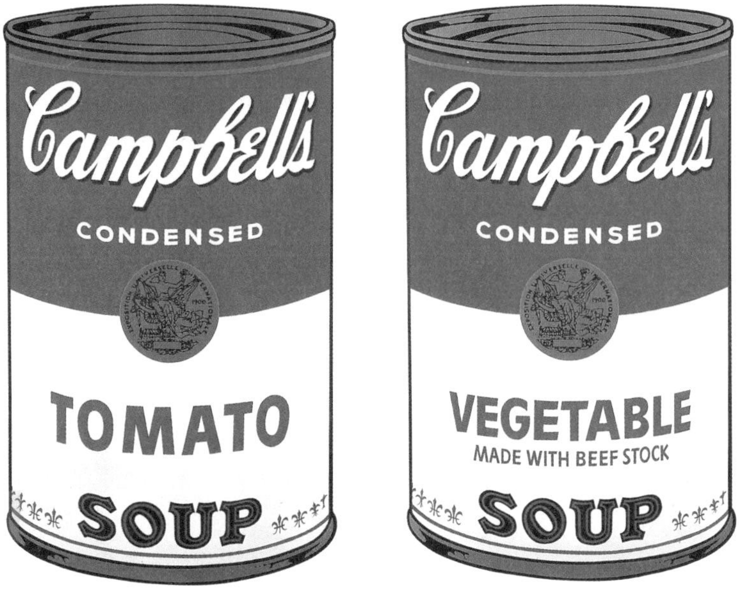

〈캠벨 수프〉 앤디 워홀, 동판화, 50×70cm, 1969년

는 외침으로 글을 끝맺는 것은 이 때문이다. 워홀은 통조림을 생산하는 '캠벨'이란 식품회사에서 생산하는 깡통들의 복제 이미지를 만들어, 슈퍼마켓의 진열대에 놓인 상품처럼 전시, 아니 '진열'해놓은 바 있다. 과거의 예술가들이 원작을 생산했다면, 워홀은 자신의 작품이 저 캠벨 깡통처럼 하나의 코드로 찍어낸 대량소비 사회의 복제들과 같아지기를 바란다. 과거의 예술가들이 '유사의 원리'로 자연의 거울이 되려고 했다면, 워홀은 '상사의 놀이'로 현대적 지각의 특성을 드러내려 한다.

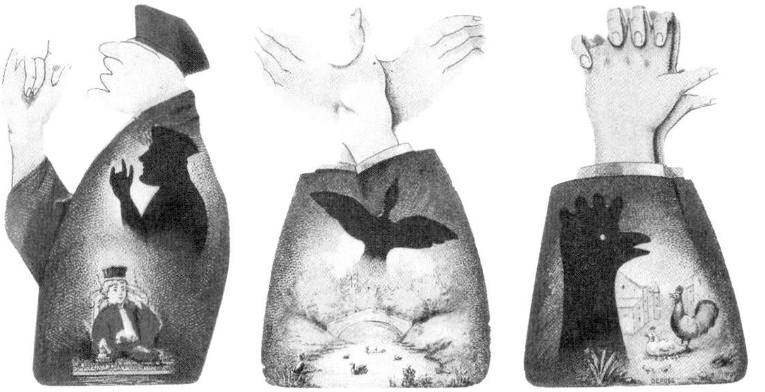

손 그림자 카드, 프랑스, 19세기

진리냐 창조냐

여기서 간단한 실험을 해보자. 손을 쥐었다 펴보라. 그래 봤자 손이다. 이제 불을 끄고, 촛불을 켜라. 그리고 손가락을 펴서 촛불에 갖다 대보라. 그럼 벽에 손 그림자가 생길 것이다. 하지만 손이 손이라는 사실이 뭐 그리 대단한가? 그러니 이제 손의 각도와 모양을 바꾸어보라. 그러면 당신의 손은 곧 개가 되어 짖기도 하고, 토끼가 되어 귀를 쫑긋 세우기도 하고, 독수리가 되어 날개를 퍼덕이기도 할 것이다. 늘 보고 무심코 지나치던 손에 이렇게 많은 형상이 들어 있으리라 누가 미처 알았겠는가.

얼마나 놀라운가. 아니, 적어도 한때는 우리에게 얼마나 큰 놀라움이었던가. 마그리트가 한 것이 바로 이것이다. 그는 시뮬라크르의 놀이를 통해 상투적 시각이 무심코 보아 넘기는 대상 속에 감추어진 무한한 형상들을 펼쳐 보여준다. 혹시 벽에 비친 손의 그림자가 개나 토끼나 독수리의 형상을 하고 있는 게 당신을 화나게 하는가? 그토록 진지한 당신은 어쩔 수 없는 플라톤주의자다. 반대로 하나의 손에서 온갖 다양한 형상들이 튀어나오는 것을 보며 무한한 즐거움을 느끼는가? 그렇게 천진난만한 당신은 영락없는 니체주의자다.

그림자 놀이

내가 앞으로 쓰지 않을 소설—솔직히 귀찮아서 안 쓴 소설이 얼마나 많은가—에서 노인은 유사성에 집착한다. 체스는 전쟁의 재현이어야 한다. 닮지 않고서 어떻게 어떤 것의 재현이 될 수 있단 말인가? 노인은 그것을 믿을 수가 없었다. 저 노인의 사고방식을 구현한 것이 근대 철학이며, 또한 근대 예술이다. 하지만 체스의 말들이 굳이 현실의 보병과 기병과 요새와 왕의 형상을 닮을 필요가 뭐 있는가. 그것들 사이에 차이의 체계만 존재한다면 얼마든지 전쟁 상황을 시뮬레이션할 수 있다. 중국 장기를 생각해보라. 어디 차車가 전차를 닮고, 포包가 대포를 닮고, 상象이 코끼리를 닮았던가?

그럼에도 불구하고 그 노인이 말의 형상에 그토록 집착하는 데에는 또 다른 이유가 있었다. 1789년 대혁명으로 쫓겨난 구체제의 왕당파들은 그 억울함을 잊기 위해 은밀히 체스 놀이를 했다. 그 놀이의 정치적 의미는 말들의 형상에 숨어 있었다. 그들은 종종 어두운 곳에서 촛불을 켜서 체스의 말을 벽에 비추곤 했는데, 그렇게 얻어진 그림자의 실루엣은 나폴레옹 보나파르트의 형상을 닮았다. 문제는 거기에 있는 게 아니다. 저 구체제의 왕당파들은 이 위대한 황제의 초상을 하

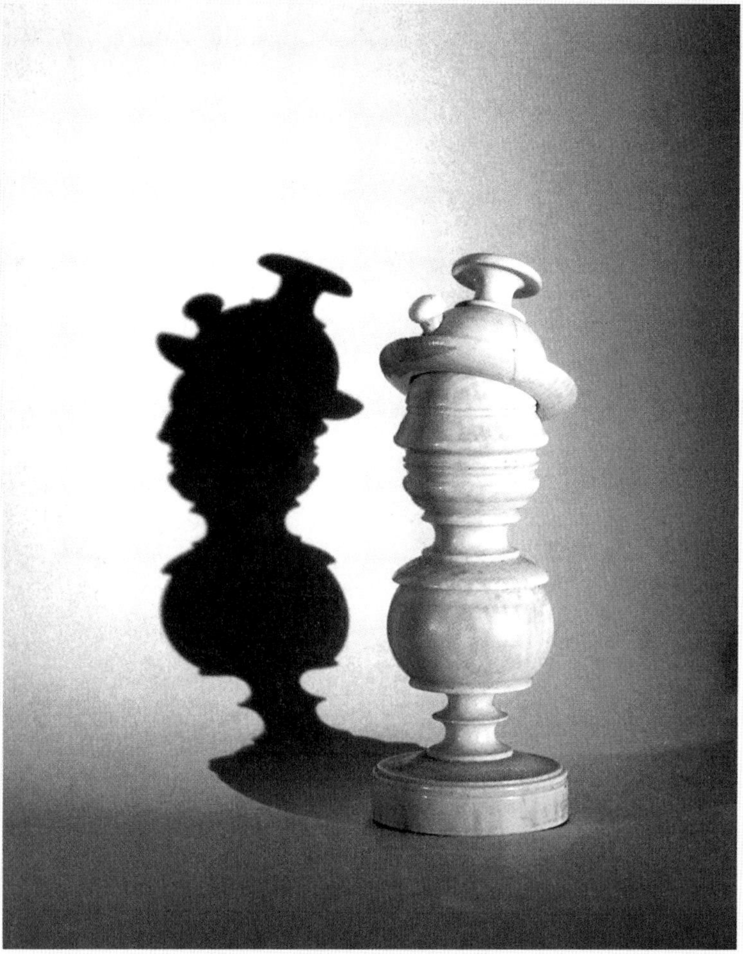

〈반란의 장난감〉 상아로 만든 체스 말, 1825년

나폴레옹 시대에 프랑스인들은 체스의 졸에 해당하는 폰(pawn)이나 비숍(bishop)에 나폴레옹의 실루엣을 감추어놓곤 했다. 그것은 나폴레옹을 '졸'로 보기 위함이었다. '비숍'의 프랑스어 이름인 'fou'도 '바보'라는 뜻을 갖고 있다.

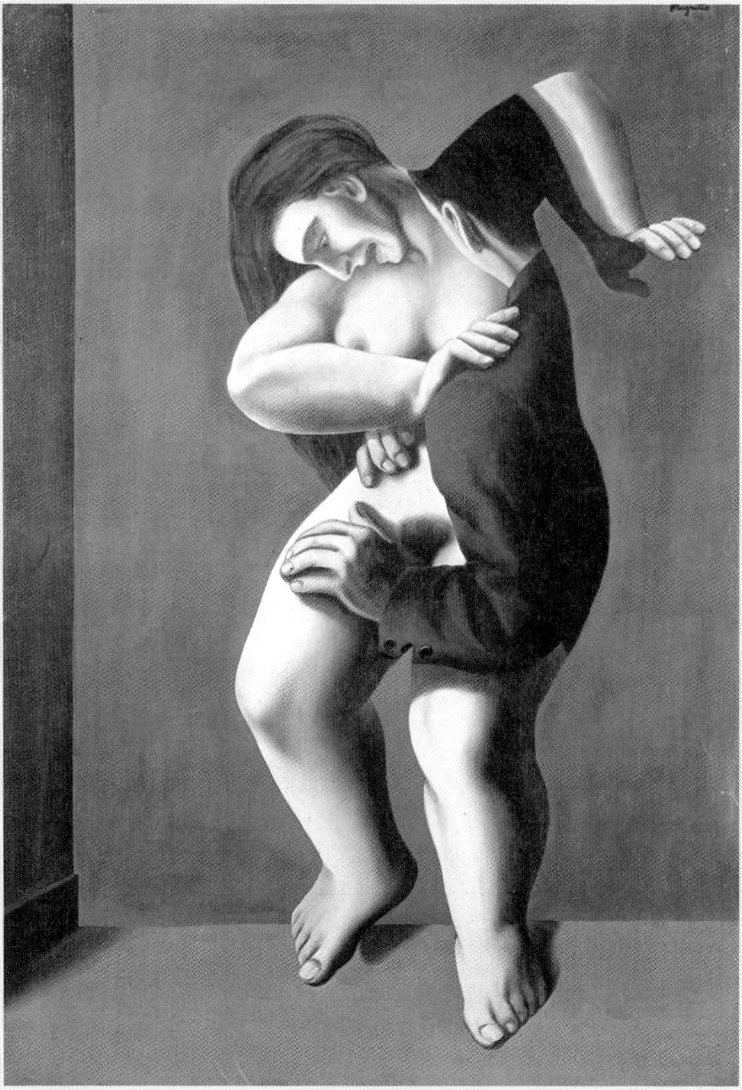

〈거인의 나날〉 르네 마그리트, 캔버스에 유채, 116×81cm, 1928년

그림자는 하나의 형상 안에 감추어진 다양한 형상들을 드러낸다. 그림자는 거짓말을 한다. 하지만 그것은 창조적인 거짓말이다.

필 '왕'이 아닌 '졸'의 형상에다가 감추어놓았던 것이다.

노인이 가진 두려움은 플라톤의 두려움이기도 했다. 그림자현실와 그림자의 그림자시뮬라크르는 거짓말을 할 수 있기 때문이다. 그래서 그는 그림자를 되도록 이데아와 유사하게 만들고, 그림자의 그림자는 되도록 그림자와 유사하게 만들려고 했던 것이다. 유사에 대한 집착은 이렇게 진리에 대한 열망에서 비롯된다. 한편 고대 스토아학파 사람들은 시뮬라크르의 표면 효과와 그것이 가진 창조성을 긍정했다고 한다. 플라톤보다 이들은 더 현세적이었던 모양이다. 당신은 어느 편인가?

마금

스웨덴과의 전쟁을 승리로 이끈 후 아일랜드의 대왕은 이 빛나는 업적을 시로 남겨 영원으로 끌어올리려 했다. "어때, 우리 두 사람 모두를 영원히 살아 있게 만들 이 일을 할 수 있겠나?" 시인이 자신 있게 대답했다. "네, 폐하, 제가 누구입니까? 저는 열두 해 겨울이 지나도록 운율을 공부했습니다. 진정한 시의 기본이 되는 370개의 우화를 암송할 수 있습니다. …… 천민들의 무분별한 눈으로부터 우리의 예술을 보호할 글쓰기의 비밀을 정복했습니다."

거울과 가면과 단검

약속한 1년이 되던 날 시인이 궁정에 나타났다. 그가 들고 온 시는 '운율과 동음 반복과 모음 반복과 음의 장단과 풍요로운 수사학의 기술, 탁월한 운율의 변화를 능숙하게 교합'해놓은 것이었다. 아일랜드 문학이 모두 소실되어도 그것 하나만 있으면 빠짐없이 복원할 수 있을 정도였다. 대왕은 시인의 노고를 치하하며 은거울을 하사했다. 그리고 덧붙이기를, "그런데 아무것도 일어난 게 없어. 혈관 속에서 피는 더 빨리 달리지 않고 …… 아무도 얼굴이 창백해지지 않았고……."

1년 후 시인이 다시 궁정에 나타났다. 이번에는 형식이 기이하기 짝이 없는 시였다. 단수 명사에 복수 동사가 사용되고, 조사들은 규칙을 어기고, 비유들 역시 제멋대로였다. "이것은 놀라게 만들고 현기증 나게 만들고 경악하게 만들고 있어. 무지한 자들은 깨닫지 못하겠지만……." 대왕은 시인의 노고를 치하하여 황금가면을 하사하며, 이번에도 의미심장하게 한마디를 덧붙인다. "우리는 우화의 거울이고, 우화에서는 3이라는 숫자가 지배적이라는 사실을 기억할 필요가 있을 거야."

1년 후 시인이 다시 나타났을 때 그는 제정신이 아니었다. 대왕 앞에서 그가 읊은 시는 단 한 줄. 하지만 그 한 문장을 들은 왕은 경악을 하더니, 넋이 나간 표정으로 이렇게 말했다. "인간은 알지 못하게 되어 있는 미美를 알게 된 죄. 이제 우리는 그 죗값을 치러야 할 의무가 있는 거야." 왕은 시인에게 세 번째 선물을 주었다. 시인은 궁전을 나오자마자 선물로 받은 단검으로 목숨을 끊고, 왕은 스스로 거지가 되어 한때 자신이 다스리던 왕국을 돌아다녔다. 그리고 다시는 "그 시를 암송하지 않았다".

오시안의 전설

보르헤스를 읽는 것은 '데자부dejavu'의 경험이다. 저 시인의 이름은 '오얀'이라고 한다. 아마도 북유럽의 맹인 시인 '오시안Ossian, 3세기' 이야기를 다시 고쳐 쓴 모양이다. 한때 왕가의 후손이었던 이 북구의 호메로스도 눈먼 거지 시인이 되어 왕국을 떠돌아다녔다. 그가 하프를 연주하면 물가의 밤안개가 응결되어 세상을 떠난 옛날 전사들의 형상들이 나타났다고 한다. 낭만적 상상력의 극치가 아닐 수 없다.

보르헤스는 오시안의 이야기에 슬쩍 서구의 예술사를 겹쳐놓는다. 오얀이 가져온 첫 번째 시는 고전주의 예술의 집대성이었다. 그가 정복했다는 '글쓰기의 비밀'이란 아리스토텔레스가 '테크네'라 부른 예술 창작의 합리적 규칙을 가리킨다. 두 번째 시에서는 이 고전적 형식이 파괴된다. "놀라게 만들고 현기증나게 만들고 경악하게 만드는" 이 새로운 시는 20세기 초에 등장한 초기 아방가르드 예술을 연상시킨다. 그럼 시인을 자살로 이끌고, 대왕을 파멸로 몰아간 세 번째 시는 무엇일까?

뉴먼Barnett Newman, 1905~1970의 〈누가 빨강, 노랑, 파랑을 두려워하랴〉가 바로 그 세 번째 시가 아닐까? 왕이 이르기를 "우리는 우화의 거울이고, 우화에서는 3이라는 숫자가 지배적"이라고 했다. 오얀의 말대로 그 숫자는 "마왕의 세 가지 선물, 삼부작 시, 그리고 의심할 수 없는 삼위일체"의 상징이다. 시인과 대왕이 감히 큰 소리로 다시 읊어볼 엄두도 못 냈던 그 시, 그 단 하나의 문장은 무엇이었을까? 알 수 없지만, 어쨌든 신성의 상징으로 통했던 3이라는 숫자와 관계가 있을 것이다.

〈누가 빨강, 노랑, 파랑을 두려워하랴〉 바넷 뉴먼, 캔버스에 유채, 274×603cm, 1969~1970년

미와 숭고

"인간은 알지 못하게 되어 있는 미." 엄밀히 말해 이는 미가 아니라 '숭고崇高'라 해야 한다. 미는 인간적인, 너무나 인간적인 현상이기 때문이다. 모든 위대한 예술가는 자기만의 예술사를 갖고 있다. 뉴먼도 마찬가지다. 그의 예술사는 미와 숭고의 투쟁으로 구성되어 있다. 서양 예술사는 숭고의 열망이 미의 완성이라는 틀에 사로잡히고 마는 실패의 연속이었다는 것이다. 가령 오랫동안 예술의 전범이었던 그리스 조각을 생각해보라. 형상화를 거부했던 히브리의 신과 달리, 그리스 신들의 숭고함은 형상의 아름다움 안에 갇혀버렸다.

서양 예술은 수백 년 동안 형상의 아름다움에 갇힌 이 인간적인, 너무나 인간적인 신들을 전범으로 삼아왔다. 바넷 뉴먼, 혹은 유대인 바루흐 네브만Baruch Newman은 이 역사에 종지부를 찍으려 한다. 미를 지향하는 고전적 예술 이상은 이미 20세기 초반부터 파괴되기 시작했다. 아방가르드 예술이 처음 등장했을 때, 얼마나 사람들을 "놀라게 만들고 현기증나게 만들고 경악하게" 만들었던가. 하지만 전후戰後를 대표하는 미국 화가의 눈에는 유럽의 아방가르드 역시 여전히 아름다움에, 미적 형식주의에 사로잡혀 있는 것으로 보였다. 말하자면 그것은 대왕을 만족시키지 못한 두 번째 시였던 셈이다.

그가 몬드리안을 향해 "그의 기하학완성이 그의 형이상학열광을 집어삼켰다"고 비판한 것은 이 때문이다. 몬드리안의 기하학적 형태는 구체적인 대상의 모습을 단순화하여 얻어진 시각적 추상이다. 겉으로 보기엔 비슷해 보여도 뉴먼의 것은 전혀 다르다. 그것은 아메리카 인디언들이 성소聖所를 표시하는 기하학적 문양에서 따온 것이다. 뉴먼은 몬드리안처럼 기하학으로 미를 완성하려 하지 않는다. 그 차가운 기하학으로써 어떤 뜨거운 감정, 즉 숭고의 열광을 전달하려 할 뿐이다. 대체 어떤 감정일까?

《구약성서》에 따르면 모세는 호렙 산에 올라 불이 붙어 이글거림에도 타서 없어지지는 않는 한 그루의 신비한 나무를 본다. 거기에 좀 더 다가서려는 순간, 하늘에서 내려오는 음성을 듣는다. "이곳은 성스러운 곳이니, 네 신을 벗으라."〈출애굽기〉 3장 5절 그곳은 평범한 일상의 공간이 아니라 세속의 신을 벗어야 하는 어떤 신성한 장소였던 것이다. 바로 그곳에서 그 옛날 모세가 느꼈을 놀랍고도 두려운 감정. 뉴먼이 자신의 작품으로 전달하려 했던 감정은 바로 이게 아니었을까?

마콤

뉴먼이나 로스코Mark Rothko, 1903~1970와 같은 색면화가들color field painters은 미를 포기하고 의식적으로 숭고崇高의 효과를 추구했다. 이렇게 뉴먼이 색면추상으로 돌아서게 된 데에는 우연한 사건이 있었다. 화가들은 종종 그림을 시작하기 전에 캔버스를 단색으로 칠해두곤 하는데, 어느 날 그는 자기가 칠한 텅 빈 캔버스에 그만 스스로 사로잡히고 만다. 이 기이한 충격의 정체는 무엇일까? 그 해답을 찾아 오랫동안 사색한 끝에, 드디어 그의 예술 인생을 결정할 첫 작품이 탄생한다.

단색의 캔버스 위에 그어진 수직선. 이를 뉴먼은 '짚zip'이라 불렀다. 수직선은 흔히 하늘과 땅, 신성과 세속의 연결을 상징한다. 가령 샤먼을 가리키는 '무巫' 자 속에서 인간들은 하늘과 땅을 잇는 나무 주위에서 춤을 춘다. 그 나무를 세계수世界樹라 부른다. 단군신화에서도 하

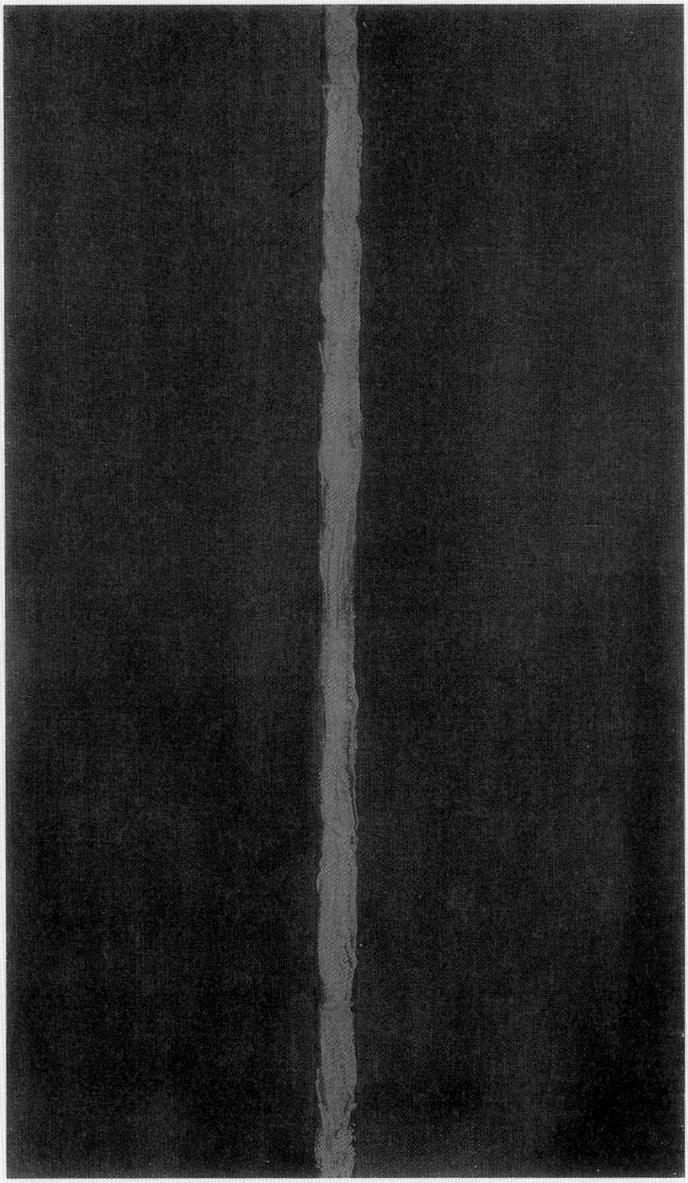

〈하나임 Ⅰ〉 바넷 뉴먼, 캔버스에 유채, 69×41cm, 1928년

〈넘버 10〉 마크 로스코, 캔버스에 유채, 230×145cm, 1950년

늘의 아들은 신단수神壇樹를 타고 세상에 내려오지 않았던가. 뉴먼의 수직선도 하늘의 신성함을 우리 몸을 통해 땅으로 받아들이는 피뢰침 역할을 한다. 호렙 산에서 신의 말씀을 들었을 때, 모세에게도 머리끝부터 발끝까지 어떤 수직적 전율이 흐르지 않았을까?

우리의 몸속으로 전율을 유도하는 수직선을 제외하면 화면에 남은 것은 텅 빈 색면뿐이다. 이는 모든 존재를 머금은 부재, 세계 창조를 위한 여백이라 할 수 있다. 아직 공간이 없던 지점이자 아직 시간이 없던 시점. 그러나 동시에 모든 공간을 포괄하는 지점이자 모든 시간을 응축한 시점. 이처럼 모든 존재자의 근원이 되는 '하나임one-ment'은 예부터 신성의 상징이었다. 보르헤스는 이를 '알레프'라 불렀고, 뉴먼의 친구인 한 유대인 비평가는 이를 유대교의 '마콤'이라 불렀다. 마콤은 신성함을 접하는 체험의 장소이자 동시에 그 자체가 신이다. "네가 누구 앞에 서 있는지 알라."

숭고의 부정적 묘사

료타르Jean Francois Lyotard 1924~1998에 따르면 숭고를 묘사하는 데에는 역사적으로 두 가지 방법이 있었다 한다. 하나는 낭만주의자들이 즐겨 사용하던 방법으로, 화폭의 기준이 되는 인간을 가능한 한 왜소하고 미약하게 묘사함으로써 그것과의 콘트라스트를 통해 상대적으로 자연을 크게 보이게 하는 것이다. 아마도 이것이 제한된 화면에 무한한 자연을 담는 유일한 방법이었을 게다. 가령 프리드리히Caspar David Friedrich, 1774~1840의 작품을 보라. 눈에 보일 듯 말 듯한 크기로 묘사된 수도승과의 대비를 통해 하늘과 바다의 광활함이 두드러진다. 이를 '숭고

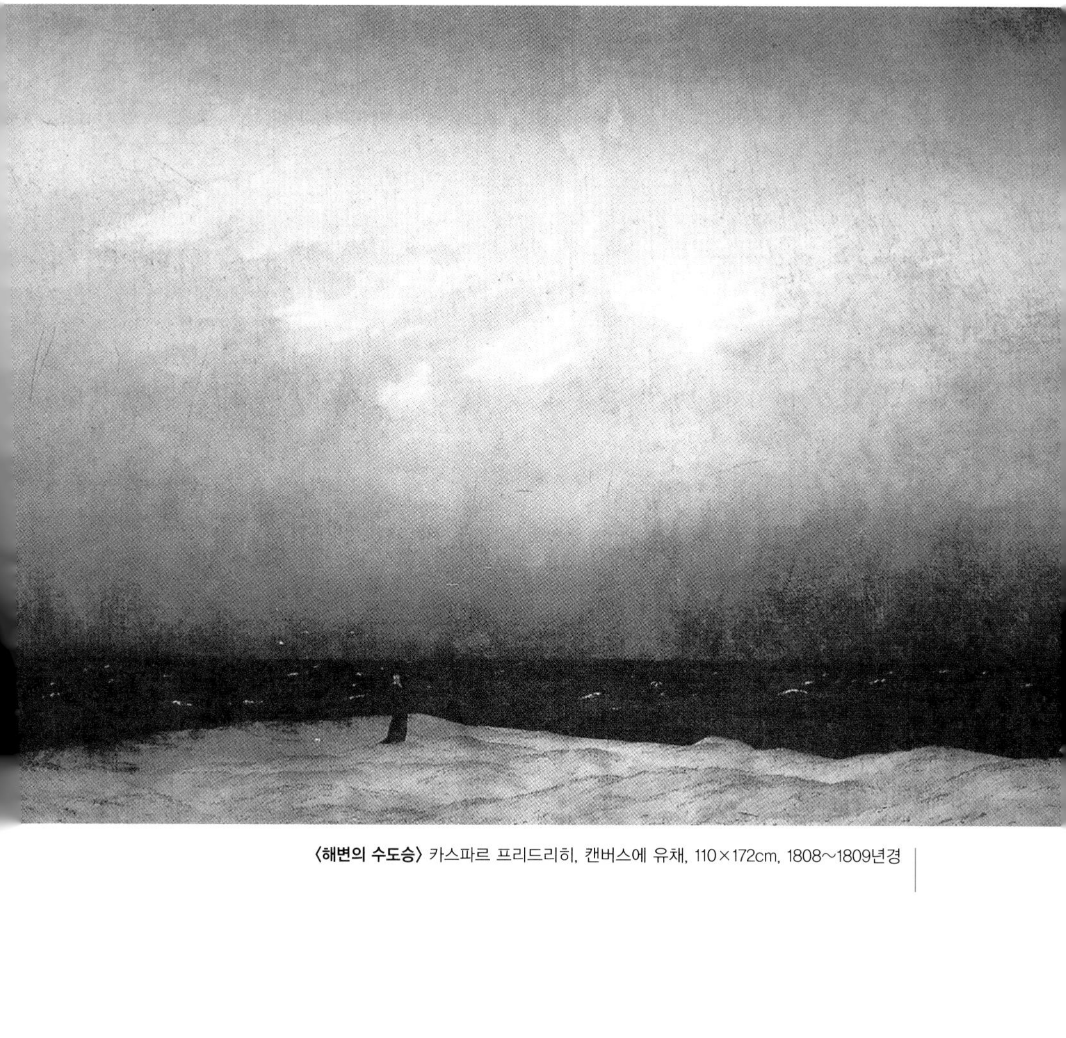

〈해변의 수도승〉 카스파르 프리드리히, 캔버스에 유채, 110×172cm, 1808~1809년경

의 간접적 묘사'라 부른다.

하지만 형상이란 유한하고 신성은 무한하기에, 애초에 무한한 신성을 조각이나 회화 안에 담기란 불가능하다. 숭고는 원래 묘사가 불가능한 것이다. 야훼가 인간에게 내린 계명을 통해 자신의 모습을 형상화하는 것을 금한 데에는 이유가 있었던 것이다. 바로 여기에서 숭고를 드러내는 또 다른 방법을 찾을 수 있다. 즉 야훼가 명한 대로 아예 형상을 묘사하기를 포기함으로써 인간의 한계를 넘어서는 존재의 위대함을 역설적으로 드러내는 것이다. 이를 료타르는 '숭고의 부정적 묘사'라 부른다.

료타르는 현대 예술에서 대상성이 사라지는 것을 이와 연결시킨다. 과거의 예술이 유한한 대상의 미를 재현하려 했다면, 현대 예술은 무한한 대상의 숭고를 현시하려 한다. 현대 예술은 형상을 지움으로써 이 세상에는 말할 수 없는 것, 볼 수 없는 것, 떠올릴 수 없는 것, 그릴 수 없는 것, 한마디로 형상화할 수 없는 것이 있음을 증언한다는 것이다. 오늘날 예술은 미가 아니라 숭고를 추구한다. 이를 위해 화면은 점점 아름다운 대상들을 게워내고 그 극한에서 마침내 텅 빈 공간이 되어버리는 것이다.

존재사건

"그런데 아무것도 일어난 게 없어." 시인의 첫 번째 시를 듣고 대왕은 이렇게 평했다. 그는 최초의 모더니스트였던 모양이다. 그가 예술에서 기대한 것은 고전적 아름다움이 아니라 혈관의 피를 더 빨리 돌게 하고 얼굴을 창백하게 할 어떤 '사건'이었다. 하이데거처럼 료타르에

〈영웅적이고 숭고한 사람〉 바넷 뉴먼, 캔버스에 유채, 242×542cm, 1950~1951년

게도 예술의 본질은 '존재자의 재현'이 아니라 '존재의 일어남'에 있다. 예술은 우리에게 낯익은 세계의 재현을 파괴함으로써 그 뒤로 우리가 미처 생각하지 못했던 어떤 낯선 세계를 드러낸다.

뉴먼은 자신의 작품이 한갓 미적 감상의 '대상'이 되는 것을 원하지 않았다. 대상은 외려 관람자들이고, 작품은 그들에게 뜨거운 열광을 주는 주체가 되어야 한다. 언뜻 보기에 그의 작품은 몬드리안과 같은 차가운 기하학적 추상에 속하는 것처럼 보인다. 하지만 그가 추구하는 것은 미적 구성이 아니라 존재의 사건이다. 그래서 뉴먼은 자신이 폴록Paul Jackson Pollock, 1912~1956과 같은 액션페인터에 가깝다고 보았다. 액션페인팅에서 중요한 것은 사건성과 현장성이기 때문이다.

숭고의 체험은 모순적이다. 낯익은 존재자의 세계가 파괴될 때 사람들은 '놀라게' 되고 '현기증 나게' 되고 '경악하게' 된다. 존재의 체험은 그 낯섦 때문에 처음에는 우리에게 이렇게 불쾌감displeasure을 준다. 사실 현대 예술을 이해하는 것만큼 짜증나는 게 또 어디에 있는가. 하지만 이를 일단 극복하면, 곧이어 더할 나위 없는 열락delight이 찾아온다. 어려움을 극복함으로써 얻는 인식의 확장, 존재의 확장에서 오는 기쁨 말이다. 료타르에 따르면 이렇게 '존재를 강화'하는 데에 숭고의 본질, 즉 현대 예술의 본질이 있다고 한다.

료타르는 뉴먼을 들어 자신의 이론을 펼치고 있지만, 둘 사이에는 차이가 있다. 료타르에게 숭고 미학은 시인의 두 번째 시부터 시작된다. 그는 미국의 색면추상만이 아니라 대상성이 파괴되는 20세기 예술 전체를 숭고 미학으로 특징짓는다. 반면 뉴먼은 숭고를 오로지 세 번째 시에게로만 돌린다. 이 미국 화가에게는 19세기까지의 고전 예술뿐만 아니라 20세기 초의 유럽 아방가르드 예술까지도 이미 거부

해야 할 고전적 전통으로 보였던 것이다.

묘사될 수 없는 그것

다시 왕궁으로 돌아가자. 시인으로 하여금 스스로 목숨을 끊게 만들고, 대왕으로 하여금 부와 권력을 포기한 채 스스로 거지가 되게 만든 그 시 구절. 그 문장은 무엇이었을까? 모르긴 몰라도, 그것은 말로 할 수 없고, 떠올릴 수도 없고, 그릴 수도 없는 것, 한마디로 인간의 한계를 넘어선 것이었을 것이다. 그것을 감히 입에 담은 죄로 시인과 대왕은 자신들의 가장 귀중한 것을 잃어야 하지 않았던가. 이들과 똑같이 되기 싫어서일까? 오늘날 화가들은 '그것'의 존재를 증언하기 위해 아예 그리기를 포기해버렸다.

그 문장이 무엇인지 아는가? 오늘날 예술가들이 감히 그리지 못하고, 침묵으로서 그 존재만을 암시하는 그 문장. 놀라운 일이지만 시인의 꿈에 나타났던 그 문장이 내게도 불현듯 나타났다고 하면 믿어줄까? 정말이다. 그 문장이 지금 내 목구멍까지 올라와 있지만, 여러분의 안녕을 위해 조용히 삼키기로 한다. 혹시 그래도 듣고 싶은 사람……?

피라네시의 세계 6

숭고

그리스를 다시 발견한 빙켈만(Johann Joachim Winckelmann, 1717~1768)은 바로크 취향에서 다시 고전으로 돌아갈 것을 주장했다. 빙켈만에게 로마 예술은 '모방자 양식', 즉 그리스 예술을 서툴게 베낀 모조에 불과했다. 피라네시가 발견한 것은 로마였다. 빙켈만이 일으킨 신고전주의 물결 속에서 피라네시는 조용히 로마를 발견한다. 그에게 로마는 그리스 문화의 모조가 아니라, 그리스와는 전혀 다른 예술의지를 가진 독자적인 문화였다. 피라네시의 시적인 상상력은 낭만주의를 낳게 된다.

그리스의 이상이 '아름다움'이라면, 로마의 이상은 '숭고함'이다. 그리스 예술의 전형이 조각이라면, 로마 예술의 전형은 건축이었다. 로마의 건축은 그리스의 것과는 스케일이 다르다. 로마가 거대한 건축물을 세울 수 있었던 것은 시멘트라는 재료, 그리고 무엇보다도 '아치'라는 로마 특유의 공법 때문이었다. 로마의 숭고함은 아치에서 나온다. 이는 중세에 그대로 받아들여져 하늘로 치솟아 오르는 고딕 숭고의 원형이 된다.

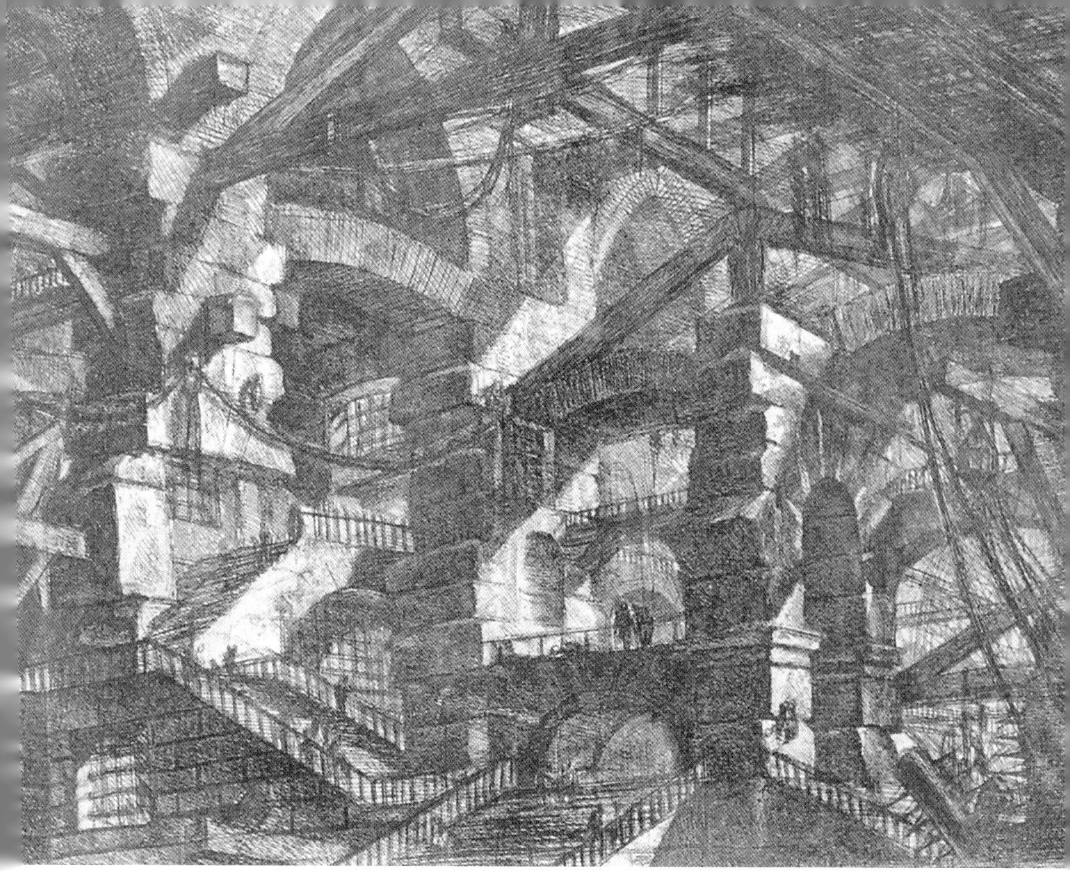

〈고딕 아치〉 조반니 피라네시, 동판화, 1750년경

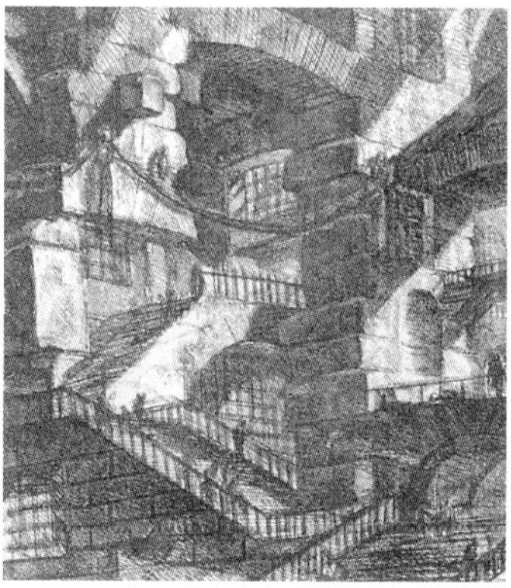

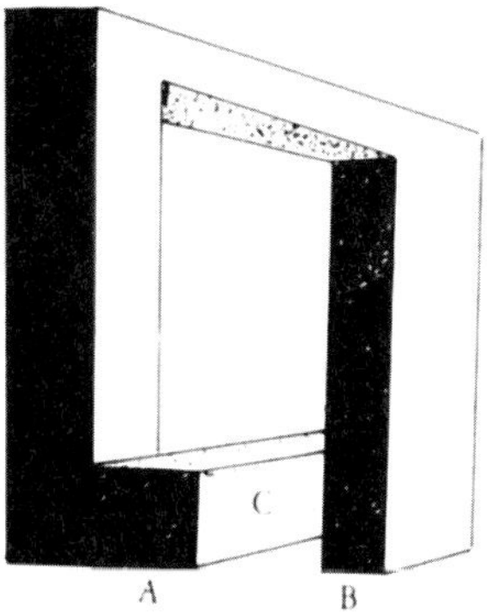

감각의 제국

쥐스킨트Patrick Suskind, 1949~의 소설 《향수》. 이 소설에서 소년 그르누이는 '나무'라는 말의 의미를 이렇게 배운다.

등을 창고 벽에 기댄 채 장작더미 위에 다리를 쭉 뻗고 앉은 그는 눈을 꼭 감은 채 꼼짝도 않고 있었다. 그는 보지도 듣지도 만지지도 않았다. 단지 아래로부터 퍼져 올라오다가 뚜껑에 덮인 것처럼 지붕 밑에 갇혀서 그를 감싸고 있는 나무 냄새를 맡을 뿐이었다. 냄새를 들이마시고 그 냄새에 빠져 자신의 가장 내밀한 땀구멍 깊숙한 곳까지 전부 나무 냄새로 가득 채운 그는 그 스스로가 나무가 되어버렸다. 그러고는 나무인형, 피노키오가 된 것처럼 그 장작더미 위에 죽은 듯이 앉아 있었다. 한참 뒤, 거의 30분이 지나서야 비로소 그 말을 내뱉었던 것이다.
"나무."

우리에게 '나무'라는 말은 바벨의 언어, 즉 텅 빈 보편 개념에 불과하다. 하지만 소년의 것은 다르다. 그의 '나무'는 냄새가 물씬 나는 감각적인 질로 충만하다. '나무'가 진정으로 무엇인지 알기 위해 소년은 '나무-되기'를 행하여 단백질로 된 살을 마침내 피노키오처럼 나무의 상태로 바꾸어놓는다. 그리고 이로써 '나무'라는 말을 아담의 언어로 되돌려놓는다. 미메시스의 감각론적 버전이라고 할까?

초인적인 후각에 힘입어 소년은 후에 향수 제조자가 된다. 그의 목표는 향수의 궁극적 완성. 이를 위해 특별한 재료가 필요하다. 이윽고 어린 소녀들이 하나씩 살해되고, 그들의 체취는 하나의 병 속에 농축된다. 그 향기는 신적인 것이어서, 인간이 만들어낸 선악의 구별을 무의미하게 만들 정도였다. 스물다섯 명의 소녀를 살해한 소년의 처형이 이루어지는 날, 놀라운 일이 벌어진다. 그가 스물다섯 명의 소녀에게서 체취한 향수를 바르고 광장에 나타나자, 그의 죽음을 즐기러 모인 사람들조차 그의 발 아래 무릎을 꿇고 눈물을 흘리며 성스런 짐승을 몰라본 자신들의 잘못(?)을 뉘우친다.

아이스테시스

아주 오랜 옛날에 인간은 지금보다 감각을 더 많이 사용했을 것이다. 몇백 년 전 유럽의 어느 숲에서 붙잡힌 늑대소년은 감각이 초인적으로 발달했다고 한다. 지금도 문명에서 멀리 떨어진 원시부족들은 고도로 발달한 감각을 자랑한다. 아마 인간이 살아가는 데 감각보다 이성에 의존하게 되면서 이 원초적인 감각 능력이 서서히 퇴화해 오늘날에 이르렀을 것이다. 플라톤 이후 서양 철학 역시 감각을 이성에 비해 열등한 능력으로 배제해왔다.

소위 문명은 인간의 감각을 자신의 필요에 맞게 길들였다. 오늘날 우리는 감각을 다섯 가지로 분류하며, 그 종류를 대개 '시각 – 청각 – 후각 – 미각 – 촉각'의 순서로 나열하곤 한다. 기준이 뭘까? 잘 살펴보면 정신에 가까운 순서임을 알 수 있다. 시각은 사물의 형상을 봄으로써 정신의 기관이 된다. 청각은 목소리를 듣는 능력으로 인해 영혼의 귀가 된다. 반면 후각 – 미각 – 촉각은 정신보다는 육체에 속한다. 특히 성적 쾌락과 결부된 촉각은 육체 그 자체인지도 모른다.

서구 문화를 낳은 헬레니즘 문명은 시각 문화였다. 빛나는 그리스의 조형 예술을 생각해보라. 플라톤에게 진리의 세계는 마음의 눈으로 '보는' 진정한 형상의 세계였다. 서구 문화의 또 하나의 기둥을 이루는 헤브라이즘은 청각 문화였다. 유대의 신은 보이는 것의 형상을 금지하고 자신도 모습을 드러내지 않았다. 인간들에게 그는 오로지 목소리만 들려줄 뿐이다. 여기서 진리는 '듣는' 것이다. 그래서 《구약성서》의 선지자들은 늘 이렇게 외치곤 한다. "들어라, 이스라엘이여……."

지각에서 감각으로

미학Aesthetics이라는 말 속에는 '감각'을 의미하는 그리스어 '아이스테시스aisthesis'가 들어 있다. 데카르트 같은 합리주의자들은 감각을 오류와 타락의 원천이라 하여 철학의 밖으로 배제했다. 미학은 이렇게 버려진 감각을 철학적으로 복권하는 과정에서 탄생했다. 하지만 이때 복권된 감각은 엄밀한 의미에서 감각이 아니었다. 복권된 것은 그저 정신에 의해 길들여진 감각, 정신과 관계되는 한에서의 감각, 말하자면 '지각'이었을 뿐이다.

감각과 지각은 다르다. 감관感官이 받아들인 자료가 정신으로 올라가 인식의 재료가 될 때, 그것을 '지각perception'이라 부른다. 검은 색깔, 구수한 향기, 뜨거운 느낌. 이렇게 자료가 입력되면 정신은 그것에 입각해 판단을 내린다. '이것은 커피다.' 반면 그 자료들이 몸으로 내려가 생리적 현상이 될 때, 그것들은 '감각sensation'이 된다. 이것을 받아들이는 것은 정신이 아니라 육체의 몫이다. 뜨거운 액체의 맛과 감촉과 온기. 몸이 느끼는 이 감각의 질은 말로 대체할 수 없는 어떤 원초적인 느낌이다.

근대의 예술문화는 '지각'이라는 정신주의적 틀 위에서 전개되었다. 예술이 다섯 감각 중에 유독 시각과 청각만을 사용해온 건 이 때문일 것이다. 그럼 정신을 향해 올라가는 게 아니라 육체를 향해 내려가는 예술은 없을까? 그르누이가 하려고 했던 게 바로 그것이었을 것이다. 후각은 예부터 그리 점잖은 감각으로 여겨지지 않았다. '냄새' 하면 일단 땅에 코를 박고 킁킁거리는 동물이 떠오르지 않는가. 동물성을 연상시키는 이 후각을 예술로 끌어올림으로써 그르누이는 이성중심주의, 음성중심주의 문화를 전복하려 한 게 아니었을까?

시각에서 촉각으로

그르누이의 향수가 후각의 예술이라면, 베이컨Francis Bacon, 1909~1992의 작품은 촉각의 예술이다. 그림을 보라. 저 처참하게 망가진 몸뚱이를 그는 '형체le figural'라 불렀다. 그리스인들이 '형상idea, eidos'이라 부른 것과

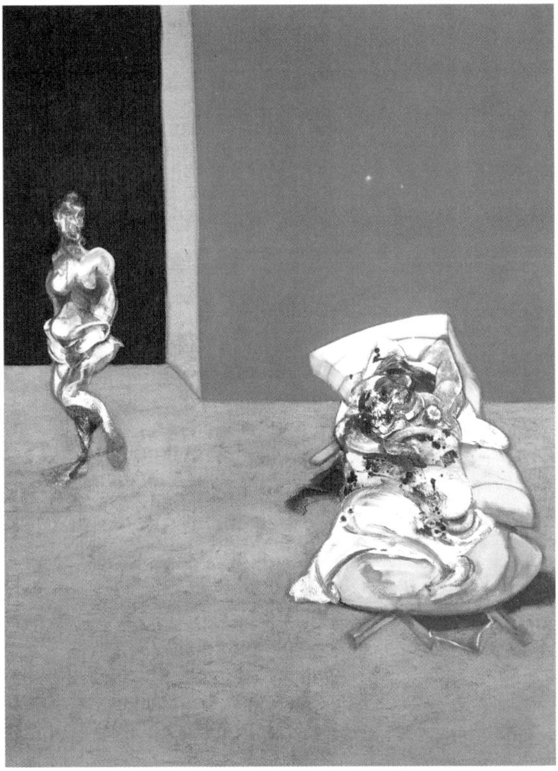

〈십자가책형〉(삼단제단화) 프랜시스 베이컨, 캔버스에 유채와 아크릴, 각 198×147cm, 1965년

삼단제단화는 전통적인 종교화의 형식이다. 유물론적 숭고?

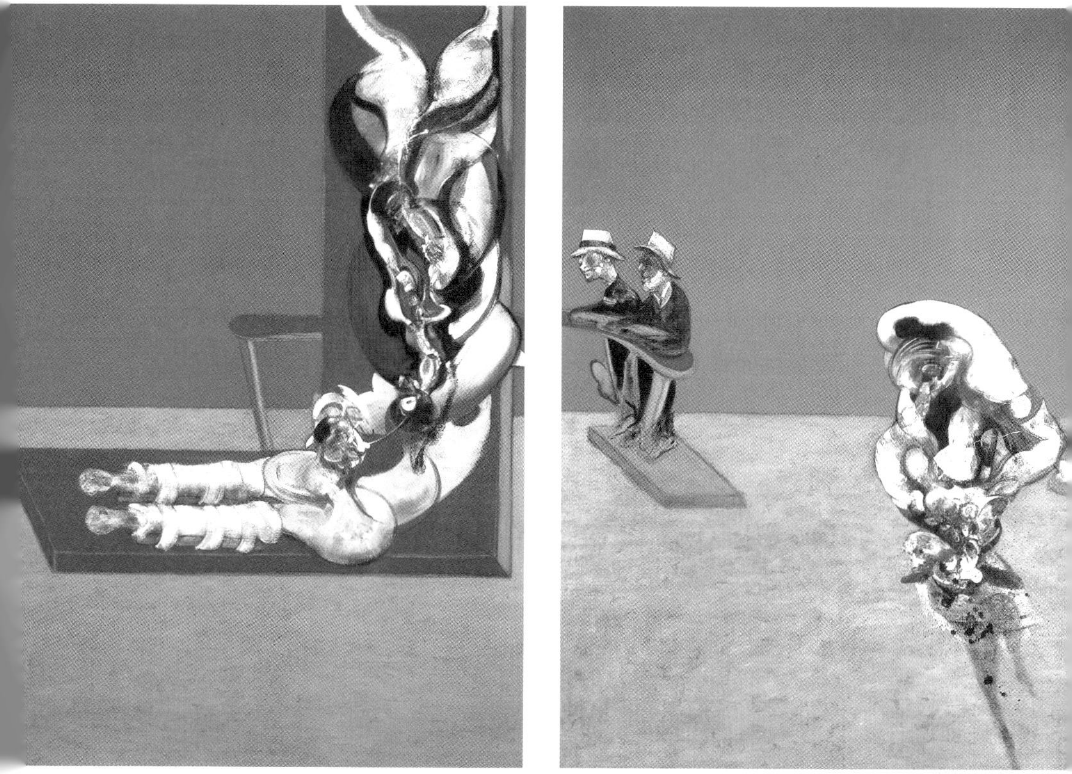

비교해보라. 그리스인들은 인체를 이상화하여, 그 아름다움의 극한에서 그것을 신의 형상으로 만든다. 인간이 신이 된 것이다. 베이컨은 이와 정반대로 나아간다. 그는 인간의 신체를 난도질하여 푸줏간의 고기 덩어리로 끌어내린다. 이때 인간은 한갓 육체적 존재, 한 마리의 동물로 전락(?)하게 된다.

저것은 현실의 폭력이 아니라 '회화의 폭력'이다. 폭력의 재현representation이 아니라 원본적 폭력, 즉 아르토의 잔혹극처럼 예술을 통해 비로소 존재하는 폭력의 '현시presentation'다. 난자당한 형체는 사람도 아니고, 동물도 아니다. 그저 끔찍한 물감 덩어리일 뿐이다. 베이컨은 아무것도 재현하지 않는 그 색덩이로 유사를 파괴하고, 그것을 둥근 트랙 안에 고립시켜 스토리텔링을 못하게 막는다. 이로써 '재현닮음'과 '서사연관'라는 구상 회화의 두 원리가 무너진다.

그렇다고 베이컨이 추상으로 나아가는 것은 아니다. 추상은 기하학적이기 때문이다. 기하학은 정신의 산물이다. 회화는 정신을 거치지 않고 직접 몸의 신경세포에 작용해야 한다. 그것은 '지각의 대상'이 아니라 '촉각의 주체'가 되어야 한다. 그래서 그는 '시각적' 아름다움을 포기하고, 구상과 추상 사이에서 아슬아슬 줄타기를 하며 '촉각적' 충격을 노린다. 저 잔혹한 형과 색의 폭력을 휘둘러 몸을 자극하려 한다. 왜 그래야 할까?

기관 없는 신체

문명화된 몸은 기관으로 분화되어 있다. 그 몸은 이성의 지배 아래 엄격한 위계질서를 이룬다. 그런 의미에서 감각의 위계를 세운 아리스토텔레스는 아마도 문명화한 몸을 이론화한 최초의 철학자라 할 수 있다. 하지만 이처럼 문명화된 몸의 어두운 안쪽에는, 우리가 그 존재를 의식하지 못하는 또 하나의 신체가 웅크리고 있다. 이 원초적 신체를 들뢰즈는 '기관 없는 신체'라 부른다. 그 신체의 모습을 보고 싶은가? 그럼 기관의 구별이 사라진 베이컨의 '형체'를 보라.

실제로 기관 없는 신체를 체험하는 사람들이 있다. 가령 우울증에 걸린 사람은 '머리도, 신경도, 가슴도, 위도, 장도 없다'고 느낀다. 마약 중독자는 '입이나 항문 대신 먹고 싸는 것을 동시에 하는 하나의 다기능적 구멍'을 갖고 싶어한다. 마조히스트는 '눈이나 항문, 요도, 가슴, 코 등을 꿰매게 한다.' 분열증의 몸은 아예 기관에 전쟁을 선포한다. "기관들은 신체의 적이다." 잔혹극으로 유명한 분열증적 극작가 아르토의 말이다.

자극이 기관으로 분화된 몸을 통해 정돈되어 들어올 때, 기관 없는 신체는 이를 견디지 못해 발작을 일으킨다. 그것을 '히스테리'라 부른다. 베이컨의 작품에는 유난히 히스테리 장면이 자주 등장한다. 가령 비명을 지르는 교황을 보라. 합리주의 문명은 이들을 '환자' 내지 '변태'라고 경멸하나, 이들은 그저 남보다 감각에 민감한 것일 뿐이다. 가령 잠수함 속의 토끼는 공기 중 산소 함량이 떨어지면 발작을 일으킨다. 토끼의 경고가 없다면 둔감한 인간들은 자신도 모르는 사이에 질식사하고 말 것이다. 히스테리 역시 문명이라는 공기가 부정적 상태임을 미리 알리는 현상이 아닐까?

이 때문에 베이컨은 자신의 작품을 우리의 신경세포 위에 직접 작용하게 만들려 한다. '회화의 폭력'을 휘둘러 우리의 감각을 고도로 민감하게 만들고, 그로써 합리적인 몸 아래 웅크린 우리의 원초적 신

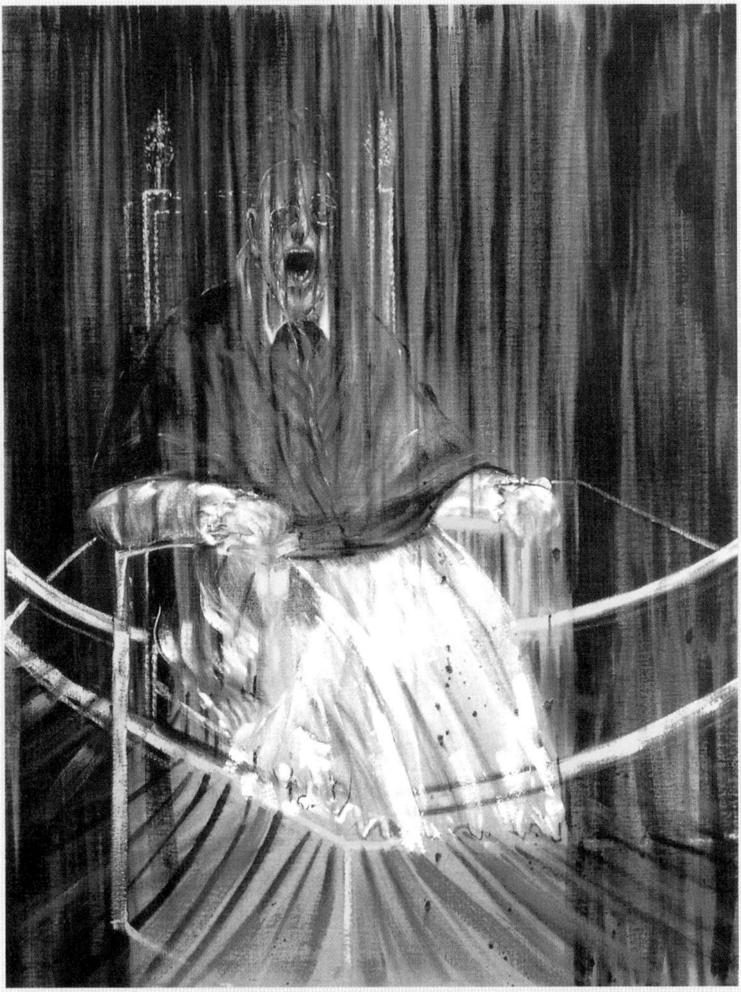

〈벨라스케스가 그린 교황 인노캔티우스 10세 초상의 습작〉 프랜시스 베이컨, 캔버스에 유채, 153×118cm, 1953년

체를 되살리려는 것이다. 회화의 폭력은 그 촉각적 효과를 통해 기관 없는 신체를 일깨운다. 깨어난 신체는 자신을 둘러싼 또 다른 신체, 기관으로 조직된 문명화된 몸과 충돌할 수밖에 없다. 이때 몸은 발작을 일으키게 된다. 그런 의미에서 회화는 히스테리다. "회화와 함께 히스테리는 예술이 된다."

공감각

'기관 없는 신체'는 부화하다가 만 알과 같은 것이다. 가령 부화를 시작한 지 보름 정도 지난 알을 깨뜨린다고 하자. 껍질 밖으로 나온 내용물은 아직 유체 상태일 것이다. 거기서 기관들은 미처 제자리를 찾지 못하고 떠돌아다니며 서로 겹치거나 서로 경계를 넘나든다. 이와 마찬가지로 부화하다가 만 알과 같이 생긴 신체에서는 '하나의 색, 맛, 촉각, 냄새, 소리, 무게 사이에 존재론적인 소통'이 일어난다. 이를 우리는 흔히 '공감각'이라 부른다.

아리스토텔레스는 감각들이 겹치는 비이성을 극도로 경계했다. 기관들의 횡단은 명석판명이라는 합리주의 이상과도 정면 배치된다. 정신의학에서도 공감각을 일종의 정신착란으로 간주해왔다. 하지만 우리는 예술에서 이 공감각의 능력이 어떤 효과를 가져오는지 알고 있다. 가령 알파벳에서 색깔을 느끼는 랭보Jean Nicolas Arthur Rimbaud, 1854~1891, 회화에서 음악을 듣는 칸딘스키, 음악에서 색채를 느끼는 스크랴빈Alexander Nikolavevich Skyabin, 1872~1915을 생각해보라. 20세기를 전후하여 러시아 예술은 아예 공감각의 실현을 목표로 삼기도 했다.

얼굴에는 오감의 기관이 모두 모여 있다. 그래서 베이컨은 얼굴을

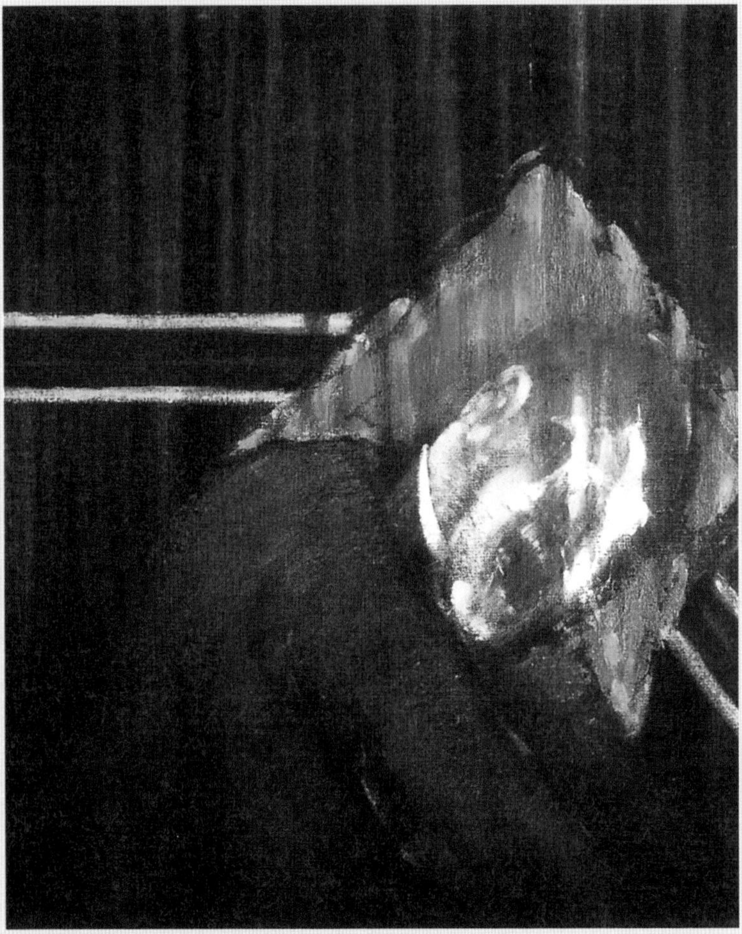

〈인간 머리에 관한 세 개의 습작〉(부분), 프랜시스 베이컨, 캔버스에 유채, 1953년

지워버린다. 기관을 지운 얼굴은 그냥 머리가 된다. 곤충의 더듬이 같은 안테나가 된다. 시각이나 청각 없는 동물은 있어도 촉각 없는 동물은 없다. 다른 감각은 모두 촉각에서 분화되어나간 것이다. 그런 의미에서 촉각이야말로 기관 아닌 기관, 공감각의 기관이라 할 수 있다. 얼굴을 지워버린 머리는 고감도의 안테나가 되어 전파처럼 눈에 보이지 않는 주위의 기氣를 받아들인다. 이것이 '감각'이다. 이것은 분화된 기관을 통해 들어온 '지각'과는 차원이 다른 것이다.

베이컨의 회화는 지각이 아니라 감각을 표현한다. 가시적 대상을 재현하는 게 아니라 보이지 않는 기를 가시화한다. 우리의 몸처럼 세계도 실은 두 겹으로 되어 있음을 아는가? 가령 카메라로 사진을 찍어보라. 그 사진은 뚜렷한 윤곽을 가진 형상들을 보여줄 것이다. 우리는 이를 '현실'이라 부른다. 하지만 이 가시적 현실이 세계의 전부일까? 그렇지 않다. 이번에는 열감지 카메라로 찍어보라. 그 사진은 뭉클뭉클 비정형적인 에너지 덩어리들을 보여줄 것이다. 이것이 베이컨이 드러내려 했던 또 다른 현실이다.

동물-되기

고야Francisco José de Goya, 1746~1828의 소품 중에 정신병동에 갇힌 이들을 그린 것이 있다. 하나같이 넋이 나간 묘한 표정이다. 그 얼굴에도 분명히 기관들은 존재하나 그것들을 조직할 이성이 사라진 것이다. 모종의 해방감. 고야가 이들의 얼굴에 매료된 것은 이 때문이었을 것이다. 이제 거울을 보라. 아무리 힘을 빼도 그 얼굴에서 짜임새가 사라지지는 않는다. 당신은 이미 돌이킬 수 없이 합리적 '주체'이기 때문이다.

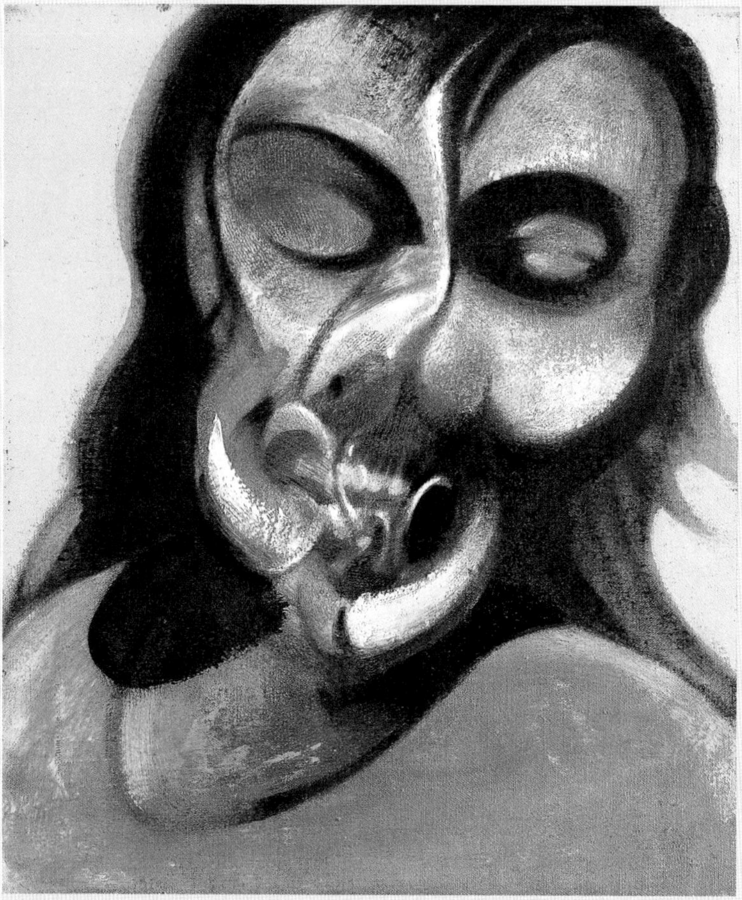

〈헨리에테 모라에스의 초상을 위한 습작 – 웃는 모습〉 프랜시스 베이컨, 캔버스에 유채, 36×31cm, 1969년

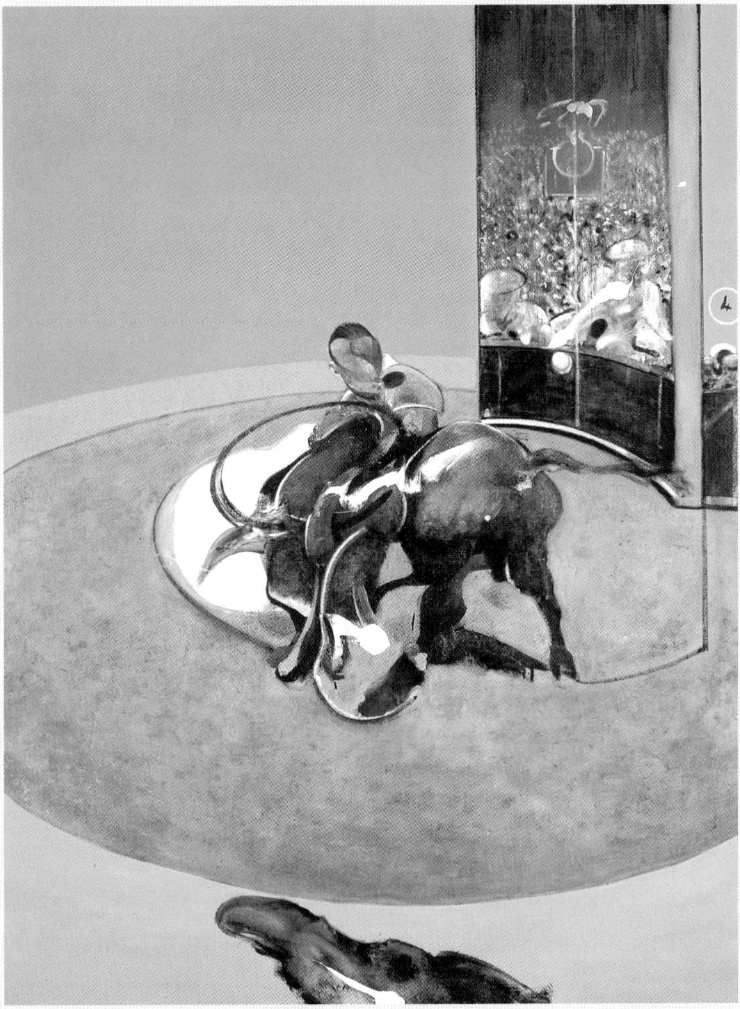

〈투우습작 1번〉 프랜시스 베이컨, 석판화, 127×115cm, 1969년

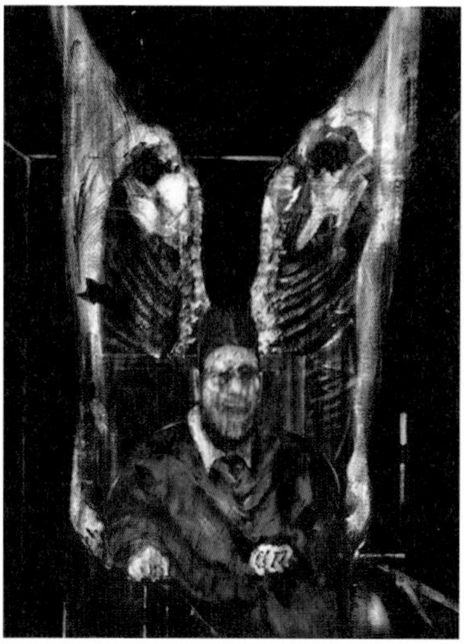

〈**고기와 형상**〉 프랜시스 베이컨, 캔버스에 유채, 130×122cm, 1954년

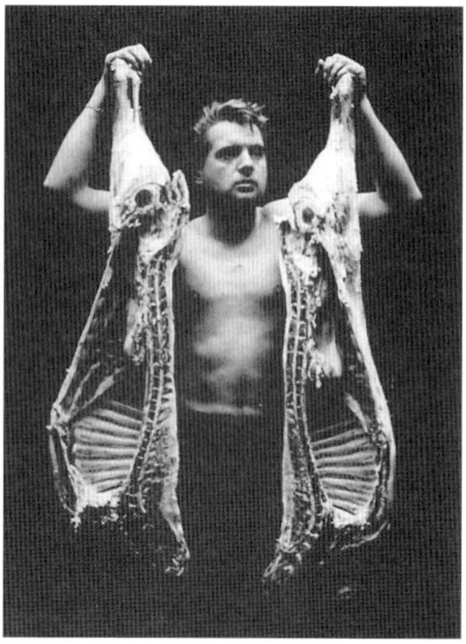

〈**베이컨**〉 존 디킨, 1954년 6월

얼굴은 '주체'다. 베이컨은 화면에서 얼굴을 지울 때 근대의 '합리적 주체'라는 환상을 해체시킨 셈이다. 이로써 근대의 이성중심주의가 무너진다.

근대 철학은 인간을 이성적 존재로 규정했다. 거기서 이성을 빼면? 감각이 남는다. 감각의 주체로서 인간은 동물과 다름없다. 베이컨의 작품에서 종종 인간은 동물과 하나가 된다. 소년은 개처럼 기어다니고, 여인의 입에서는 멧돼지의 어금니가 자라고, 투우사는 소와 한 몸이 된다. 심지어 베이컨은 푸줏간에 걸린 고기를 보며 "거기에 걸려 있는 게 왜 내가 아닌가?" 하며 당혹해했다. 사실 인간을 동물의 위에 올려놓는 논리처럼 허구적인 게 어디 있는가? 여기서 근대의 인간중심주의도 무너진다.

이성을 해체시켜 인간을 동물로 되돌리는 것은 단순한 '퇴화'가 아니다. 들뢰즈는 여기서 외려 긍정적인 가능성을 본다. 가령 알렉시스라는 청년은 사람들을 웃기기 위해 곧잘 말馬 흉내를 내곤 했다. 말을 모방imitation했던 것이다. 하지만 그가 정말 말이 되는mimesis 경우가 있었다. 하모니카를 연주할 때마다 그는 말의 질주를 연상시키는 비인간적인 템포로 사람들을 압도하곤 했다. 이처럼 "말의 재갈이 하모니카가 되고 말의 속보速步가 두 배의 박자가 되었을 때, 알렉시스는 더할 나위 없이 말이 되었던 것이다".

신성한 짐승

그리스인들에게 인간은 폴리스 안에 사는 존재였다. 폴리스 밖에 사는 것은 동물 또는 신뿐이었다. 그렇다면 인간의 한계를 초극하는 데에도 두 가지 방식이 있을 것이다. 하나는 신이 되는 것이고, 다른 하나는 동물이 되는 것이다. 고전 예술은 미의 완성을 통해 신이 되려는 그리스 예술을 모범으로 삼아왔다. 반면 베이컨은 여기서 거꾸로 나아가 짐승으로 돌아가려 한다. 하지만 이는 진화의 순서를 거스르는 퇴행이 아니라 들뢰즈의 말대로 '창조적이며 동시적인 역행'이다. 말이 되어 초인적인 능력을 얻은 알렉시스를 생각해보라.

합리주의 철학이 유럽에 퍼져나가기 시작한 17세기에 네덜란드에서는 도축된 짐승을 그린 정물화가 유행했다. 동시에 그 시기는 대중이 보는 앞에서 사형수를 하루 종일 고문하다가 죽이는 공개 처형이 널리 행해졌다. 도축당하는 가축과 처형당하는 인간. 비슷하지 않은

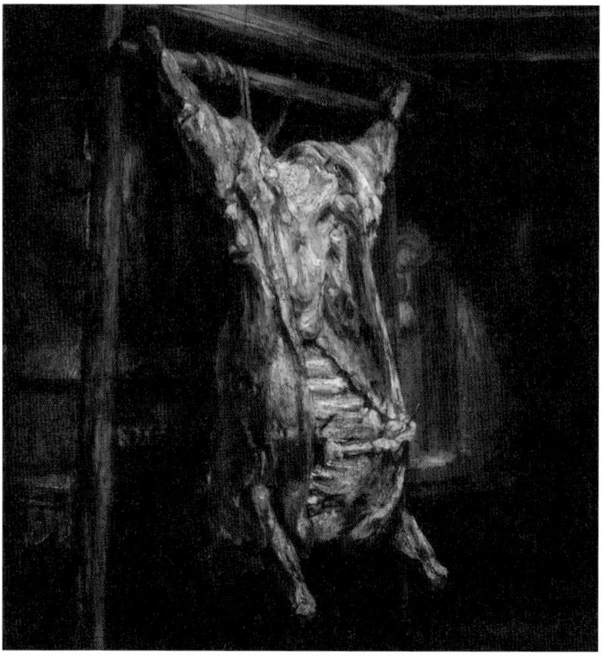

〈**도살된 황소**〉 하르먼스 판 레인 렘브란트, 목판에 유채, 94×69cm, 1655년

가? 인간이 가장 동물적인 순간이 바로 비명을 지르는 순간이라고 한다. 비명은 분절화된 정신의 소리가 아니라 동물적인 몸이 내지르는 소리다. 베이컨의 교황이 비명을 지르는 것은 바로 그 때문이다.

17세기에 그려진 그 도축된 가축의 정물은 어디서 많이 본 듯한 느낌을 준다. 공교롭게도 그것은 전통적인 십자가책형의 모티프를 쏙 빼닮았다. 사실 예수도 사형수가 아니었던가? 신의 아들이었던 그도 십자가 위에서는 도축되는 짐승과 다름없었다. 베이컨이 저 짐승의

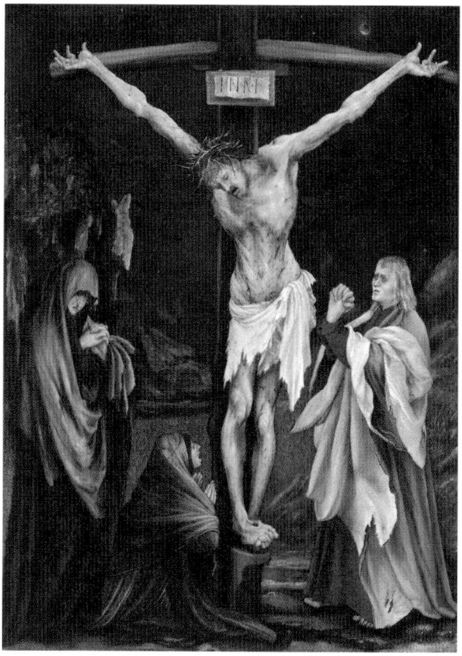

〈**십자가책형**〉 마티아스 그뤼네발트, 목판에 유채, 61×46cm, 1520년경

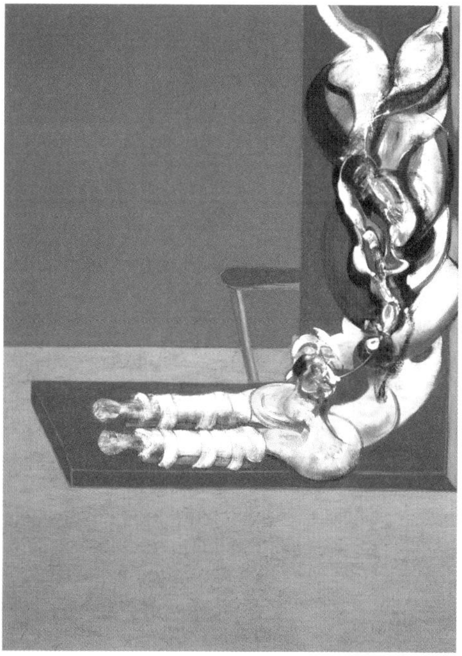

〈**십자가책형**〉(부분), 프랜시스 베이컨, 캔버스에 유채와 아크릴, 198×147cm, 1965년

형체를 종교 예술의 형식인 '트립티콘삼단제단화'에 담은 것도 그 때문이 아닐까? 자신을 사람의 아들이라 부른 예수는 십자가 위에서 동물이 됨으로써 비로소 신의 아들이 될 수 있었다.

피라네시의 세계 7

고 문

피라네시의 숭고는 감옥의 규모에 있는 게 아니다. 인간의 척도를 초월하는 거대한 규모로 규정되는 것은 낭만주의적 숭고다. 오늘날의 숭고는 양적 개념이 아니라 질적 개념이다. 이성의 타자, 즉 이성적 파악을 거부하고 합리적으로 이해되지 않는 것, 그것이 오늘날의 숭고다. 리좀형 미로를 이루는 계단들, 그리고 합리적으로 이해가 불가능한 건축적 구조들, 피라네시의 숭고는 거기에 있다. 자, 그림을 보라. 이번엔 어디가 잘못되었는가?

건물 아래 파편들 틈에서 한 사내가 고문을 당한다. 누구일까? 소위 문명을 가져온 하얀 침략자들에게 고문을 당한 마야의 사제 치나칸? "그러나 신은 나를 버리지 않았고, 나는 침묵 속에서 고문을 이겨냈다. 그들은 나를 찢고, 부숴뜨리고, 망가뜨려놓았다. 얼마 후 나는 유한한 인생 동안 결코 나가지 못할 감옥에서 깨어났다."

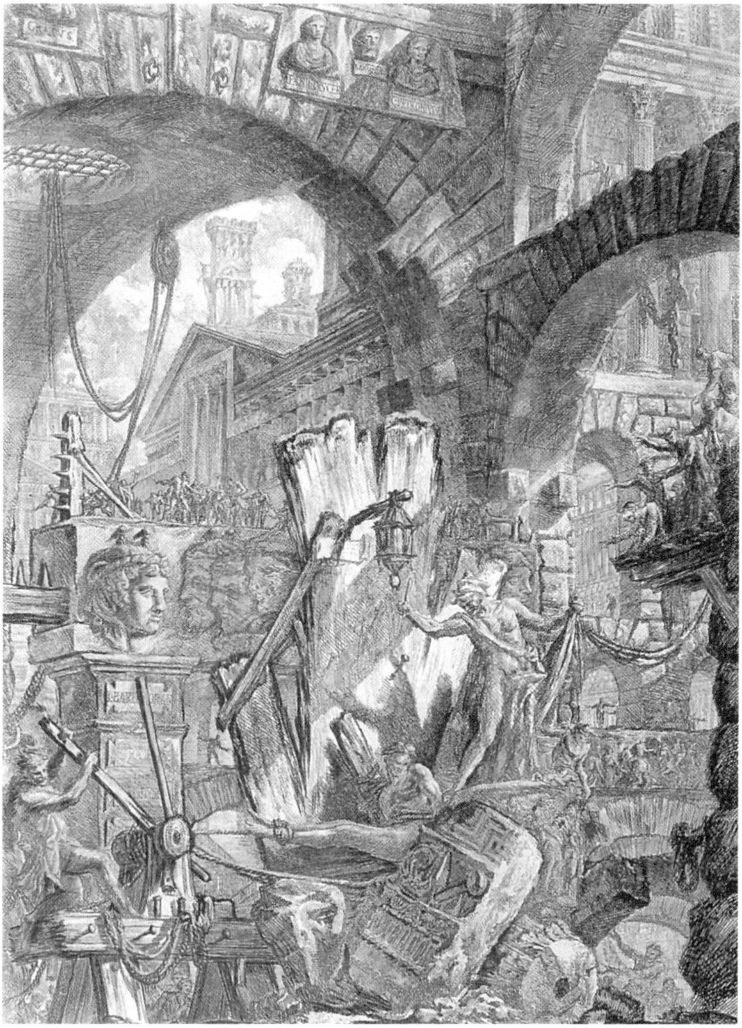

〈고문대 위의 사람〉 조반니 피라네시, 동판화, 56×42cm, 1761년경

성스런 짐승

디오게 세상 남자들이 다 자네 같다면, 세상 여인들이 얼마나 좋아하겠나.

아리스 무슨 말씀이신지…….

디오게 말이 되어 여인을 주인으로 모시고 다니니 말일세.

아리스 아, 또 그 얘기…….

디오게 재갈 물고 달리려면 체력도 좋아야 할 텐데, 여물 좀 먹어뒀나?

아리스 그 얘기, 이제 그만 좀 합시다.

디오게 왜? 두그닥 두그닥, 말-되기. 근데 자네도 하모니카 좀 부나?

동물-되기

아리스 견유파犬儒派라나 뭐라나. 그러는 선생을 남들은 '개'라고 부릅디다. 멍멍 개-되기…….

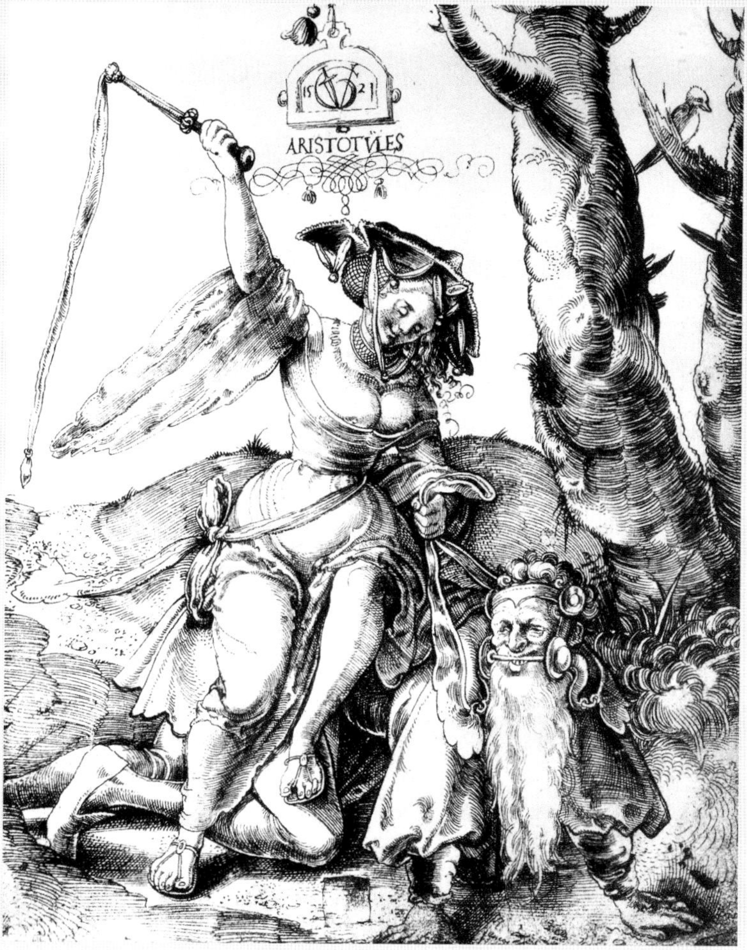

〈아리스토텔레스와 필리스〉 우르스 그라프, 종이에 펜, 32×22cm, 1521년

여자에게 빠져 산다고 자신을 타박하는 아리스토텔레스에게 알렉산드로스는 자기의 여자 친구를 소개한다. 그리고 슬쩍 엿보았더니……

디오게 들뢰즈 말 못 들었나? '창조적 역행'이라고…….

아리스 역행해서 뭘 창조하셨나요? 개가 잘하는 게 뭐가 있더라?

디오게 남 물어뜯는 거…….

아리스 아, 그거 하나는 초인적이시지요. 멀쩡한 사람 물어뜯어 순식간에 만신창이를 만드는 기술…….

디오게 그럼. 물어뜯는 포인트를 순간적으로 포착하는 순발력. 그건 동물적 감각 없이는 불가능하지. 초인이 되는 길은 위에만 있는 게 아니지. 뭐랄까, 유물론적 숭고라고 할까?

아리스 그래서 개처럼 벌건 대낮에 광장에서 식사를 하시나요?

디오게 하긴, 내가 밥 먹으니까 다들 둘러서 구경을 하며, 자네처럼 나보고 개냐고 묻더군.

아리스 그럴 만도 하지요.

디오게 원래 인간이 식사를 하면 개가 식탁 주위에서 구경하지 않나? 그런데 개가 식사하는데 둘러서서 지켜보는 자들은, 그럼 개만도 못한 놈들이겠지.

아리스 밥 먹는 건 그렇다손 치더라도, 광장에서 자위를 하는 건 좀 심하지 않나요?

디오게 뭐, 어때? 자네처럼 골방에서 하는 것보다야 떳떳하지. 아, 식욕도 배를 문질러 달랠 수 있다면…….

아리스 …….

유기체

디오게 감각의 위계를 만든 게 자네였던가? 이제 그것마저 무너지는

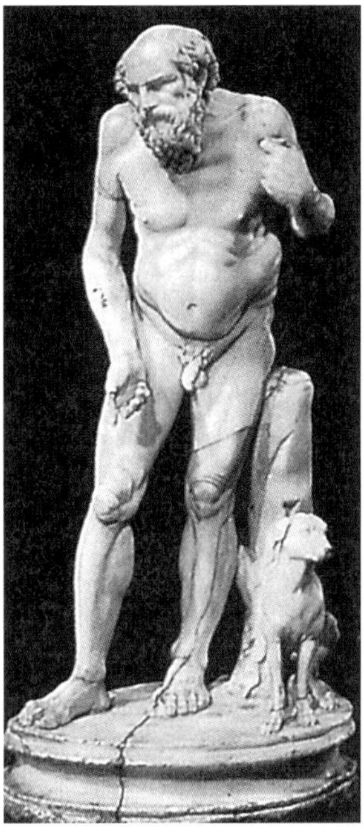

〈디오게네스〉(로마 시대 모작), 빌라 알바니, 높이 55cm.
알렉산드리아 도서관(기원전 120~기원전 100년)의 장식용으로 제작된 디오게네스 석상. 디오게네스가 몰로스 종으로 보이는 개와 함께 서 있다.

듯하이.

아리스 근데 왜 그렇게 유기체를 싫어하는 거죠?

디오게 기관으로 조직된 신체가 억압의 산물이라 그런 게 아닐까?

아리스 제 철학이 전체주의적이라는 겁니까?

디오게 그럼 아닌가? 가령 자네가《시학》에서 전체 플롯의 진행에 불필요한 요소는 빼라고 한 이유가 뭔가?

아리스 그야 작품의 유기적 통일성을 위해서지요.

디오게 거 보게, '유기적' 통일성. 자네도 작품을 유기체로 만들려 하지 않나. 사회도 그렇게 만드는 자들이 있지. 혹시 '사회유기체설'이란 거 들어보았나?

아리스 그게 뭔데요?

디오게 사회가 거대한 유기체라는 주장일세. 개인들은 자율적 존재가 아니라 사회라는 거대한 생명체의 기관에 불과하다는 거지. 실제로 어느 나라에서는 수령을 '머리'라 부르고, 인민은 '수족'이라고 한다더군.

아리스 근데 그자들이 저지르는 짓까지 제가 책임져야 하나요?

디오게 자네 스승도 통치계급, 수호계급, 생산계급 어쩌구 하면서, 각 계급이 맡은 역할이 따로 있다고 하지 않았나? 자네도 민주정 대신 군주정을 더 좋아하는 게 사실이 아닌가?

기관 없는 신체

아리스 그래서 기관 없는 신체라……. 하지만 그건 인간의 몸이 아니죠. 그런 몸 가졌다는 놈들 보세요. 죄다 환자 아니면 변태잖아요.

디오게 아르토 같은 예술가도 있지.

아리스 입으로 먹고, 입으로 싸는 건 강장동물이지요. 해삼-되기, 멍게-되기…….

디오게 공감각을 가진 예술가들을 생각해보게. 그들의 예술은 바로 기관 없는 신체에서 나오는 거 아니겠나?

아리스 대체 그게 어떻게 가능한 거죠?

디오게 칸트를 생각해보게. 그는 인간의 인식 능력들이 일 안 하고 놀 때 예술이 탄생한다고 말하지 않았나?

아리스 그랬지요. 오성과 감성이 인식을 낳지 않고 자유로이 유희할

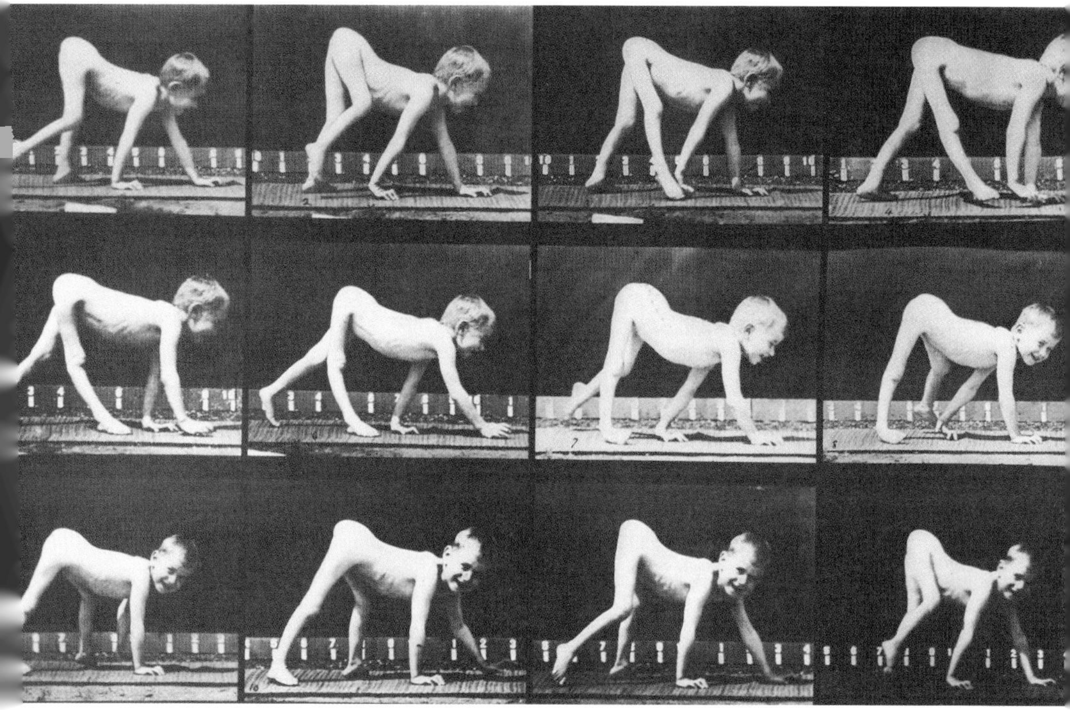

〈손과 발로 기어가는 아이〉 에드워드 머이브리지, 1887년

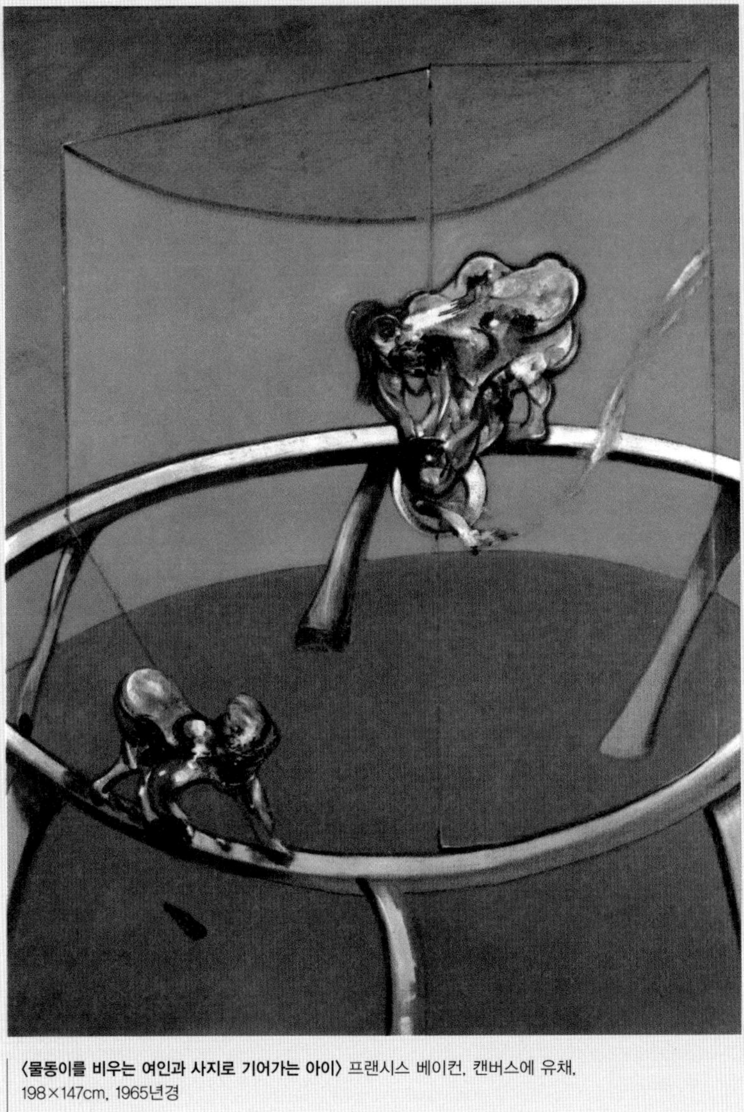

〈물동이를 비우는 여인과 사지로 기어가는 아이〉 프랜시스 베이컨, 캔버스에 유채, 198×147cm, 1965년경

때 미적인 상태가 된다고…….

디오게 마찬가지라네. 감각들이 인식을 위해 머리로 올라가 '지각'이 되지 않고, 몸으로 내려가 기관의 한계를 넘나들면서 자유로이 유희할 때…….

아리스 그때 칸딘스키가 나오고, 스크랴빈이 나오고, 랭보가 탄생한다?

디오게 그렇지. 칸트의 것이 인식 능력들의 유희라면, 들뢰즈의 것은 감각 기관들의 유희라 할 수 있지.

아리스 그러니까 기관의 구별을 지운다는 것은 곧 기관들을 일하지 않는 유희의 상태로 만든다는 뜻이 되나요?

디오게 그렇지. 칸트의 놀이가 관념론적이라면, 이런 놀이는 유물론적이라고 할까?

아리스 정신의 놀이와 신체의 놀이라…….

놀이

13세기 카스틸리엔kastilien이라는 곳에 알폰소라는 사람이 살고 있었다. 르네상스 시대의 전인을 연상시킬 정도로 다양한 재주를 갖고 있었던 그는 천문학에도 조예가 깊어 〈알폰소의 표〉라는 성좌도를 만들기도 했다. 콜럼버스가 그 유명한 항해를 할 때 사용했던 게 바로 그의 성좌도라고 한다. 어쨌든 이 사람이 1283년에 미니어처miniature로 장식된 방대한 책, 《코덱스 알폰소Codex Alponso》를 썼는데, 재미있게도 놀이에 관한 것이었다. 책의 서문에서 그는 놀이를 크게 세 가지 유형으로 분류하며, 어디선가 주워들은 전설을 소개한다.

오래된 책에 이르기를, 인도에 한 임금이 있어, 현자들을 사랑하는 고로 늘 그들을 곁에 두고 사물의 원인과 결과에 대해 설명하기를 요구했다. 그 현자는 세 사람이었는데, 견해가 서로 달랐다. 그중 한 사람은 이성이 운수보다 더 귀하다고 말했다. 이성에 따라 사는 사람은 모

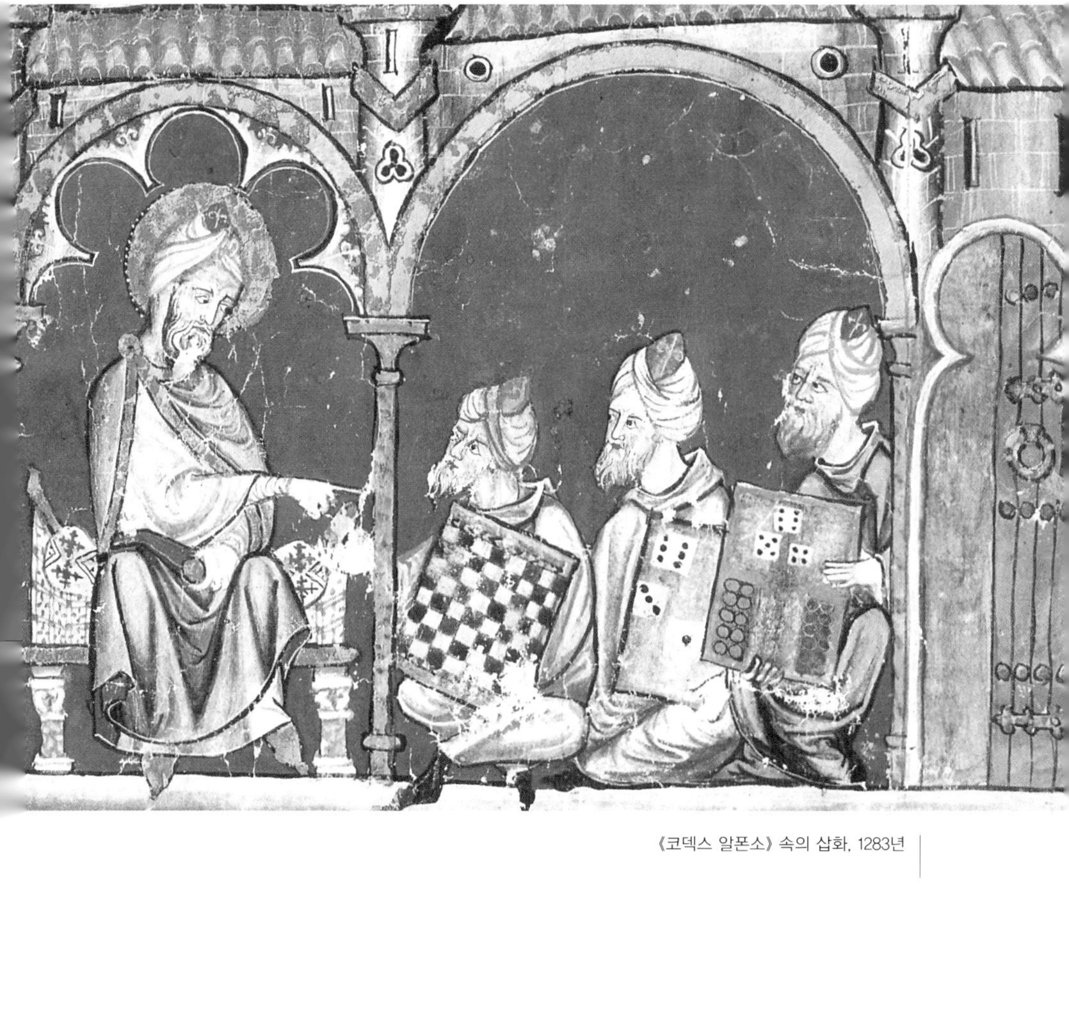

《코덱스 알폰소》 속의 삽화, 1283년

든 일을 질서정연하게 처리하고, 그래서 설사 손실을 입더라도 그것은 그의 잘못이 아닌데, 그가 늘 대체적으로 옳고 적절한 일을 하기 때문이라는 것이다. 또 한 사람은 이르기를, 운수가 이성보다 더 귀한데, 그 이유는 '운수'가 이득이나 손해를 가져오는 것은 그 어떤 이성으로도 피할 수 없기 때문이란다. 세 번째 현자는 말하기를 이성과 운수, 이 두 가지를 모두 즐기는 사람이 가장 잘 사는 것이라고 했다. 이성이 너무 많으면 모든 일을 올바로 처리하느라 걱정이 많아지고, 반면 운수에 맡기면 맡길수록 위험이 더 커지는 바, 그것은 행운이 결코 확실한 것이 아니기 때문이란다. 따라서 이성이 장점이 될 것 같으면 이성을 사용하고, 운수 앞에서는 그것을 잘 활용하되 가능한 한 해(害)를 예방하는 것이 올바른 길이라는 것이다.

이들이 자기 생각을 다 얘기하자 왕이 이들에게 명하기를, 각자 자기 말을 뒷받침할 증거를 가져오되, 기한은 마음대로 정하라 일렀다. 그러자 이들이 자리에서 물러나 각자 자기들의 견해에 따라 책을 읽으며 연구를 했다. 이윽고 약속한 시한이 되자 이들은 각자 증거물을 지참하고 왕 앞에 다시 나타났다. 이성이 중요하다고 했던 현자는 장기판을 내놓으며 가장 똑똑하고 주의 깊은 자가 상대방을 이길 수 있음을 보여주었다. 운수가 중요하다고 말했던 현자는 주사위를 내놓았다. 판돈을 건 주사위 던지기 내기가 보여주듯이 이성은 전혀 중요하지 않고 오직 운수만이 귀하다는 것이다. 이성과 운수를 함께 택해야 한다고 말했던 현자는 말판, 숫자를 맞추어 가지런히 상자 안에 넣은 말들, 그리고 이 말들을 움직이게 해주는 주사위를 내놓았다. …… 훌륭한 경기자는 주사위를 던져 뜻하지 않게 불리한 결과가 나와도 이성을 사용함으로써 그 해(害)를 피할 수 있다는 것이다.

이 이야기에 등장하는 '놀이'를 우리가 살고 있는 세계의 은유라 하자. 그럼 우리가 사는 세계는 어떤 곳일까? 장기 놀이처럼 이성으로 좌지우지할 수 있는 필연의 세계? 아니면 주사위 놀이처럼 이성이 통하지 않는 순수 우연의 세계? 아니면 말판 놀이처럼 주사위 놀이의 우연성과 장기 놀이의 필연성이 적절히 배합한 세계? 대개의 경우 세 번째라 대답할 것이다. 실제로 우리가 사는 세계는 우연만으로 이루어진 것도, 필연만으로 이루어진 것도 아니기 때문이다. 하지만 철학에서 이런 편리한 대답은 '절충주의적'이라 하여 별로 환영받지 못한다. 가령 "세계의 진행에 우연과 필연이 개입하는데, 그중 가장 결정적인 역할을 하는 것이 어느 것이냐"라고 다그쳐 물으면, 어쩔 수 없이 둘 중 하나를 택해야 하기 때문이다.

'라플라스의 악마.' 그의 두뇌는 무한대의 용량과 무한대의 처리 능력을 갖고 있어, 이 우주에 존재하는 모든 입자원자의 운동량과 위치값을 입력, 연산하여 그 결과를 출력할 수 있다. 이 무한한 용량의 두뇌를 가진 악마가 정말로 존재한다면, 우주에서 앞으로 일어날 모든 사건의 진행을 남김없이 예언할 수 있으리라는 믿음, 이것이 근대인들이 보는 우주의 모습이다. 그들의 우주는 한 치의 오차도 없이 필연적 법칙에 따라서만 움직이는 거대한 코스모스였다.

하지만 현대 과학자들은 이렇게 우주의 진행을 남김없이 예언할 수 있다는 낙관적인 믿음을 잃었다. 우주의 진행에는 필연만이 아니라 '우연'도 개입한다고 믿는다. 그리고 그 우연은 그저 '아직 인식되지 않은 필연'에 그치는 게 아니라 글자 그대로 '인식될 수 없는 우연'일지도 모른다는 생각을 하고 있다. 한마디로 우주는 코스모스가 아니라 확정되지 않은 거대한 카오스일지도 모른다는 것이다.

오래전부터 예술은 세계상을 반영했다. 세계가 필연적 법칙에 따라 구조화된 우주코스모스로 여겨지던 시대에, 예술 역시 질서와 조화코스모스를 구현한 작은 우주로 간주되었다. 현대에 들어와 이 코스모스로서의 우주라는 관념이 무너진 뒤, 예술 역시 더 이상 아름다운 '조화'를 추구하는 대신에 매우 난해하고 혼돈스런 모습을 띠게 된다. 그런 의미에서 현대 예술은 현대 세계상의 그림인 셈이다.

놀이와 세계상의 유사성

하위징아Johan Huizinga, 1872~1945는 《호모 루덴스》에서 인간문화의 바탕에는 '놀이'의 원리가 깔려 있다고 주장했다. 정치든, 경제든, 문화든, 외교든, 전쟁이든, 스포츠든, 인간이 사회 속에서 만들어내는 모든 것은 본질적으로 놀이의 원리 위에 세워져 있다는 것이다. 그렇다면 인간이 만들어낸 예술에도 놀이의 원리가 깔려 있다고 굳이 말할 필요는 없을 것이다.

'놀이'는 오랫동안 예술의 본질을 보여주는 은유로 사용되어왔다. 가령 칸트는 미적 판단의 본질이 인간의 인식 능력들, 즉 오성과 상상력의 자유로운 유희에 있다고 보았다. 헤세Hermann Hesse, 1877~1962는 《유리알 유희》에서 예술의 경지에 도달한 지적인 놀이의 예를 보여준 바 있다. 그 밖에도 많은 미학자가 여러 가지 측면에서 놀이와 예술 사이의 연관성을 지적했다.

실제로 '놀이'와 '예술' 사이에는 비슷한 점이 많다. 가령 놀이와 예술은 둘 다 어떤 실용적인 목적을 위한 행위가 아니다. 아울러 놀이의 세계와 예술의 세계는 실재도 아니고, 한갓된 허구도 아닌 제3의 영역을 이룬다. 아리스토텔레스가 "시인은 거짓말을 통해 참말을 말한다"라고 했을 때, 그는 예술적 가상이 갖는 이 모호한 측면을 잘 지적하고 있는 것이다. 이렇게 예술과 놀이는 한갓 하릴없는 장난이면서 동시에 현실 못지않게 진지한 세계다.

놀이는 진지하게 보지 않으면 성립할 수가 없다. 놀이에 열중한 사람들은 놀이에서의 적대자보다 그 놀이 바깥에서 그것이 실없는 짓이라고 말하며 분위기를 깨는 사람을 더 싫어한다. 그런 사람을 흔히 '놀이를 망치는 자Spielverderber'라 부른다. 한편 놀이를 지나치게 진지하게 봐도 성립할 수 없게 된다. 가령 카드 놀이나 장기를 두다 말고 서로 멱살 잡고 싸우는 사람들을 생각해보라. 너무 실없지도, 너무 진지하지도 않은 중간의 영역, 그곳이 놀이의 영역이며 동시에 예술의 영역이다.

예술에서의 놀이

앞에서 놀이의 세 가지 유형에 대해 말한 바 있다. 장기 놀이, 주사위 놀이, 그리고 말판 놀이. 아울러 놀이와 세계상의 유사성을 암시한 바 있다. 그리고 세계상의 표현으로써 예술과 놀이 사이의 공통성을 지적했다. 놀이에 세 가지 유형이 있듯이 예술에도 세 가지 유형이 있는 게 아닐까?

전통적인 회화는 그림 속의 형상이 이성에 따라 배치되는 필연의 예술이었다. 여기서는 예술가가 창작의 처음부터 끝까지를 이성적으로 통제했다. 일단 드로잉이 끝나면, 그림은 완성될 때까지 그 형태를 그대로 유지했고, 따라서 거기에 우연한 형태가 개입될 여지는 거의 없었다. 그림 속의 모든 형태에는 존재할 필연적 이유가 있었고, 그런 이유가 없는 형태는 그림에 남아 있을 수가 없었다. 하지만 오늘날의 예술가들은 더 이상 이런 식으로 작업하지 않는다. 점점 더 많은 사람이 그림 속에 우연을 적극적으로 도입한다. 그리하여 화가 자신도 그림을 시작하는 순간에 그 작품이 마지막에 어떤 형태로 실현될지 예측할 수 없게 된다.

예술가는 우연을 도입함으로써 자신의 창작 과정을 더 이상 의식적·합리적으로 통제할 수 없게 된다. 화폭에는 그의 의지와 관계없는, 그리하여 그가 의식적으로 통제할 수 없는 형상들이 발생한다.

놀이에도 세 가지 유형이 있듯이, 현대 예술에도 세 가지 유형이 있다. 하나는 몬드리안의 추상과 같은 '필연'의 예술이다. 플라톤이 말한 이데아 세계를 닮은 듯한 기하학적 추상은 사물이 가진 우연적·가변적 측면을 제거하고 사물의 불변적·필연적 본질을 드러내려 한다. 그런 의미에서 추상 회화는 전혀 다른 것 같아도, '코스모스'의 미적 이상을 유지한다는 점에서 실은 매우 전통적인(?) 회화라 할 수 있다.

또 하나는 화폭에 물감을 뿌리는 폴록의 '드리핑'처럼, 과감하게 예술에 우연을 도입하는 것이다. 뒤샹Marcel Duchamp, 1887~1968은 길이 1미터짜리 실을 화폭에 떨어뜨린 후 그것을 그대로 접착해 작품으로 제출했다. 케이지John Cage, 1912~1992는 음표를 무작위로 추출하여 그것으로 작곡한 것으로 유명하다. 이렇게 창작 과정의 전부 혹은 일부를 '우연'에 맡겨버리는 것을 예술학에서는 알레아토릭Aleatorik, 주사위 던지기라고한다.

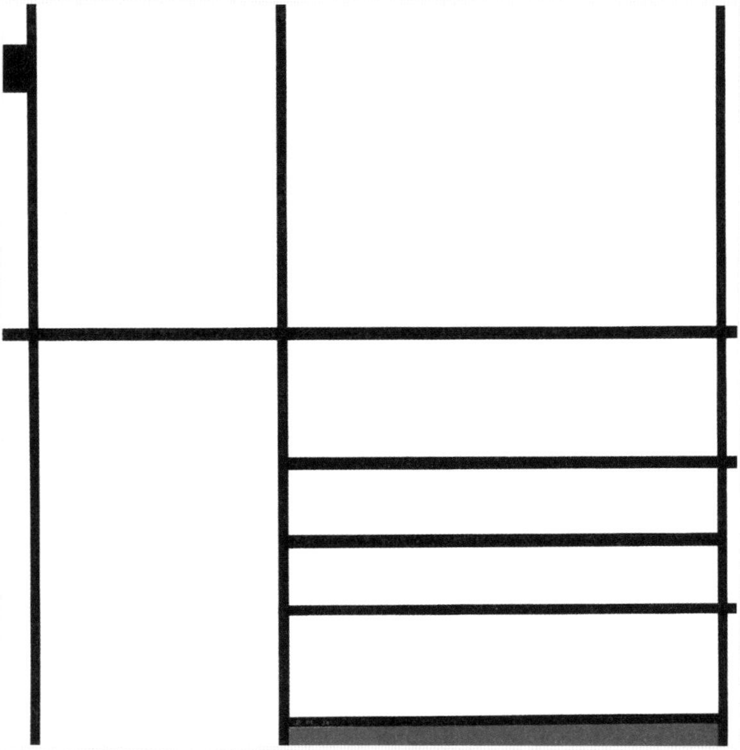

〈검정, 하양, 빨강으로 된 구성〉 피트 몬드리안, 캔버스에 유채, 102×104cm, 1936년

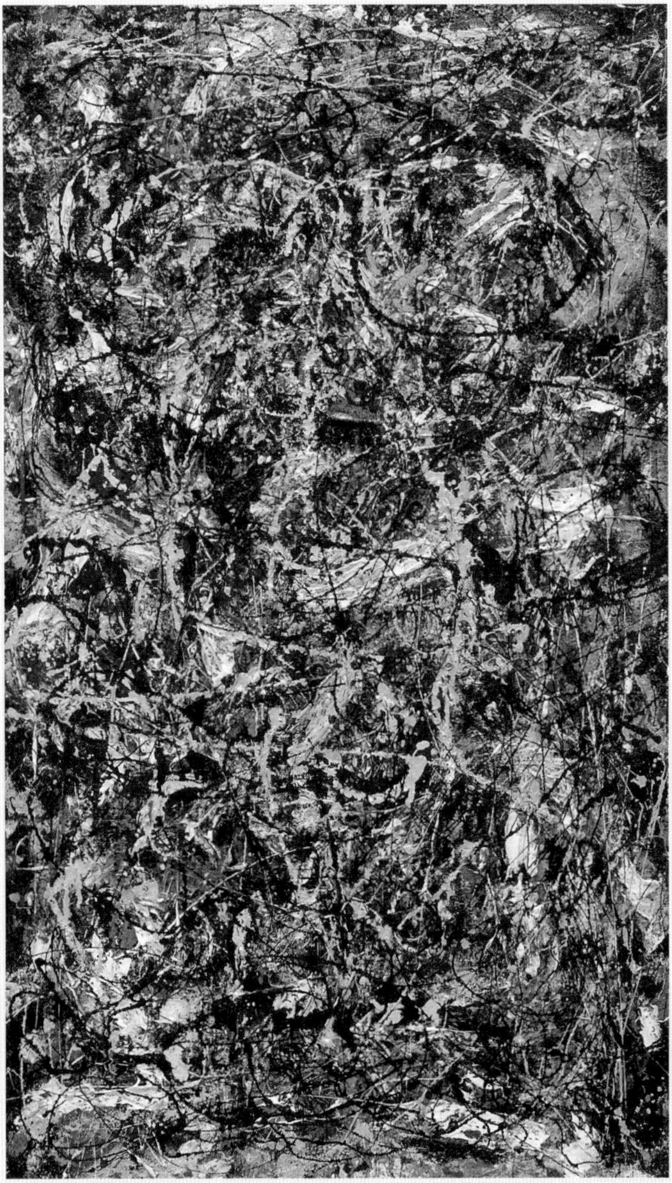

〈다섯 자 깊이〉 잭슨 폴록, 캔버스에 유채·못·과자 부스러기·단추·열쇠·동전·담배 등, 129×77cm, 1947년

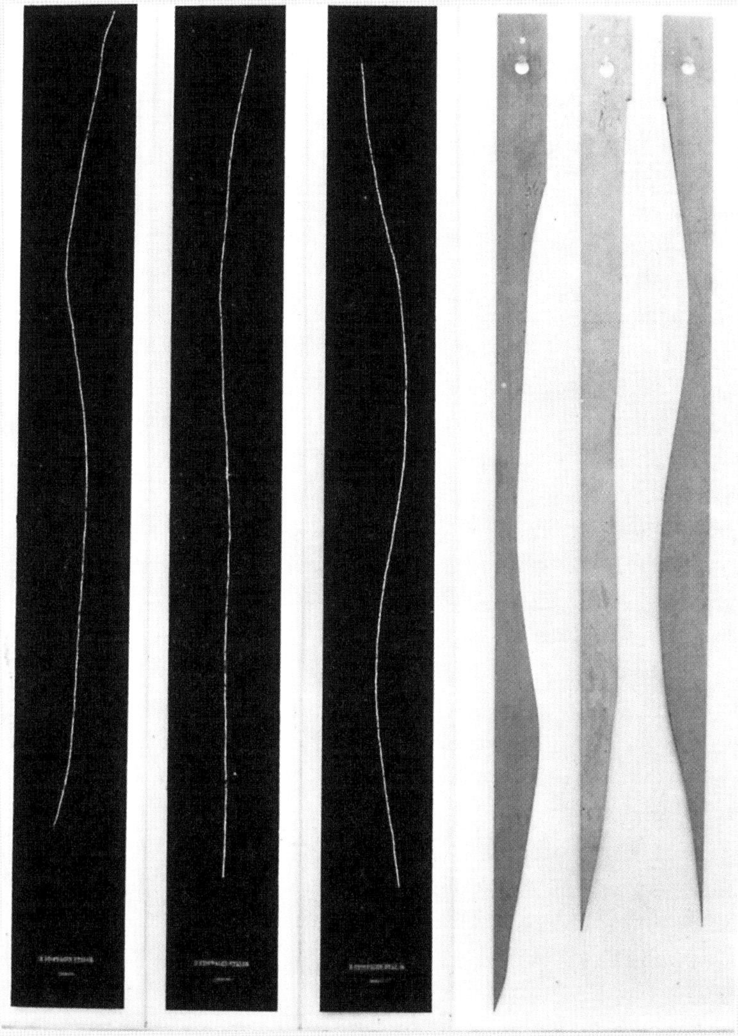

〈세 개의 실로 된 무늬〉 마르셀 뒤샹, 캔버스에 유채와 실, 각각 13×120cm, 1913~1914년

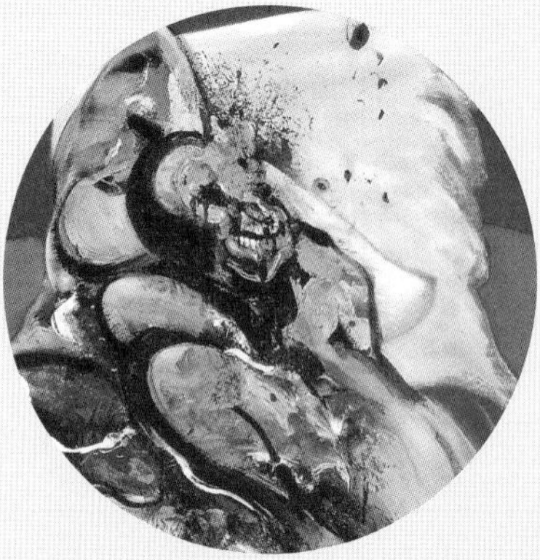

〈십자가책형〉(부분), 프랜시스 베이컨, 1965년

물감 뿌리기에 주목하라.

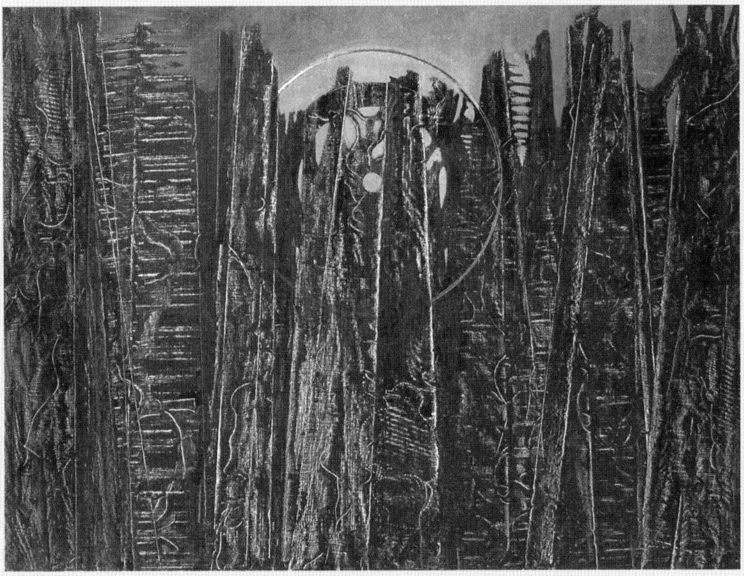

〈숲〉 막스 에른스트, 캔버스에 유채, 96×130cm, 1927~1928년

한편 아일랜드의 화가 베이컨은 말판 놀이처럼 작품 속에 우연과 필연을 결합한다. 그는 일단 드로잉 없이 그림을 시작한 후, 중간에 손으로 뭉개거나 솔로 문지르거나 혹은 물감을 뿌리는 식으로 화폭에 우연을 도입한 후, 그렇게 발생한 형상 속의 내적 필연성을 쫓아서 다시 형상을 완성해나간다. 덧칠을 한 후 긁어내 얻어지는 우연적인 문양으로 풍경을 연출한 에른스트Max Ernst, 1891~1976의 작품에서도 우연과 필연은 하나로 결합된다.

예술이 놀이이고, 놀이에도 여러 가지 유형이 있다면, 예술가들은 화판에 그림을 그리면서 실은 각자 제 취향에 맞는 자기의 놀이를 하고 있는 셈이다. 몬드리안은 장기를 두고, 폴록은 주사위를 던지며, 베이컨은 말판 놀이를 한다. 그리고 이들의 놀이 속에서 세계는 필연의 코스모스로, 우연의 카오스로, 그리고 때로는 우연과 필연이 결합된 카오스모스로 모습을 드러낸다.

4

미디어의 미학

다시 가상과 현실

영화를 화폭이라는 공간에 시간을 도입하는 것으로 정의한다면, 아마도 저게 최초의 영화의 모습일 것이다. 뱀처럼 기둥을 감아 올라가는 띠 모양의 부조는 영화의 필름 스트라이프나 다름없다. 저 예술복제는 인간의 손을 거친 것이나, 사진과 영화의 기술복제는 인간의 손을 제거하여 실물과 똑같은 영상을 만들어낸다. 하지만 사진과 영화는 어디까지나 원본 다음(nach)에 온다. 그렇지만 텔레비전 생중계와 함께 원본과 복제 사이의 시간차도 사라진다. 원본과의 시간차를 없애버린 복제는 거기에 만족하지 않고, 점차 스스로 원본의 자리를 차지하기 시작한다. 원본과 복제는 서로 자리를 바꾼다. 컴퓨터, 인터넷과 더불어 가상은 마침내 현실이 된다. 미디어가 만들어내는 꿈이 우리의 현실이 된다. 꿈은 이루어졌다. 행복한가?

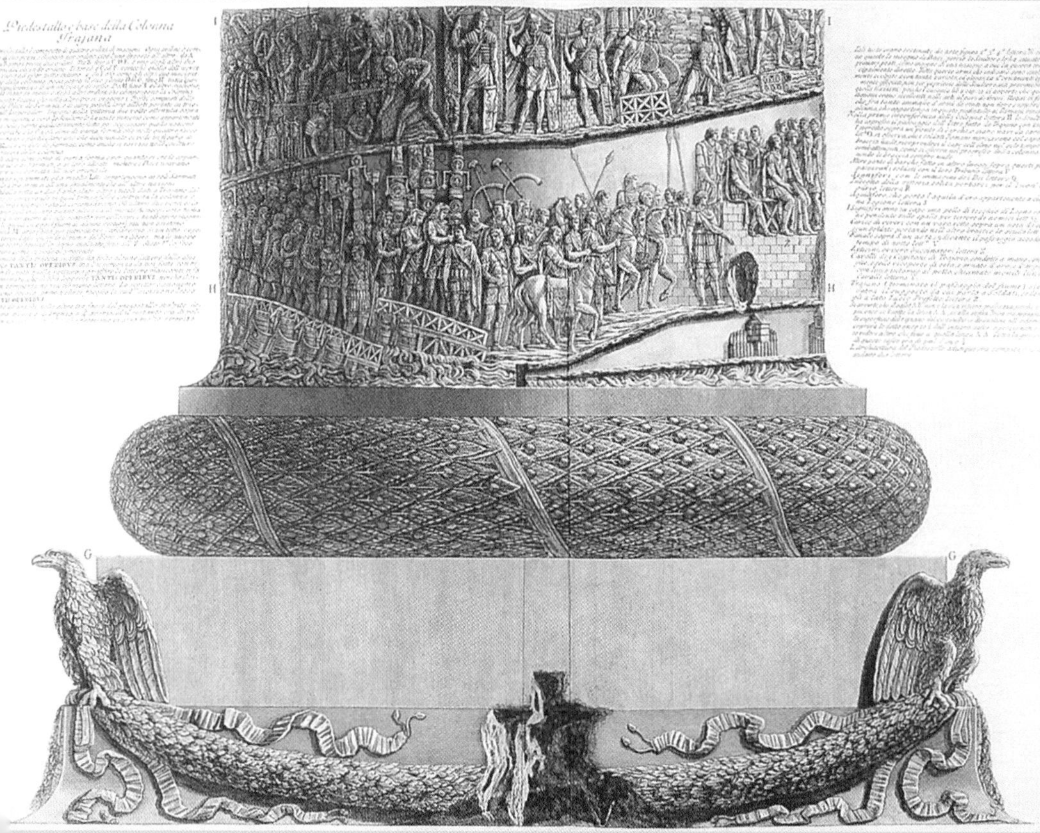

〈트라야누스 전승주의 대좌(臺座)와 기부(基部)〉 조반니 피라네시, 동판화, 1774년

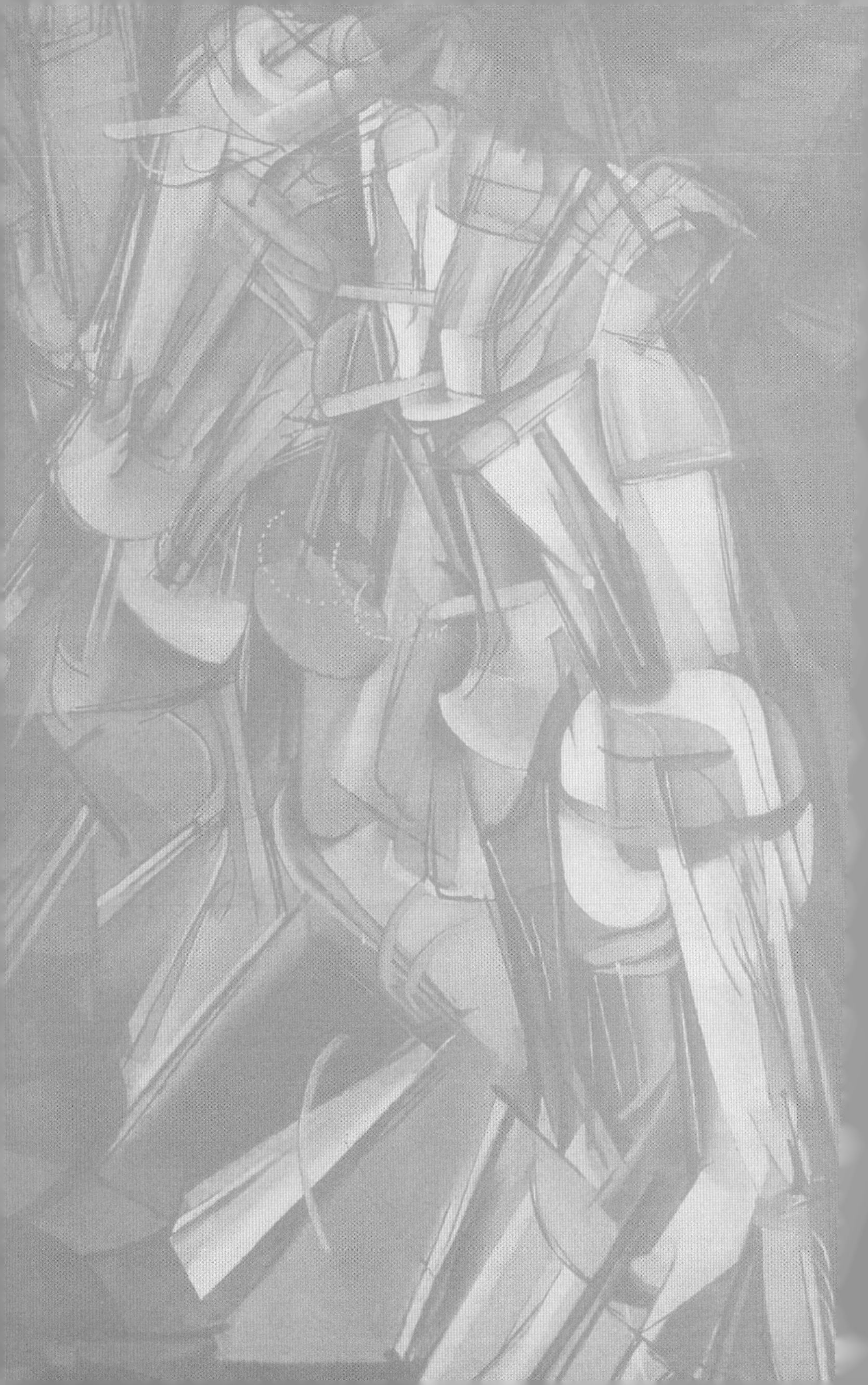

원작과 복제

19세기에 카메라 오브스쿠라의 덧없는 영상은 플레이트 위에 정착한다. 예술가들은 위기의식에 사로잡혔다. 초상화를 그려주고 받는 돈이 그들의 주 수입이었기 때문이다. 하지만 사진과 무슨 수로 경쟁을 한단 말인가. 그들은 가망 없는 경쟁을 포기하고 붓 대신 카메라를 들고 거리의 사진사로 나선다. 회화의 위기. 하지만 위기는 또한 위대한 기회였다. 자연을 모사하는 과제를 사진에 넘겨준 뒤 현대 회화가 사실 얼마나 다양해졌는가?

원작의 예술, 복제의 기술

'모던'이라는 시대는 이렇게 형상의 싸움으로 시작되었다. 예전에 형상이란 곧 원작 회화를 가리켰다. 그림이 곧 원작이었을 때 그림은 원작만큼 귀했다. 하지만 한 세기가 지난 지금, 주위를 돌아보라. 신

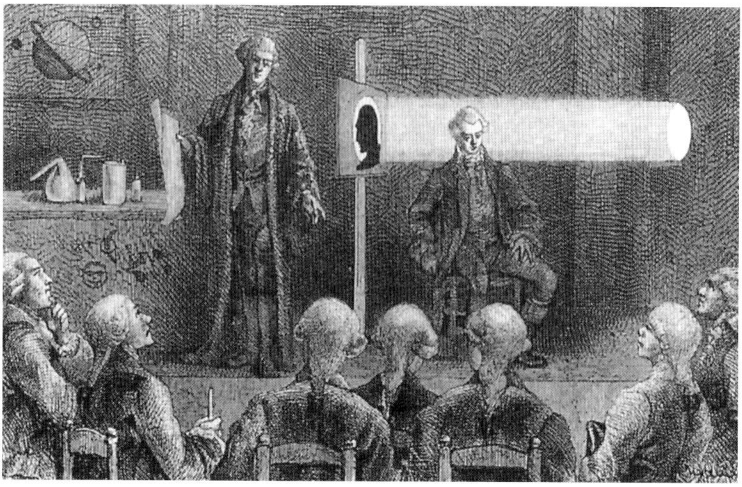

《사진술의 역사와 해설》 속 〈샤를 교수의 실험〉 삽화, 가스통 티상디에, 동판화, 8×13cm, 1874년
역사적으로 최초의 사진 정착 실험. 유감스럽게도 이 실험은 실패로 끝났다. 영상을 플레이트 위에 정착시키려는 꿈은 다게르에 의해 실현된다.

문, 잡지, 방송, 광고 등 도처에 그림이 넘쳐 난다. 그 모두가 원작이 아니라 복제된 영상이다. 기술복제된 영상으로 지어진 이 세계의 창세기는 사진술과 함께 시작된 것이다.

정지된 사진은 곧 달리기를 배우고, 얼마 후엔 말을 하기 시작했다. 이번엔 연극의 위기가 찾아온다. 시간과 공간을 자유자재로 조직할 수 있는 영화에 비하면, 연극의 서사적 가능성은 얼마나 왜소한가. 고속 촬영, 확대 촬영이 가능한 영화에 비하면, 연극의 시각적 가능성은 얼마나 제한되어 있는가. 미어터지는 영화관과 텅 비어가는 극장을 바라보며, 전통 예술은 뭔가 다른 길을 찾아야 했다.

예술을 몰아내는 이 새로운 기술에 보수주의자들은 격렬한 반감을

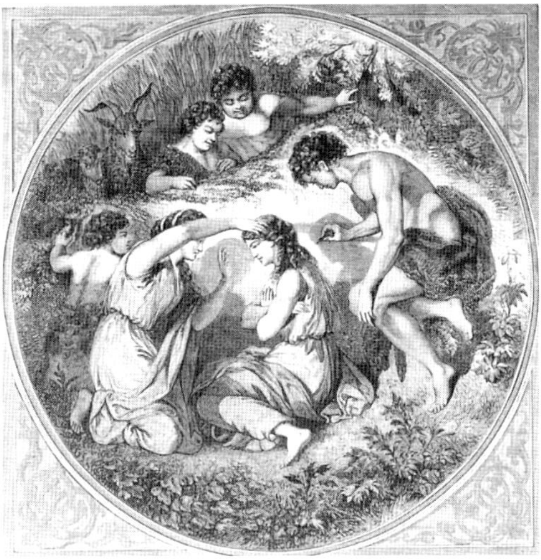

〈회화의 기원〉 1870년
앞의 것이 기술복제라면, 이것은 예술복제라 할 수 있다.

드러냈다. 신을 닮은 인간의 형상은 오직 신적 영감을 받은 예술가들만이 제대로 표현할 수 있다는 것이다. 반면 베냐민은 이 새로운 사진과 영화의 기술적 가능성에 열광했다. 새로운 생산력이 낡은 생산관계를 무너뜨리듯이, 이 새로운 미디어들이 보수적 예술관념의 질곡에 억눌린 인간의 창조력을 해방시키리라는 것이었다.

시뮬라크르

복제는 물론 과거에도 있었다. 하지만 사진과 영화는 목판·동판·석판 같은 전통적 매체와 차원이 다르다. 전통적 복제에서는 원상과 모

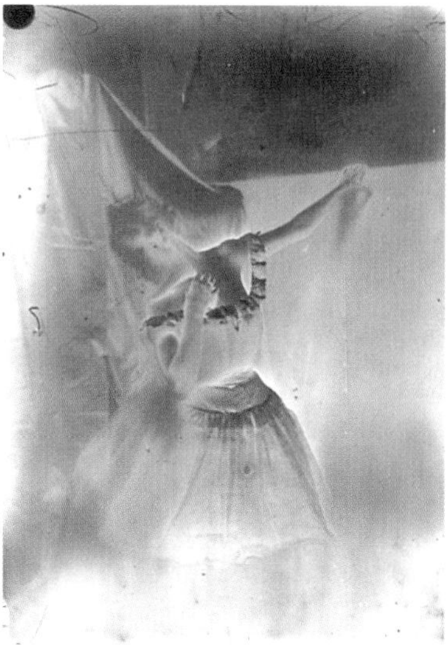

드가가 촬영한 무희의 모습

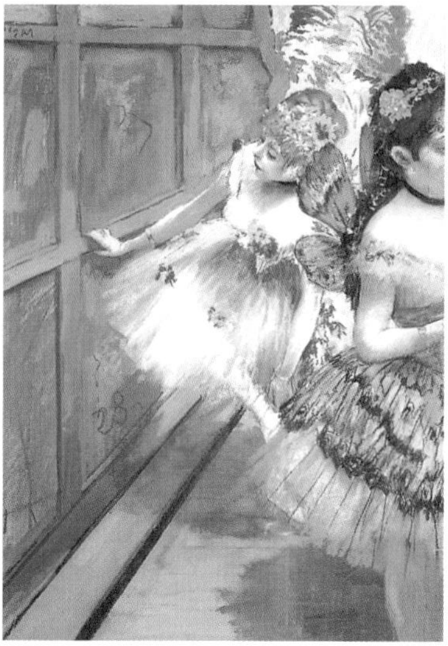

〈무대 뒤의 무희들〉 에드가 드가,
종이에 파스텔과 템페라, 69×48cm, 1886년

상 사이에 인간의 손이 개입한다. 반면 사진의 경우 원상과 모상의 닮음을 만드는 것은 카메라 오브스쿠라라는 자연현상이다. 그리하여 렌즈를 보는 눈과 셔터를 누르는 손가락이 있는 자, 그 누구라도 자연의 모상을 뜰 수 있다. 기술이 예술을 대체해버리는 것이다.

사진은 시뮬라크르다. 가령 화가가 제작한 판화에는 번호가 붙는다. 1/100, 2/100, 3/100, …… 99/100, 100/100. 복제조차도 원판에 가까운 순서로 서열이 매겨지는 것이다. 하지만 새로운 매체는 다르다. 하나의 필름에서 인화한 수많은 사진 중 어느 게 원작인가? 전국에서 동시 개봉되는 영화 중에 어느 게 원작인가? 거기에 원작은 없

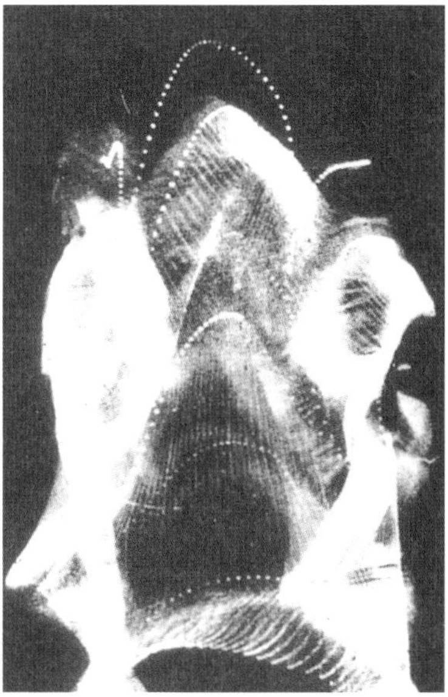

〈해변에서 점프하는 인물의 크로노포토그래피〉
쥘 마레, 19세기 말

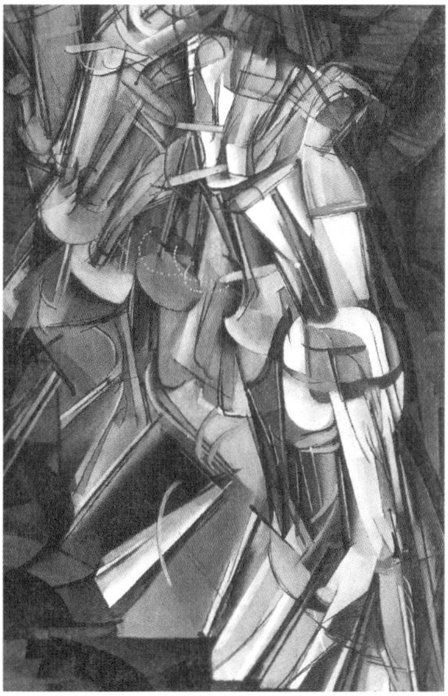

〈계단을 내려오는 누드 2〉 마르셀 뒤샹,
캔버스에 유채, 147×89cm, 1912년

다. 혹은 모든 게 원작이다. 사진과 영화는 원작과 복제의 구별을 모른다. 처음부터 복제된 상태로 원작이 된다. 이렇게 원본 없는 복제를 우리는 '시뮬라크르'라 불렀다.

사진과 더불어 복제기술은 발전의 '새로운 수준'에 도달한다. 복제가 원작을 베끼는 데서 벗어나 거꾸로 창작에 영향을 끼치기 시작한 것이다. 드가Edgar Degas, 1834~1917는 화폭에 카메라워크를 도입했고, 뒤샹은 〈계단을 내려오는 누드〉를 그릴 때 당시 유행하던 크로노포토그래피chrono photography를 본떴다. 여기서 원작과 복제의 관계는 뒤집힌다. 과거에는 복제가 원작을 베꼈다면, 이제는 거꾸로 원작이 복제를 베낀다. 베냐민이 현대를 '기술복제 시대'라 규정한 것은 이 때문이다.

아우라의 파괴

원작 회화는 '지속성'을 갖는다. 현재부터 탄생까지 하나의 선으로 이어져 있다. 이 선이 도중에 끊기면 진품성을 의심받게 된다. 원작은 '일회성'을 갖는다. 〈모나리자〉의 복제는 수없이 많아도, 원작은 세상에 딱 하나만 존재한다. 그리하여 원작은 분위기를 갖는다. 그래서 바로 앞에 있어도 아득히 멀게 느껴지는 것이다. 그런 의미에서 원작의 분위기, 즉 '아우라'는 "아무리 가까이 있어도 어떤 먼 것의 일회적 나타남"이라 할 수 있다.

복제영상은 어떤가? 웬만한 집에는 적어도 하나쯤 저 멀리 유럽의 박물관에 있는 원작의 복제가 걸려 있을 게다. 대대손손 물려줄 게 아니라면 머잖아 그 사진은 쓰레기통에 들어갈 것이다. 게다가 그것은 거기만이 아니라 다른 많은 사람의 방을 또한 장식하고 있을 것이다. 이렇게 복제는 '일시성'과 '반복성'을 갖는다. 복제의 체험은 "아무리 멀리 있어도 어떤 가까운 것의 반복적 나타남"이라 할 수 있다.

우리는 아무리 먼 것이라도 복제해 가까이 놓으려 한다. 현대인의 지각은 이렇게 사물에서 아우라를 벗겨내는 특징이 있다. 왜 그럴까? 이미 세계가 '시뮬라크르'로 변했기 때문이다. 과거의 장인적 생산이 유일물의 생산이었다면, 자본주의적 생산은 하나의 코드로 대량의 상품을 찍어내는 재생산, 즉 복제의 성격을 띤다. 시뮬라크르들로 가득 찬 세계에서는 당연히 사물을 보는 인간들의 시각도 바뀌지 않겠는가.

예술의 기능 변화

원작에 들러붙은 '아우라'는 예술이 아직 종교적 숭배의 대상이던 시절의 흔적이다. 그리스의 신상, 중세의 교회, 근대의 성화는 원래 예배를 위해 제작된 것이다. 하지만 아우라를 파괴하는 현대인의 지각은 그것을 한갓 미적 감상의 대상으로 바꾸어놓는다. 예배 가치를 잃은 원작은 이제 전시 가치만을 갖게 된다. 하긴, 맥락에서 떨어져나와 박물관에 줄줄이 전시된 신상들에 무슨 아우라를 기대할 수 있겠는가.

하이데거는 이를 한탄한다. 작품이 열어주는 '세계의 붕괴'를 비난하며 작품의 예배 가치를 '보존'하라고 현존재의 태도 변화를 요청한다. 하지만 베냐민은 아우라의 파괴를 긍정한다. 예술이 예배 가치에서 전시 가치로 기능 변화를 겪는 것은 진보적 현상이라는 것이다. 여기서 '현대'를 바라보는 보수주의자와 진보주의자는 정면으로 충돌한다.

기능 변화는 여기서 그치지 않았다. 예술은 이제 미적 기능마저 잃고 새로 정치적 기능을 갖기 시작한다. 허트필드John Heartfield, 1891~1968의 포토몽타주photomontage와 에이젠슈테인Sergei Mikhailovich Eisenshtein, 1898~1948의 혁명 영화를 생각해보라. 이들만이 아니라 아방가르드 예술가들은 대부분 빨간색 정치의식을 갖고 있었다. 그들은 새로운 형식을 만들어내는 고투를, 새 사회를 건설하는 정치적 싸움으로 이해했다. 이렇게 새로운 미디어와 함께 예술이 아름다움을 창조하던 시대도 지나가버린 것이다.

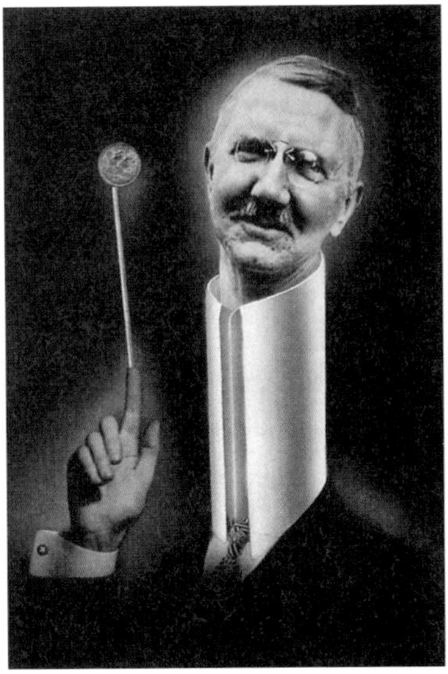

〈**증가하는 재정 적자**〉 존 허트필드,
24×17cm, 1934년

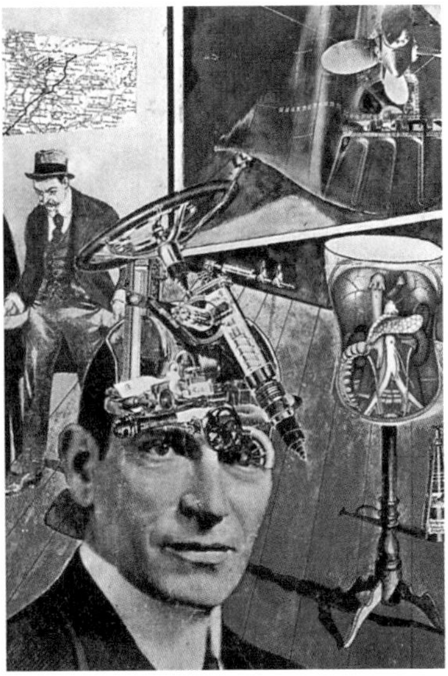

〈**집에 있는 타틀린**〉 라울 하우스만,
종이에 사진과 과슈, 41×28cm, 1920년

대중

원작은 '지금, 여기'의 현존성과 결부되어 있다. 그래서 원작을 보러 다니는 것은 종교적 순례와 비슷한 느낌을 준다. 하지만 복제 예술은 원작의 현존성presence을 파괴한다. 언제 어디에라도 원작의 모상을 갖다놓을 수 있기 때문이다. 원작은 귀하다. 그래서 과거의 예술은 소수의 전유물이었다. 하지만 복제는 흔하다. 복제 예술은 그 흔함 때문에 역사상 최초로 '대중'을 예술 수용의 주체로 만들어주었다. 베냐민이 아우라의 파괴를 긍정적으로 본 것은, 거기에 내재된 이 혁명적 변화

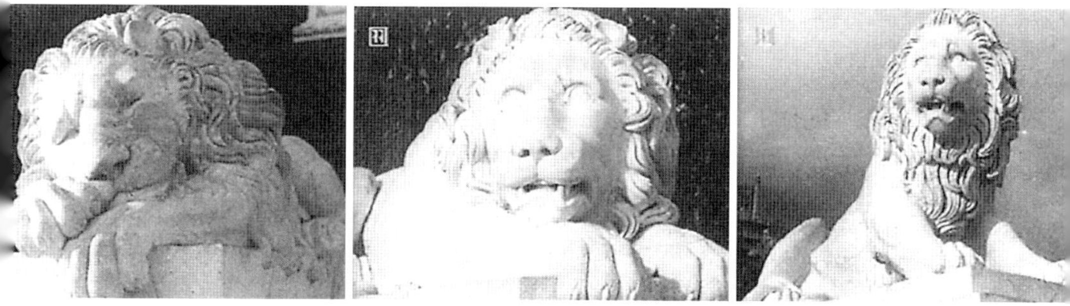

영화 〈전함 포템킨〉, 세르게이 에이젠슈테인, 1925년
사자가 깨어나는 장면

를 읽었기 때문이다.

원작과 복제를 대하는 사람들의 태도는 다르다. 원작 회화는 보는 이를 빨아들인다. 그 앞에서 인간은 자신의 그림 속에 들어가 영원히 나오지 않았다는 전설 속의 중국 화가가 된다. 복제된 영상은 다르다. 여기서는 영상이 보는 이에게로 빨려들어 온다. 전시회에서 주눅이 드는 사람도 영화관에서는 그렇지 않다. 회화에 대해 입도 벙긋 못하는 이들도 영화에 대해서는 저마다 한마디씩 할 줄 안다. 이렇게 복제기술은 "피카소를 보는 보수적 태도를 채플린을 보는 진보적 태도"로 바꾸어놓는다. 매체는 대중을 주체로 만든다.

대중이 그저 수용의 주체에 머무르는 것은 아니다. 이미 소비에트에서는 공장과 농장에서 일하는 대중이 스크린에 등장해 자신을 예술적으로 연출하고 있었다. 비슷한 변화가 글쓰기에도 일어나고 있었다. 당시 새로 등장한 신문의 독자투고란은 쓰는 이와 읽은 이의 구별을 없애버렸다. 과거에 저자와 독자의 구별은 신분적이었다. 하지만 이제 그것은 기능상으로 구별된다. 배우와 관객, 저자와 독자가 따로 있는 게 아니다. 대중매체는 관객을 배우로, 독자를 저자로 만든다.

산만한 검사자

새로운 미디어는 전통적인 장르에도 변화를 강요했다. 아리스토텔레스의 《시학》에 입각한 전통극은 무대 위에 '가상'을 만들어놓고 그리로 관객을 몰입시킨다. 이때 대중의 비판의식은 마비된다. 브레히트 Bertolt Brecht, 1898~1956는 여기에 반기를 들고 반反아리스토텔레스적 연극을 추구했다. 그는 대중의 몰입을 막으려고 귀찮을 정도로 극중 현실이 한갓 가상에 불과하다고 폭로한다. 관객으로 하여금 거기에 비판적 거리를 취하게 만들려는 것이다.

가령 〈서푼짜리 오페라〉에서는 막이 끝나도 막幕을 내리지 않는다. 방금 나왔던 등장인물들이 벌건 조명 아래 이리저리 움직이며 소품을 옮기는 모습을 그대로 관객에게 노출한다. 마지막 장면에서 주인공은 교수대 위에 선다. 형이 집행되기 직전 여왕의 사자가 등장하여 그를 사면하라는 칙령을 내린다. 극이 해피엔드로 끝나려는 순간, 사자는 관객을 향해 돌아서서 말한다. "여러분, 현실에서 이런 일은 절대로 일어날 수 없습니다."

브레히트가 서사극의 '기법'으로 추구한 것이 영화에는 이미 매체의 기술적 '속성'으로 들어 있다. 가령 관객 앞에서 연기하는 연극배우에게는 인격의 아우라가 있다. 하지만 기계카메라 앞에서 연기하는 영화배우는 아우라를 가질 수 없다. 은막 위의 배우는 관객과 눈을 마주칠 수도 없기에 관객이 극중 인물로 감정을 이입하는 것도 어려

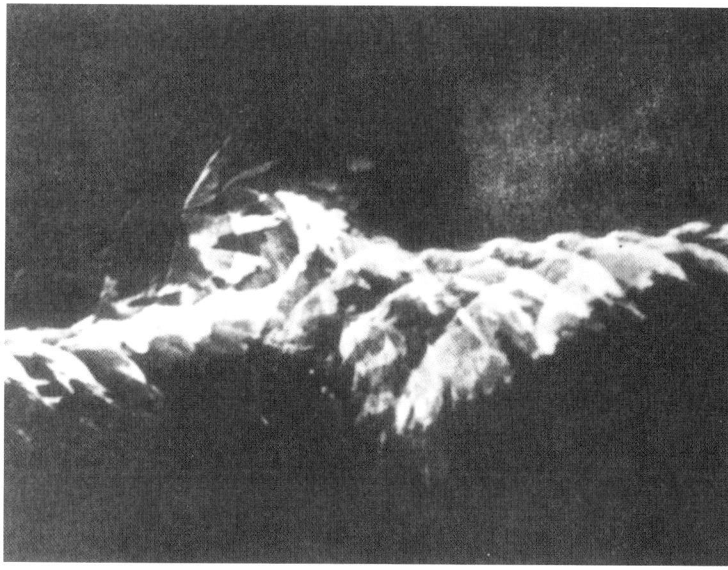

〈**날아가는 새의 크로노포토그래피**〉 쥘 마레, 19세기 말

워진다. 그래서 영화의 대중은 배우들의 연기를 더 냉정하게 보고, 더 비판적으로 판단하게 된다.

게다가 영화는 몰입을 막는다. 움직이는 사진이기 때문이다. 1초에 스무 번 변하는 영상에 '집중'할 수가 없다. 몰입이 불가능하기에 관객은 자연히 영화 속 현실에 비판적 거리를 취한다. 영화의 지각은 산만하다. 산만한 것은 오락이다. 대중은 영화를 오락으로 즐긴다. 하지만 그 '산만한' 오락이 대중으로 하여금 극중 현실에 넋을 잃지 않고 거기에 늘 깨어 있게 만든다. 그런 의미에서 영화의 대중은 '산만한 검사자'다.

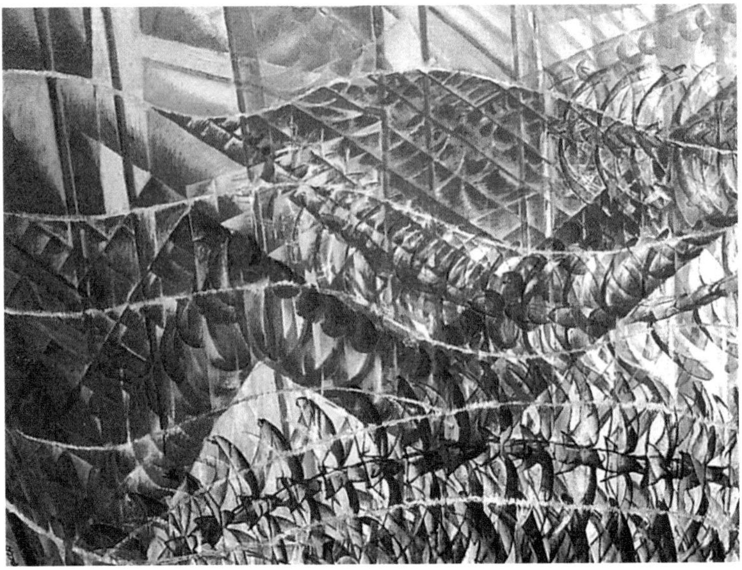

〈전진하는 선들+역동적인 시퀀스들〉 자코모 발라, 캔버스에 유채, 97×120cm, 1913년

시각에서 촉각으로

브레히트는 '아름다운 가상'이라는 《시학》의 이상을 파괴했다. 영화는 그가 기법으로 실현한 것을 기술적으로 해결한다. 영화는 연극과 조직의 원리가 다르다. 연극이 기승전결의 유기적 총체라면, 영화는 잘라낸 쇼트들의 기계적 파편이다. 연극이 푸생Nicolas Poussin, 1594~1665의 회화라면, 영화는 다다Dada의 콜라주 작품이다. 여기서는 시간과 공간마저 비로소 '조립'되는 어떤 것이 된다. 가령 창에서 뛰어내리는 장면을 지금 찍고, 발이 땅에 닿는 장면은 일주일 후에 찍을 수도 있다.

전통적인 예술이 전체상을 제시하려 한다면, 영화 예술은 사물의 부분을 클로즈업하여 분석적인 상을 제시한다. 카메라의 앵글은 수시로 바뀌며 시각적 이미지의 단편들을 전달한다. 카메라는 육안으로 못 보는 동작도 잡아낸다. 낯익은 대상도 카메라를 거치면 낯설게 나타난다. 이로써 우리는 늘 보고 지나치면서 의식하지 못했던 세계를 알게 된다. 초현실주의자들이 정신의 무의식적 층위를 드러냈다면, 영화는 이렇게 시각의 무의식적 층위를 보여준다.

무대라는 한계를 가진 연극과 달리, 영화에는 공간의 제약이 없다. 그래서 영화의 관객은 가만히 앉아서도 그 몸이 카메라를 따라 움직이게 된다. 연극을 보는 것이 건물을 밖에서 조망하는 것이라면, 영화를 보는 것은 건물 안에 들어가 이리저리 돌아다니며 내부의 구조를 몸에 기억시키는 것이라 할 수 있다. 게다가 영화의 몽타주는 '쇼크' 효과를 내지 않는가. 가령 텔레비전 광고가 아기들의 눈을 잡아끄는 것을 생각해보라. 영화는 이렇게 현대인의 지각을 시각에서 촉각으로 바꾸어놓는다.

시각은 정신의 관조를 요구하나 촉각은 몸 훈련의 문제다. 예를 들어 당신의 컴퓨터 자판은 어느새 손가락 끝에 기입된 몸의 기억으로 존재하고 있다. 영화처럼 엄청난 속도로 돌아가는 대도시에서 지각은 산만할 수밖에 없다. 몰려오는 인파, 달려드는 자동차들, 수시로 바뀌는 신호등으로 가득 찬 세계를 지나려면, 매 순간의 대응이 몸에 '익숙함'이라는 형태로 기입되어 있어야 한다. 이렇게 영화는 현대적 삶의 요구에 조응하도록 우리의 몸을 '훈련'시킨다.

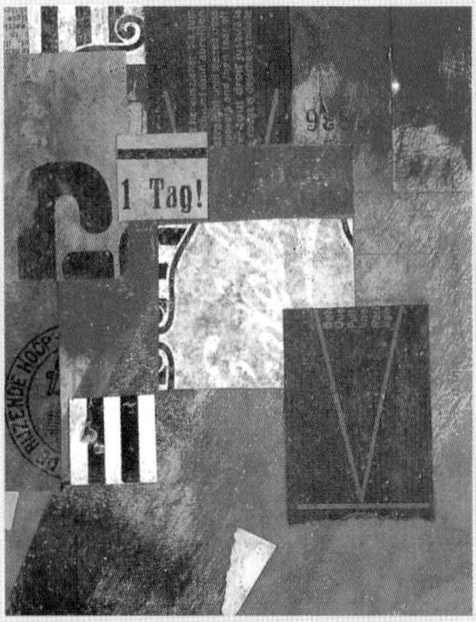

〈메르츠 280 붉은 색면〉
쿠르트 슈비터스, 1921년

예술 작품은 다다이스트들에 이르러 사람의
마음을 사로잡는 시각적 환영이나 사람의
귀를 솔깃하게 하는 청각적 구조이기를 그치고
일종의 폭탄이 되었다. 이 폭탄은 사람의
귀와 눈에 와 닿는다. 그것은 촉각적 성질을
획득하게 되었다.
-발터 베냐민

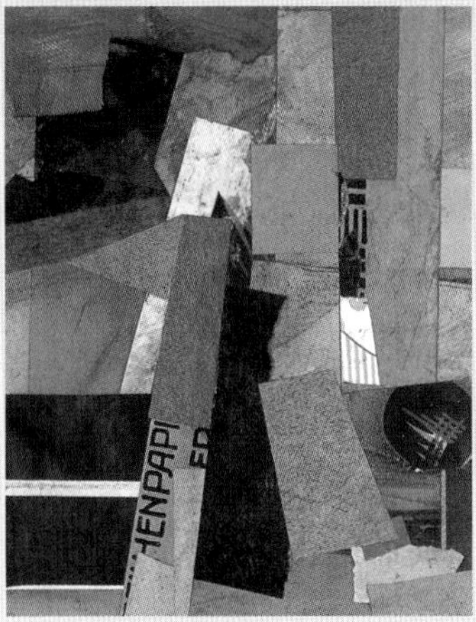

〈티라나〉
쿠르트 슈비터스, 1920년

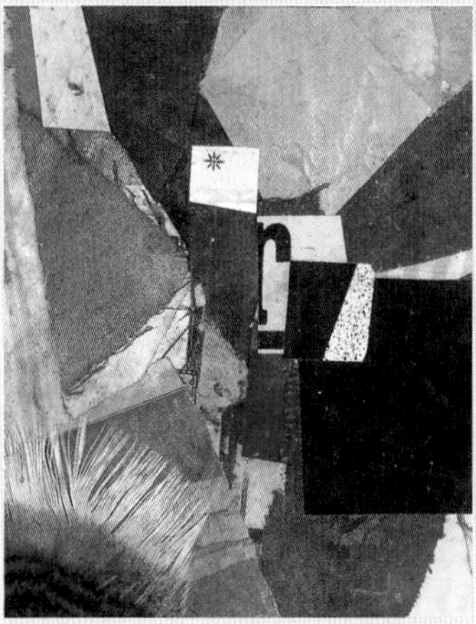

〈구성〉
쿠르트 슈비터스, 1921~1923년

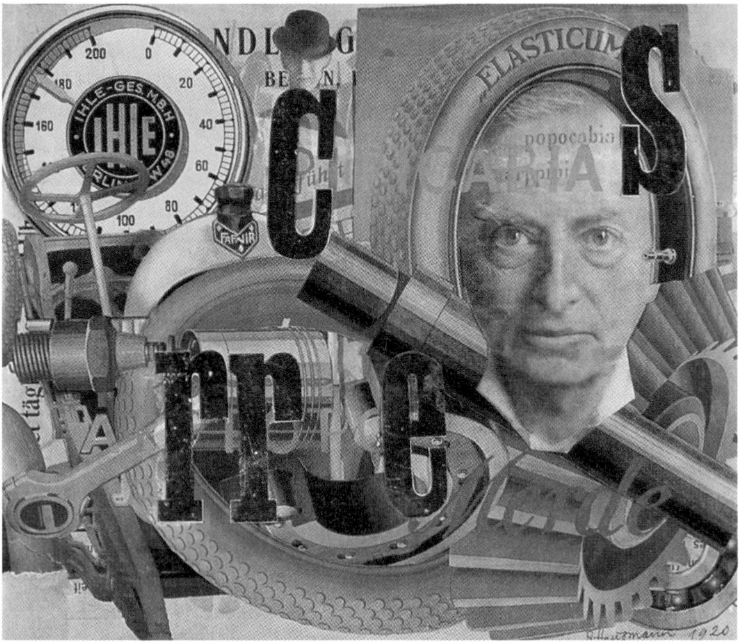

〈**엘라스티쿰**〉 라울 하우스만, 종이에 사진과 과슈, 31×37cm, 1920년

오지 않은 혁명

이렇게 베냐민은 새로운 미디어가 대중의 지각을 훈련시키고, 그들의 비판적 의식을 일깨우며, 그들을 예술적 수용과 예술적 연출의 주체로 세울 것이라 보았다. 나아가 집단적인 수용을 요구하는 영화가 파편처럼 흩어져 사는 대중사회의 원자들을 모아, 정치의식을 가진 하나의 계급으로 조직해줄 것을 기대했다. 낡은 자본주의적 생산관계를 혁파할 새로운 생산력이 사진과 영화라는 미디어의 형태로 등

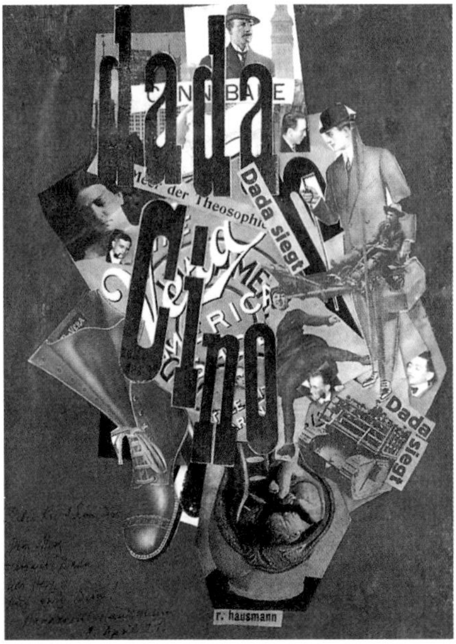

〈일상생활 속의 다다〉
라울 하우스만, 파란 종이에 사진,
32×23cm, 1920년

장한 것이라고 보았던 것이다.

지나친 낙관이었을까? 베냐민은 움직이는 영상이 몰입을 막아 극중 현실에 비판적 거리를 갖게 한다고 믿었다. 하지만 이미 그 시대에 대중은 입을 헤 벌린 채 싸구려 상업영화의 허구에 몰입하고 있었다. 그는 영화가 복제라는 성격에 힘입어 아우라를 파괴할 것이라 믿었다. 하지만 그의 눈앞에서 이미 영화는 나치 지도자의 아우라를 창출하는 탁월한 선동매체로 기능하고 있었다.

오늘날 그가 내세운 개별적 주장들은 지나친 낙관으로 드러났다. 하지만 미디어가 사회와 인간과 예술을 변화시킨다는 핵심적 주장은 오늘날까지도 타당하다. 그의 말대로 미디어는 세계를 구성하고, 인간의 지각을 변화시키며, 나아가 원작의 생산에까지 영향을 끼친다. 1930년대의 어렴풋한 예견이 오늘날에는 뚜렷한 현실이 되었다. 그런 의미에서 베냐민은 1930년대보다는 외려 21세기에 속한다.

디지털 복제 시대의 베냐민

베냐민의 몇몇 구절은 실제로 인터넷 문화의 예언처럼 들린다. 그가 인용한 발레리Paul Valéry, 1871~1945의 말이다. "마치 물이나 가스 및 전기처럼 …… 우리는 조그만 동작 하나로 하나의 이미지가 나타났다가 또다시 사라져버리는 그런 영상이나 소리를 갖게 될 것이다." 1950, 1960년대에는 이 구절에서 라디오와 텔레비전을 떠올렸겠지만, 우리는 여기서 곧바로 인터넷을 떠올린다.

이런 구절은 어떤가? "영화가 등장함에 따라 이러한 감옥의 세계가 10분의 1초의 다이너마이트로 폭파됨으로써 우리는 사방으로 흩어진 감옥세계의 파편들 사이에서 유유자적하게 모험에 가득 찬 여행을 시도할 수 있다." 시간과 공간을 초월하는 영화매체의 능력에 보내는 찬사다. "사방으로 흩어진 감옥세계의 파편들" 사이로 떠나는 "모험에 가득 찬 여행"에서 우리는 인터넷 서핑을 떠올린다.

겨우 신문의 독자투고란을 보고 열광하는 베냐민의 과민함은 심지어 우습게 보이기까지 한다. 미디어의 발달로 그의 꿈은 이미 실현되었다. 인터넷 공간을 보라. 여기서는 모든 독자가 동시에 저자다. 인터넷에 올린 한 소녀의 설익은 픽션fiction이 심지어 베스트셀러가 되지 않던가. 자신을 예술적으로 연출하던 소비에트 대중? 그들은 디지털 카메라로 자신을 스타로 연출하는 네티즌이 되었다.

피라네시의 세계 8

계 단

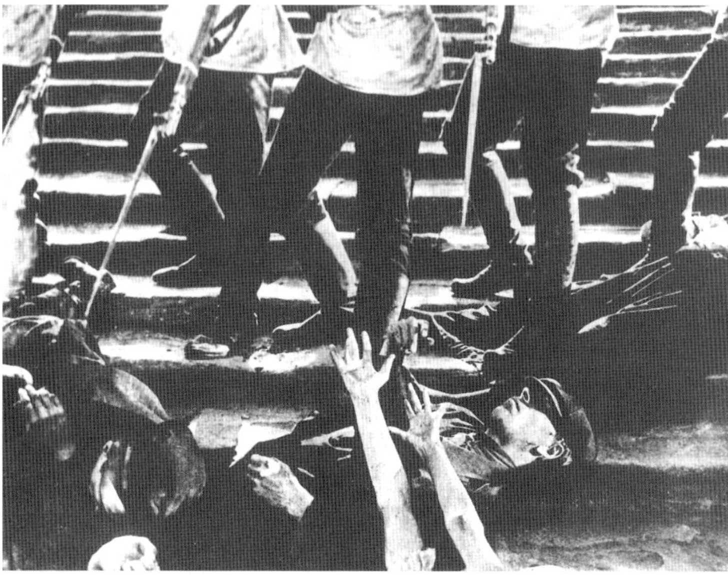

영화 〈전함 포템킨〉, 세르게이 에이젠슈테인, 1925년

오뎃사 계단 장면

베냐민은 영화의 지각을 건축물의 지각에 비유했다. 에이젠슈테인은 영화이론을 건축의 구성에 비유했다. 건축과 영화의 공통점은 무엇일까? 둘 다 '기술'이라는 점이다. 회화는 예술이나, 영화는 기술이다. 조각은 예술이나, 건축은 기술이다. 빙켈만의 그리스인들은 '예술'을 갖고 있었다. 피라네시의 로마인들은 '기술'을 갖고 있었다. 에이젠슈테인은 피라네시의 열광적인 팬이었다. 저 유명한 오뎃사 계단 장면이 어디서 왔겠는가. 계단과 희생자…….

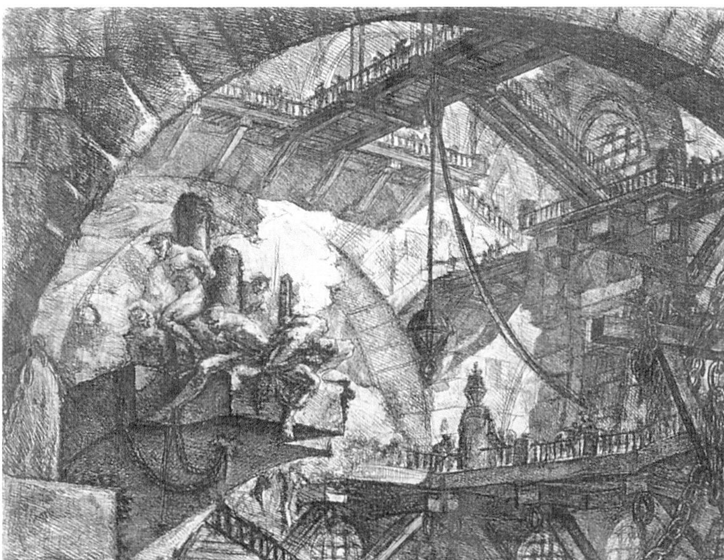

〈단상 위의 죄수들〉 조반니 피라네시, 동판화, 41×55cm, 1761년경

영화관에서

아리스 정신 사납네요.

디오게 차차 익숙해질 걸세.

아리스 움직이는 그림에, 시간과 공간도 수시로 바뀌니…….

디오게 자네가 일식 때 발견한 '카메라 오브스쿠라', 그게 오늘날 저 그림자 놀이가 된 것이라네. 잘 봐두게. 저 정신 없는 영상들이 자네의 《시학》을 무덤으로 보낸 유령들이니까.

아리스 예?

디오게 브레히트의 '반아리스토텔레스 연극'이라고 들어보았나? 그것도 실은 저 그림자 놀이가 던진 충격에서 발생한 거라네.

아리스 그런가요?

파편

디오게 예술 작품은 '유기적 통일성'을 가져야 한다고 했나?

아리스 당연하지요.

디오게 영화의 '몽타주' 원리는 바로 그것을 파괴한다네.

아리스 몽타주라면 얼굴 없는 범인의 수배사진?

디오게 아, 그것도 일종의 몽타주겠지. 하지만 원래 몽타주란 영화의 '커팅'을 말한다네. 그게 몽타주의 기술적 의미라면…….

아리스 또 다른 의미도 있나요?

디오게 그렇게 잘라낸 단편들을 조합해서 얻어지는 예술적 효과를 가리키는 말이기도 하지. 이건 몽타주의 미학적 의미겠지.

아리스 그게 예술과 무슨 관계가 있나요?

디오게 영화의 그 기술적 특성이 바로 현대 예술의 미적 특성이 되지 않았나.

아리스 아, 피카소와 브라크의 파편적인 작품처럼요?

디오게 아도르노던가? "미시적인 구조로 볼 때 새로운 예술은 모두 몽타주라 할 수 있다."

아리스 그게 고전 예술과 현대 예술의 차이인가요?

디오게 그렇다네. 유기적 통일성에서 몽타주의 파편성으로.

아리스 '아름다운 가상'이야말로 예술의 이념이 아닌가요?

디오게 그 낡은 이념도 이제는 파편이 되어 무너져내렸지.

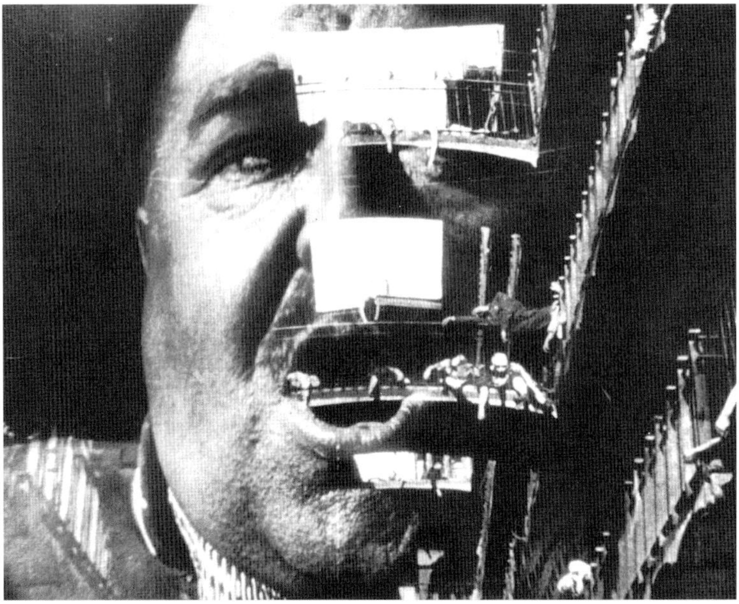

영화 〈파업〉, 세르게이 에이젠슈테인의 몽타주, 1924년

폐허

아리스 하지만 플롯은 있어야지요.

디오게 플롯을 짜는 법에 관해 《시학》에서 뭐라 그랬지?

아리스 "한 사건에 이어서 다음 사건이 일어나는 것과, 한 사건의 결과로 다음 사건이 일어나는 것은 다르다."

디오게 하지만 영화에서는 꼭 그럴 필요가 없다네. 앞의 사건이 뒤에 나오고, 뒤의 사건이 앞에 나오고. 때로는 공간적으로 멀리 떨어진 사건들이 동시에 병치되고…….

아리스 장면과 장면의 연결이 인과관계에 따라 이루어지지 않는다면…….

디오게 우리에게 익숙한 시간과 공간의 관념도 무너지는 거지.

아리스 세계가 무너져내리는 건가요?

디오게 그런 셈이지. 자네의 연극은 이미 존재하는 세계를 전제하고, 그것의 충실한 가상을 만들어내려 한다면…….

아리스 영화는 그렇게 만든 세계의 가상을 파괴한다. 그로써 세계는 황량한 폐허가 되겠네요.

디오게 자네 눈에는 황량해 보일지 모르나, 모든 폐허의 파편들은 그 안에 새롭게 세계를 조직할 위대한 가능성을 품고 있는 게 아닐까?

쇼크

아리스 아름다움으로 쾌감을 주고, 가상으로 재인식을 주지 않는다면, 뭐하러 예술을 하나요?

디오게 쾌감 대신 쇼크를 주고, 재인식 대신 인식을 준다고 할까…….

아리스 쇼크라니요?

디오게 실러Fridrich von Schiller, 1759~1805가 그랬던가? 자연은 비약을 모른다고. 그래서 아름다움도 비약을 모른다고……. 그는 완만하게 흐르는 사행선蛇行線을 아름답다고 느꼈지.

아리스 그럼 영화는요?

디오게 영화의 진행을 보게나. 선이 끊기거나 급격하게 꺾이지 않나. 영화의 선은 지그재그, 날카로운 직선이라 할 수 있겠지.

아리스 버스 운전자들 중에도 그 모양으로 하는 자들이 있지요. 덕분

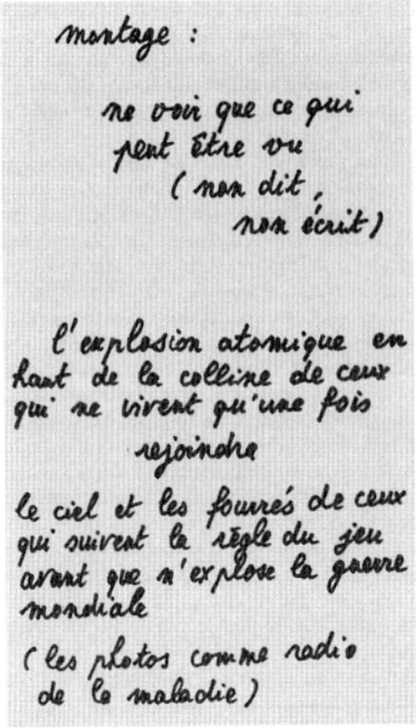
montage :

ne voir que ce qui
peut être vu
(non dit,
non écrit)

l'explosion atomique en
haut de la colline de ceux
qui ne vivent qu'une fois
rejoindre
le ciel et les fourrés de ceux
qui suivent la règle du jeu
avant que n'explose la guerre
mondiale
(les photos comme radio
de la maladie)

〈몽타주〉 장 뤽 고다르, 1983년

오직 보이는 것만 보는 것(말하거나 쓰인 것이 아니라)
오직 한 번만 사는 자들의 언덕 위에서 터지는 핵폭발……

에 승객들은 '쇼크'를 받고…….

디오게 영화의 쇼크 효과는 오늘날 모든 예술의 특징이 되었지. 요즘은 아름답게 그린다고 좋은 작품이 아니라네. 중요한 것은 쇼크 효과지.

아리스 무슨 뜻인가요?

디오게 생각해보게. 요즘 미술관에 아름다운 작품을 보러 가는 사람도 있나? 오늘은 또 어떤 자가 어떤 엽기적인 작품으로 나를 놀라게 할까, 이런 기대감을 갖고 가는 거지…….

아리스 쇼크 좋아하는 건 몰취향이지요.

디오게 새로운 미감이라네.

아리스 말초적이지요.

디오게 새로운 차원의 인식이라네. 재인식이 아닌 그냥 인식…….

몽타주

아리스 모든 인식은 재인식 아닌가요? 인식이란 결국 의식의 거울 위에 현실의 올바른 모상을 띄우는 것이니까…….

디오게 자네의 '재'인식이야 이미 아는 것을 다시 확인하는 데에 불과하지. 진정한 인식은 그런 게 아니야.

아리스 그럼 뭔가요?

디오게 진정한 인식은 늘 쇼크를 동반하지. 익숙함이 깨질 때의 충격을, 이미 존재하는 세계의 절대성이 무너지는 굉음을…….

아리스 일종의 계시라는 말인가요?

디오게 세속적 계시라고 해두세. 혹시 고다르Jean Luc Godard, 1930~라는 친구 아나?

아리스 뭐하는 친구인데요?

디오게 그림자 놀이 만드는 자인데, 그자가 '몽타주'의 정의를 내렸지.

아리스 뭐라고 합디까?

디오게 몽타주란 이미지 a와 이미지 b가 부딪칠 때 발생하는 제3의 이미지 c……라나?

아리스 부싯돌 두 개를 부딪칠 때 튀는 불똥 같은 이미지?

디오게 그렇지. 제3의 이미지는 a에 들어 있는 것도, b에 들어 있는 것도 아니겠지. 그런데도 분명히 존재하지 않나.

아리스 부재하면서 동시에 존재하는 이미지라…….

디오게 진리라는 게 있다면, 그렇게 불꽃처럼 스쳐 지나가지 않겠나?

아리스 없으면서도 있어야 하는 유토피아처럼?

팬텀과 매트릭스

"그는 그것을 유토피아라 불렀다. 그것은 그런 곳은 없다는 뜻이다." 그 이야기는 바로크 시대의 어느 시인의 인용과 더불어 시작한다. 베냐민은 미디어에 유토피아적 희망을 걸었지만, 안더스Günther Anders, 1902~1992는 미디어의 미래를 검은색으로 채색한다. 보르헤스는 아마도 안더스의 글을 읽었을 것이다. 《지친 자의 유토피아》는 안더스가 묘사한 디스토피아의 극한이기 때문이다. 거기서 '나'는 자기가 살다온 세계를 이렇게 회상한다.

> 인쇄된 사진과 글자는 실제 사물보다 훨씬 사실적이었지요. 그래서 단지 인쇄매체를 통해 공표된 것만이 진실했다고나 할까요? 존재하기 위해서는 사진으로 찍혀야 한다는 게 세계에 대한 우리의 유일무이한 개념이었지요.

하지만 아득한 미래에 사는 그곳의 주민들은 이렇게 '만들어진' 사실에 지쳐 아예 사실을 포기하고 의심과 망각의 예술을 배우며 살고 있었다. 백 살이 넘으면 그들은 철학이나 수학을 공부하거나 혼자 장기를 둔다. 이마저 지루하면 자기가 원할 때에 스스로 목숨을 끊음으로써 삶의 주인이 된다. 둥근 돔을 얹은 탑을 가리키며 '그'가 말한다.

> 소각장이에요. 안에 죽음의 방이 있지요. 히틀러라는 한 박애주의자가 그것을 만들었다고 하더군요.

지친 자의 유토피아

안더스의 분석 대상은 제2세대 미디어인 방송매체였다. 그가 텔레비전을 보고 그것이 펼쳐줄 암울한 미래를 예감하는 데에 필요로 했던 시청 시간은 8분 남짓이었다. 매클루언Marshall McLuhan, 1911~1980은 '미디어는 인간의 확장'이라며 그것이 인간의 능력을 강화해줄 것이라고 본다. 안더스는 거꾸로 나아간다. 인간은 머잖아 미디어의 노예가 될 것이다. 기술은 급속히 발달하는 반면, 인간의 자연적 능력은 그렇게 빨리 발달할 수 없다. 이 격차 때문에 인간은 언젠가 제가 만든 것에 대한 통제를 완전히 잃을 것이다.

베냐민의 낙관을 안더스는 물구나무를 세운다. 베냐민은 집단적 수용을 필요로 하는 미디어가 산업사회의 원자들을 묶어 공적 대중, 즉 정치적 계급으로 조직할 것이라고 기대했다. 하지만 개별적 수용을 요구하는 텔레비전의 시청자는 탈정치화된 사적 대중일 뿐이다. 그들은 방에 틀어박혀 브라운관의 창으로 세계를 내다보는 '은둔자 대

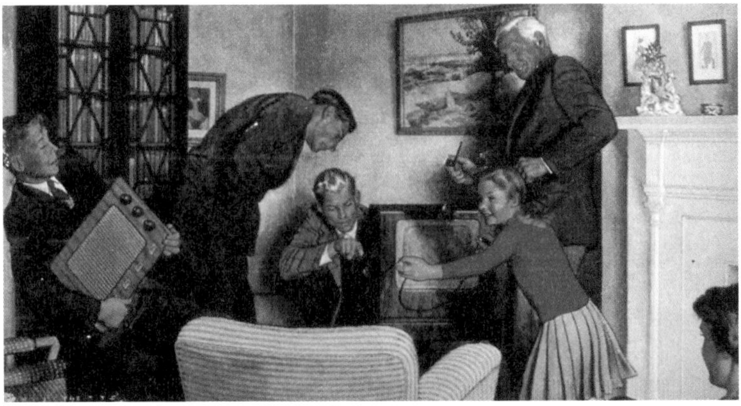

라디오를 제치고 등장한 텔레비전, 〈존 벌〉 1954년 5월호 표지

중'이다. 일본의 '오타쿠', 한국의 '폐인'을 생각해보라. 이들은 안더스가 말하는 '은둔자 대중'의 제3세대 버전이다.

베냐민은 미디어가 비판적 수용을 촉진한다고 본다. 하지만 텔레비전의 수용은 무비판적이어서, 시청자는 편집된 영상을 그대로 '사실'로 받아들인다. 베냐민은 산만함을 현대적 지각의 특징으로 본다. 안더스에게 그것은 그냥 정신사나움일 뿐이다. 베냐민은 미디어가 감각을 발달시킨다고 말한다. 그러나 텔레비전은 외려 감각을 퇴화시켜, 시청자를 영상의 요리를 입에 넣어줘야 비로소 오물오물 씹어먹는 구강기의 유아로 전락시킨다.

베냐민의 미디어는 우리를 "모험으로 가득 찬 여행"으로 초대했다. 하지만 텔레비전의 시청자는 실은 한 발자국도 밖으로 나가지 못한다. 그가 설사 진짜 여행을 떠나는 일이 있어도, 거기서 그가 보게 될 원본은 텔레비전에서 본 영상만 못할 것이다. 텔레비전이 자극적인

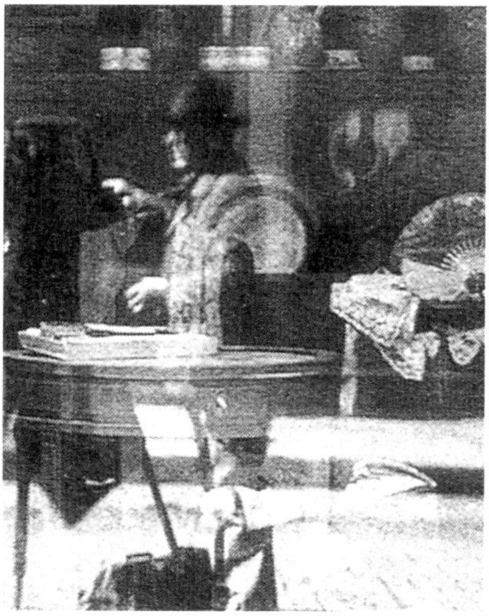

〈자화상〉 외젠 앗제, 1902년

영상을 보여주려 안달하는 노출증 환자라면, 시청자는 브라운관이라는 구멍으로 그것을 들여다보며 은밀히 즐거워하는 관음증 환자로 전락한다.

팬텀

앗제Jean Eugène Auguest Atget, 1859~1927의 사진 중에는 유령을 담은 게 있다. 노출 시간을 길게 하다 보니 움직이지 않는 건물은 뚜렷한 형태로 찍히고, 그사이를 걷는 인간은 희미한 흔적만 남게 된 것이다. 물론 의도했던 효과는 아니라고 한다. 하지만 그가 의식적으로 그 효과를 노린 작품이 적어도 하나가 있다. 그의 자화상이다. 저기서 앗제는 커다란 카메라를 들고 스스로 거리의 유령이 된다. 이 작품은 복제영상의 어떤 존재론적 특성을 정확하게 담아내고 있다. 저 사진 속에 앗제는 존재하는가? 부재하는가?

안더스는 텔레비전으로 전송되는 복제영상을 '팬텀phantom'이라 부른다. 그것은 가상도 아니고 실재도 아닌 유령과 같은 존재라는 것이다. 특히 이는 실시간 중계를 할 때 뚜렷이 나타난다. 예를 들어 9·11 테러 때 우리는 쌍둥이 빌딩이 불타는 것을 CNN을 통해 실시간으로 지켜보았다. 그 거대한 빌딩이 방 안에 들어와 있을 수 없다는 의미에서 그것은 '가상'에 불과하다. 하지만 바로 그 시간에 쌍둥이 빌딩은 정말로 불타고 있었다. 그런 의미에서 그것은 동시에 '실재'다.

독일어로 모상을 '나흐빌트Nachbild'라 한다. 여기서 '나흐nach'는 '뒤에' 혹은 '따라서'라는 뜻이다. 모상은 이렇게 원상의 뒤에, 원상을 따라서 만들어지는 형상이다. 하지만 실시간으로 중계되는 영상에는 원상과 모상을 가르는 이 시간차가 존재하지 않는다. 모상과 원상, 복제와 원본, 가상과 실재를 가르는 기준도 모호해진다. 그래서 그것은 가상도 실재도 아닌, 제3의 존재층을 이루게 되는 것이다. 우리의 세계는 점점 더 가상도 실재로 아닌 이 팬텀이 되어간다.

텔레비전만이 아니라 기술복제된 모든 영상이 그러하다. 가령 시위가 벌어지면 우리의 보수신문은 무식한 시위대가 막대기로 착한 경찰을 때리는 사진을 올린다. 이것은 가상일까? 실재일까? 시위 중에 얻어맞는 건 대부분 시위대라는 점에서 그 사진은 거짓말을 하고 있다. 하지만 그것은 조작된 것이 아니다. 사진에 찍힌 그 장면은 실제로 있었던 일이다. 그런 의미에서 그것은 동시에 참이다. 복제영상은 이렇게 참, 거짓의 구별마저 흐려버린다.

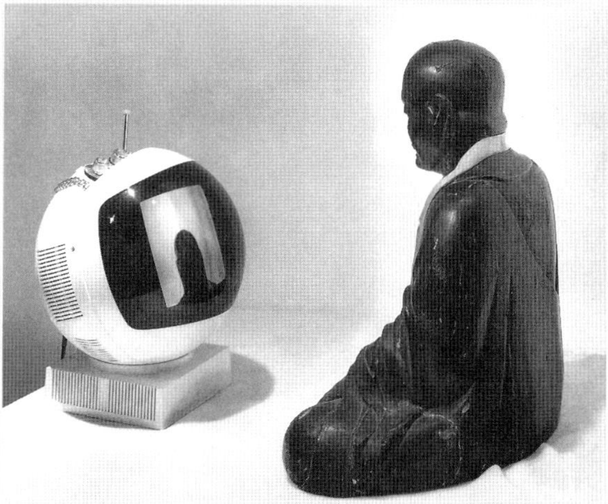

〈TV-부처〉 백남준, 텔레비전과 청동상, 1920년

텔레비전에 이르러 원상과 복제는 동시성에 도달한다.

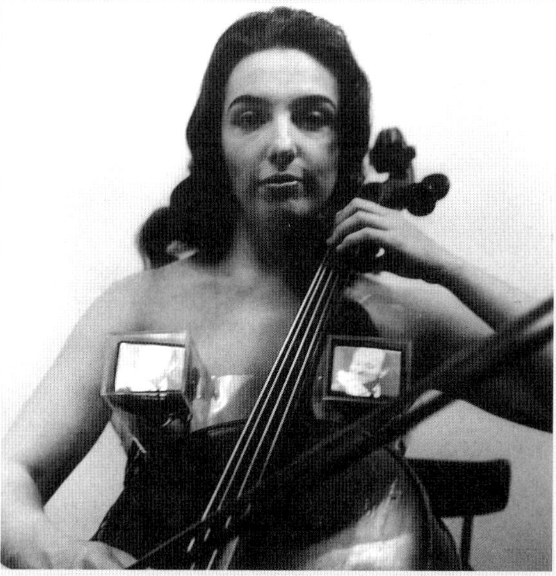

〈살아 있는 조각을 위한 TV 브래지어〉 백남준, 1969년

베냐민은 영화의 몽타주 기법을 감추어진 진리를 드러내는 탁월한 방식으로 보았다. 하지만 안더스는 몽타주라는 편집기술에서 외려 탁월한 조작의 수단을 본다. 소위 편집의 예술이라는 게 있다. 동일한 영상의 요소라도 어떻게 배치하느냐에 따라 그것들의 전체적 의미는 완전히 달라질 수 있다. 안더스는 편집자를 세계의 건축가로 만드는 이 편집의 틀을 '매트릭스'라 부른다.내가 아는 한 이 말을 처음 사용한 사람은 안더스다. '팬텀'이 세계를 이루는 재료라면, '매트릭스'는 그 재료로 세계를 짜는 활판이라고 할 수 있다.

가령 파업이 일어났다 하자. 우리의 신문은 이를 제시하는 선험적 틀을 갖고 있다. 1면 톱뉴스 '노조, 파업 돌입. 수출 차질 우려', 사설 '불법 파업, 단호히 대처해야', 칼럼 '가뭄으로 멍든 농심 파업으로 또 멍드나', 사회면 '기업 탐방, 무노조의 신화', 경제면 '노조 천국, 기업이 떠나고 있다', 긴급 인터뷰 '파업왕국, 투자 매력 상실', 해외면 '중국이 쫓아온다', 특파원 기고 '영국, 노조병 어떻게 치유했나', 석학에게 듣는다 '평등의 허상', 휴지통 '화염병의 역사', 만평 '귀족이 따로 있나'. 세계는 이렇게 만들어진다.

칸트는 시간과 공간을 주관의 선험적 형식이라고 했다. 우리가 보는 세계는 실은 우리의 의식이 시공의 형식에 따라 구성한 것이라는 얘기다. 편집의 몽타주도 마찬가지가 아닐까? 신문을 짜는 원리는 곧 세계를 짜는 원리다. 과거의 조작은 사실을 날조하거나, 해석을 왜곡하는 식으로 이루어졌다. 오늘날의 조작은 그렇게 유치하지 않다. 더 중요한 조작은 편집을 통해 이루어진다. 그리고 가장 중요한 조작은 무엇을 보여주고, 무엇을 보여주지 않을지 선택함으로써 이루어진다.

위계의 전복

존재한다고 사실이 아니다. 일어난다고 사건이 아니다. 사실이 존재하려면 보도가 되어야 하고, 사건이 일어나려면 카메라에 복제되어야 한다. 미디어로 복제되지 않는 한 사실은 존재할 수 없고, 사건은 일어날 수 없다. 사실과 사건을 있게 하는 것은 미디어다. 그것이 비로소 사건을 사건으로, 사실을 사실로 만들어주는 것이다. 이렇게 하나의 사실이 원본의 형태로보다 복제의 형태로 더 중요해질 때, 어떤 일이 벌어질까? 그때는 복제가 현실을 베끼는 게 아니라 거꾸로 현실이 복제를 베끼는 사태가 벌어진다.

실제로 카메라가 없었다면 아예 일어나지 않았을 사건이 얼마나 많은가. 언젠가 야당과 여당의 선거운동원이 거리에서 충돌한 적이 있다. 가벼운 몸싸움이었으나, 텔레비전 화면에 비친 양측은 모두 병원 침대에 누워 상대방의 폭력성을 몸으로 증언하고 있었다. 카메라가 없었다면, 아마 얼굴에 밴드 하나 붙이고 집으로 돌아갔을 것이다. 한마디로 카메라가 현실을 복제하는 게 아니라, 거꾸로 현실이 카메라 앞에서 자신을 연출하는 것이다.

언젠가 모든 일간신문의 1면에 같은 인물의 사진이 실린 적이 있었다. 대단한 사건이 일어난 것도 아니었다. 어느 국회의원이 대정부 질의를 하다가 자기 주장을 뒷받침하는 근거로 시중의 일간신문들을 차례로 들었다 놓았을 뿐이다. 다음 날 모든 신문은 저마다 이 의원이 자기 신문을 들고 있는 사진을 올렸다. 이로써 그 의원은 자기가

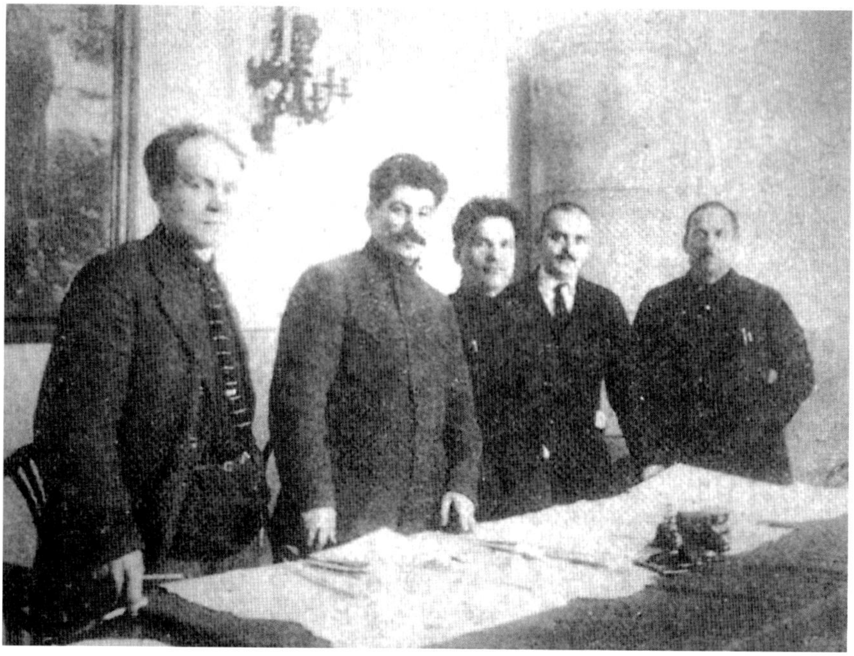

안티포프, 스탈린, 키로프, 슈베르니크, 아쿨로프

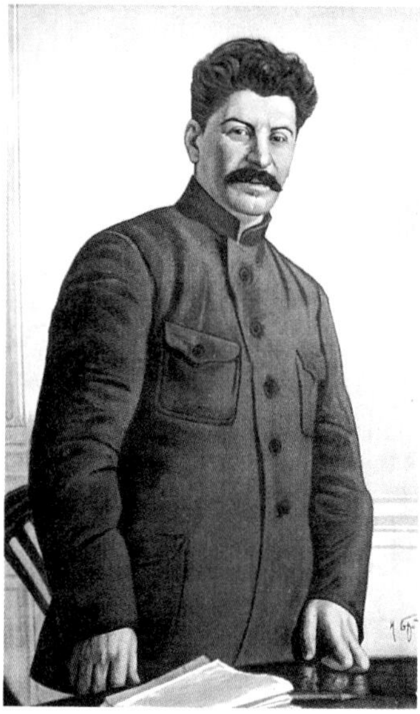

스탈린

사라짐의 미학? 대숙청의 시기를 거치면서 공식 사진에서 스탈린의 동지들은 하나씩 지워진다. 불편한 인물을 지워나가는 것은 공식 초상화를 제작할 때도 마찬가지였다. 결국 스탈린은 혼자 남게 된다. 이제 과거의 조작이라면 오늘날의 조작은 이렇게 유치한 방식으로 이루어지지 않는다.

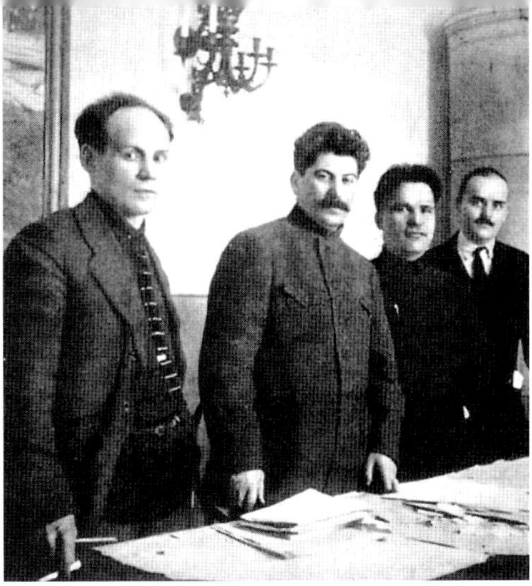

안티포프, 스탈린, 키로프, 슈베르니크

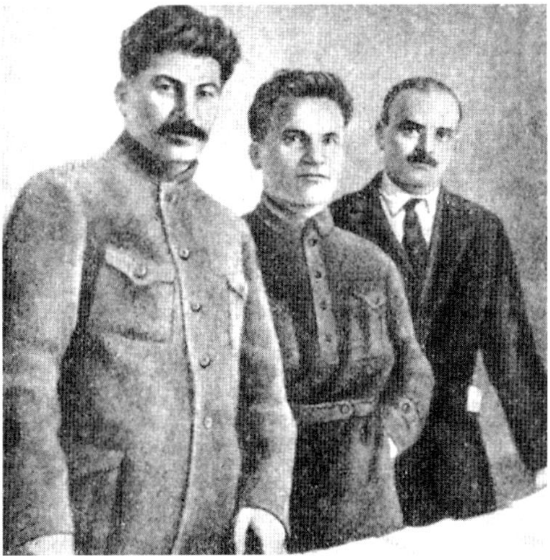

스탈린, 키로프, 슈베르니크

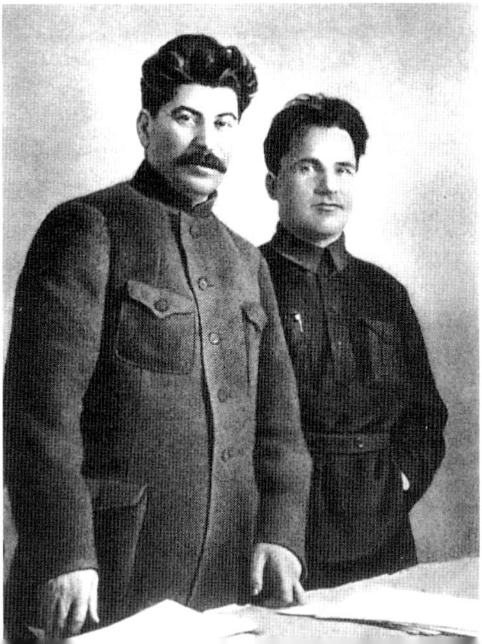

스탈린, 키로프

원하던 효과를 얻을 수 있었다. 카메라가 없었다면 과연 그가 신문들을 차례로 집어드는 세레모니를 했겠는가?

표상과 세계

이게 그저 과장에 불과할까? 오래전에 '도시산업선교회'라는 단체가 있었다. 노동자들을 대상으로 복음을 전하는 단체였다. 그러다 보니 당연히 노조를 지원하는 활동도 할 수밖에 없었다. 하지만 당시 신문과 방송은 "도산都産이 들어오면 기업이 도산한다"고 떠들어댔다.

그러더니 급기야 이들을 폭력혁명을 부추기는 반국가단체로 바꾸어놓았다. 경찰에 저항하느라 주워 든 여공의 재봉가위는 '흉기'로 둔갑하고, 수련회의 촛불의식은 충성의 서약식이 되어버렸다. 진실은 공장 안에 갇혀버리고, 공장 밖의 세계는 미쳐 돌아갔다.

그렇다면 현실은 어느 것인가? 공장 안의 좁은 공간? 아니면 공장 밖의 저 거대한 공간? 허구는 어느 것인가? 공장 안의 소수가 믿는 것? 아니면 공장 밖의 모든 이가 믿는 것? 그 단체를 이끈 두 목사는 그 뒤 세상을 등졌다. 산속에서 홀로 농사를 지으며 사는 두 사람에게 물었다. 한 사람은 신문이든 방송이든 일체의 미디어를 보지 않는다고 대답했다. 다른 이는 텔레비전은 가끔 보나, 드라마만 본다고 했다. '왜'냐고 묻자 이렇게 대답했다. "드라마는 미리 거짓이라고 밝히니까."

당시만 해도 사람들 대부분은 미디어가 떠드는 것을 사실로 받아들였다. 이거, 누구의 작품일까? 나라 전체를 착란에 빠뜨린 그 매트릭스의 건축가는 누구였을까? 그리고 이게 단지 과거만의 일일까?

내가 지금 보는 이 세계는 또 얼마나 현실적인가? 혹시 이 역시 누군가의 매트릭스가 아닐까? 만약 그렇다면 우리는 그의 꿈을 현실로 알고 살아가고 있는 셈이다. 양수로 가득 찬 거대한 수조 속에서 웅크린 채 꿈을 꾸는 우리에게 매트릭스의 건축가가 말한다.

나의 표상이 너희의 세계다.

누가 한 말인지 아는가? 그의 꿈은 현실이 되었고, 그 현실은 모든 이의 악몽이었다. 소각장을 만든 저 유명한 '박애주의자'(?) 아돌프 히틀러의 말이다.

시뮬라크르와 시뮬라시옹

나비는 장자의 꿈이고, 장자는 나비의 꿈이다. 장자처럼 자기가 남의 꿈이 아닌지 의심해본 적이 있는가? 보르헤스의 소설에는 원형의 폐허에서 꿈으로 아이를 빚은 어느 도인의 얘기가 나온다. 그는 수많은 꿈을 다듬어 사내아이의 형상을 빚고, 불의 신의 도움으로 꿈속의 아이를 현실세계로 끌어낸다. 그 아이가 환영에 불과하다는 것을 아는 것은 불火인 신과 꿈으로 그 아이를 빚은 사내뿐이었다.

이렇게 탄생한 아이에게 가르칠 수 있는 모든 것을 가르친 후, 사내는 폐허가 된 또 하나의 사원으로 그 아이를 보낸다. 몇 년이 흘렀을까? 어느 날 뱃사공 둘이 사내를 깨워, 저 아래에 있는 사원에 불 속을 걸어가도 타지 않는 도인이 있다는 얘기를 들려준다. 사내는 자기의 아이가 이 신비한 능력의 정체를 의심하다 결국 자기가 환영임을 깨닫게 되지 않을까 두려움에 빠진다.

근심과 초조로 지새던 불면의 밤은 그리 길지 않았다. 어느 날 그가 기거하던 불의 신의 사원이 화염에 휩싸였던 것이다. 강물에 뛰어들까 생각하다가, 그는 저 불이 자신을 힘든 삶의 노고로부터 해방시켜 주기 위해 다가오고 있다고 느끼게 된다. 마침내 불길이 덮쳐와 화염에 휩싸였을 때, 사내는 활활 타오르는 불길 속에서 문득 자신의 몸이 타지 않는다는 것을 깨닫는다.

매트릭스 리로디드

영화 〈매트릭스〉 2편의 시놉시스synopsis는 이미 보르헤스의 단편 〈원형의 폐허〉 안에 들어 있다. 2편 〈매트릭스-리로디드〉에서 수조 속에서 꿈꾸는 이들을 깨워야 할 네오 자신도 한갓 꿈이며, 윤회의 첫 바퀴 속에서 같은 일을 여섯 번이나 반복하고 있음을 깨닫게 된다. 〈원형의 폐허〉의 주인공 역시 불 속에서 자기 자신도 한갓 꿈에 불과함을 알게 된다. 불의 신의 사원은 매트릭스처럼 그 전에 이미 여러 번 타오르는 화염 속에서 폐허가 된 바 있다.

영화 〈매트릭스〉에는 한 인물이 서가에서 책을 한 권 꺼내든다. 영화의 철학적 배경을 슬쩍 암시하려 한 모양이다. 그 책이 바로 보드리야르Jean Baudrillard, 1929~2007의 《시뮬라크르와 시뮬라시옹》이다. 여기서 '시뮬라크르'란 안더스가 말한 '팬텀'에 해당하고, '시뮬라시옹'이란 그가 말한 '매트릭스'를 고쳐 쓴 것이라 할 수 있다. 한마디로 시뮬라크르는 이 세계를 이루는 재료이며, 시뮬라시옹이란 그 재료로 세계를 구성하는 활판이라고 할 수 있다.

안더스는 현실의 이름으로 가상을, 진리의 이름으로 허구를 비난했다. 여기에는 현실이 있고, 그것의 존재를 가상이 위협한다. 하지만

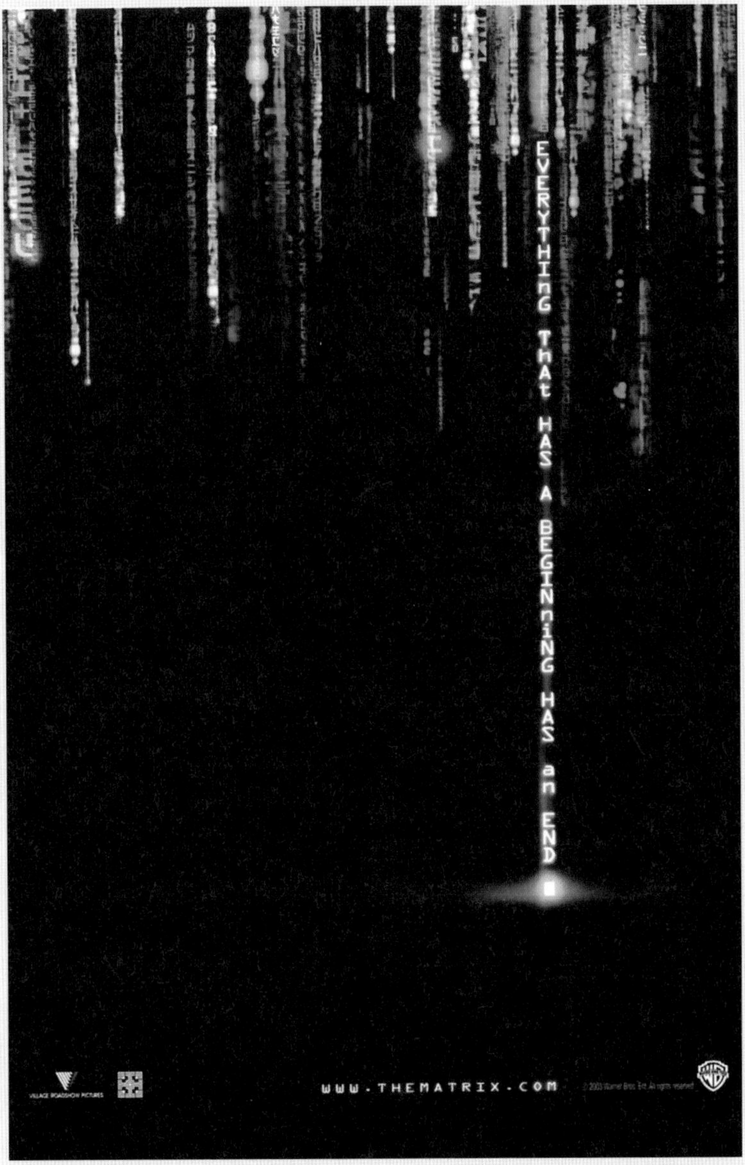

영화 〈매트릭스-리로디드〉, 2003년

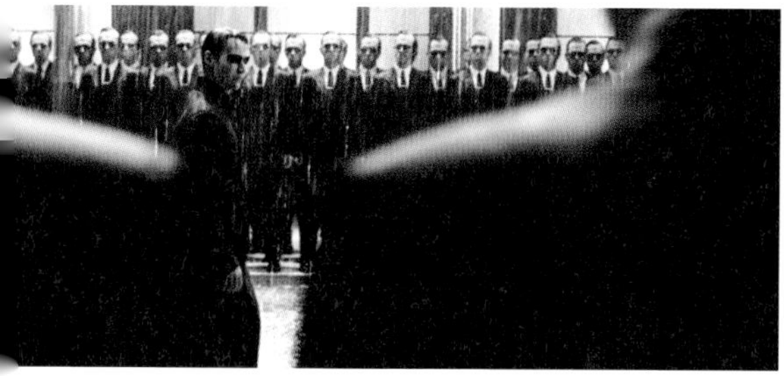

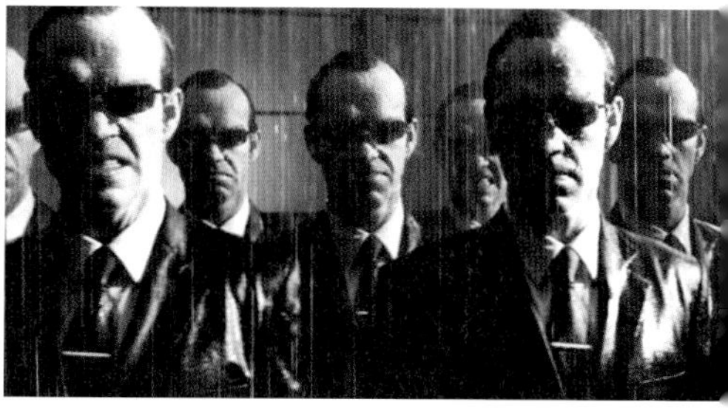

영화 〈매트릭스-리로디드〉, 2003년

보드리야르에게서는 이 관계가 거꾸로 뒤집힌다. 그에게는 가상이 있고, 그것의 존재를 현실이 위협한다. 한마디로 현실을 위협하던 가상이 어느새 현실을 잡아먹고, 주변으로 밀려난 현실이 가끔 가상의 가상성을 폭로하는 처지가 되어버린 것이다.

디즈니랜드

보드리야르가 보기에 미국이라는 나라는 거대한 시뮬라시옹이다. 그 유명한 디즈니랜드 성은 실은 독일의 어느 성을 베낀 것이다. 하지만 복제가 어디 디즈니랜드에만 있던가? 유럽의 유명한 건축물을 베낀 건물은 미국 곳곳에 널려 있다. 미국이라는 나라는 처음부터 유럽 문명의 복제로 출발했다. 그런 의미에서 미국 자체가 거대한 디즈니랜드인 셈이다. 디즈니랜드는 이를 감추기 위해 존재한다. 유치함은 디즈니랜드에만 있고, 그 밖의 세계는 마치 유치하지 않다고 말하려는 듯이…….

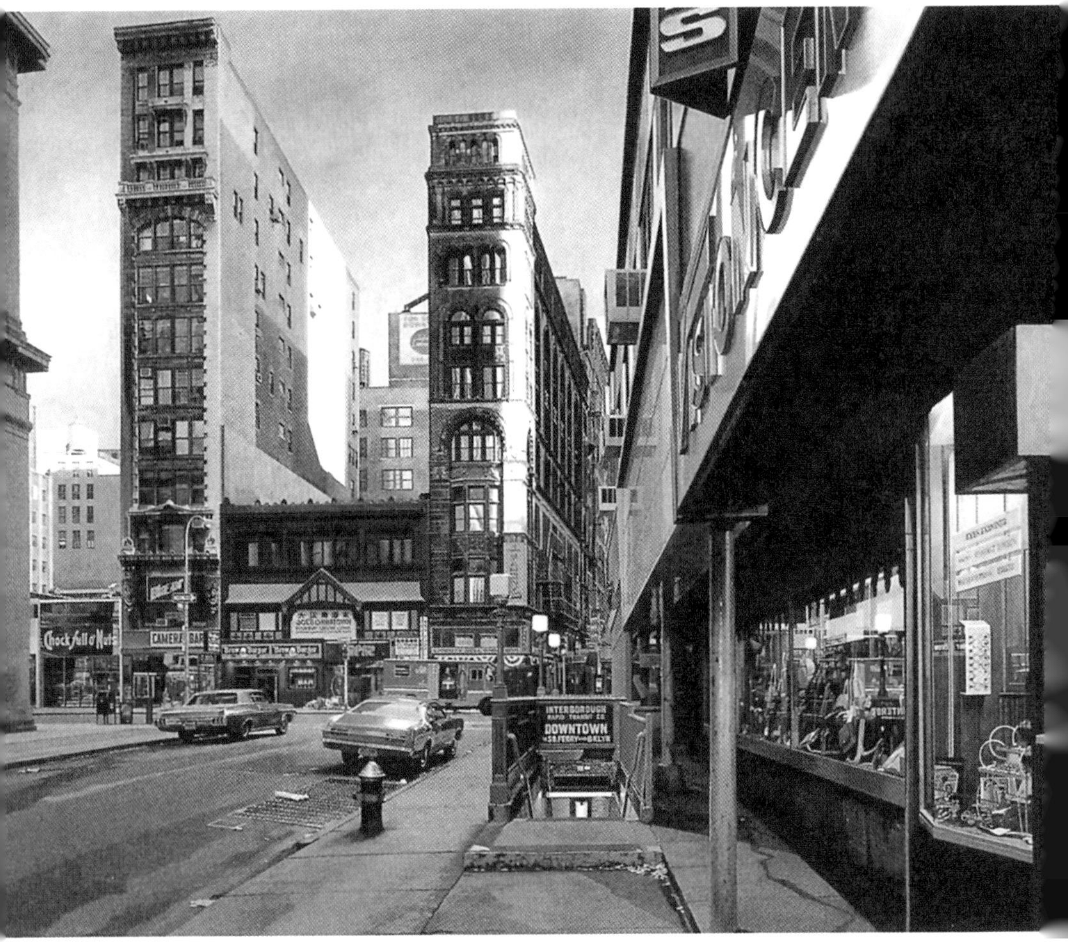

〈도심〉 리처드 에스테스, 캔버스에 유채, 122×152cm, 1969년

하지만 미국이 거대한 가상이라 함은 단지 이 때문이 아니다. 자본주의 자체가 거대한 시뮬라시옹이고, 그 자본주의가 가장 급진적인 곳이 바로 미국이기 때문이다. 자본주의 생산은 하나의 코드로 같은 제품을 대량으로 찍어내는 재생산복제의 체제다. 여기서 사물은 곧 시뮬라크르가 된다. 그런 자본주의하에서도 예술은 유일물을 만드는 장인적 생산의 영역으로 남아 있었다. 하지만 이 마지막 아성을 무너뜨리고 캠벨 수프 깡통, 브릴로 박스, 만화의 커트가 예술 작품이 된 곳이 바로 미국이다.

소비는 어떤가? 멀쩡한 제품을 고장나기도 전에 새것으로 바꾼다. 가령 10년 쓸 자동차를 3년 쓰고 버릴 때, 소비자는 자동차 가격의 30퍼센트만 지불한 게 아니다. 100퍼센트 다 지불하고, 실제로는 30퍼센트만 소비하는 것이다. 그럼 나머지 70퍼센트는? 그것은 아마 기호의 값일 게다. 자본주의는 사물의 사용가치가 아니라 한 상품과 다른 상품의 차이를 소비한다. 사물을 소비하는 게 아니라 기호를 소비하는 것이다. 자본주의는 이렇게 인간이 상품과 상품 '사이'를 소비하고 그 '차이'를 지불하기 위해 일하는 거대한 꿈의 세계, 어른들의 디즈니랜드다.

워터게이트

경제적 토대만 그런 것이 아니다. 자본주의의 상부구조인 정치 역시 거대한 시뮬라시옹이다. 과거의 조작은 사실의 날조, 해석의 왜곡으로 이루어졌다. 여기에 안더스는 가장 중요한 조작은 카메라로 무엇을 비추고, 무엇을 비추지 않을 것인가를 선택할 때부터 일어난다고 했다. 보드리야르는 여기서 한 걸음 더 나아간다. 오늘날의 조작은 아예 거대한 가상세계를 만들어 운영하면서, 그 안으로 현실이 침입해 들어와 이 가상의 가상성을 폭로하는 것을 막는 방식으로 이루어진다.

그 유명한 워터게이트 사건Watergate Scandal을 보라. 그동안 미국식 자유민주주의의 허상은 비교적 성공적으로 유지되어왔다. 그런데 아주 우연하게 어느 기자가 대통령의 도청 사실을 폭로하고 나섰다. 물론 이는 미리 입력되지 않은 돌발 사태였다. 현실의 영역에서 치고 들어온 이 돌발 사태는 까딱하면 미국식 민주주의라는 거대한 시뮬라시옹의 허구성을 폭로할 뻔했다. 하지만 그것은 성공적으로 저지되었다. 부정과 부패는 권력의 일반적 속성이 아니라 닉슨이라는 한 개인의 부덕으로 처리되었다.

오늘날 우리가 이 사건을 어떻게 기억하고 있는가? 미국식 민주주의의 허상을 보여주는 예가 아니라, 외려 미국식 민주주의의 빛나는 승리로 기억하고 있지 않은가? 최고 권력자도 잘못하면 탄핵할 수 있다. 보라, 이것이 미국의 민주주의다. 이 얼마나 완벽한 조작인가? 이렇게 오늘날의 조작은 시뮬라시옹을 만들어 유지하면서, 거기에 침입한 현실의 돌발 사태가 가상의 가상성을 폭로하는 것을 막는 '저지 전략'의 형태를 띤다.

과거에는 가상이 현실을 위협했다. 이제는 현실이 가상을 위협한다. 여기서 현실은 프로그램에 미리 입력되지 않은 '버그'의 신세가 된다. 프로그램을 운영하기 위해서 버그는 발견되고, 추적되고, 제거되어야 한다. 여기서 왜 영화 〈매트릭스〉에서 보드리야르의 책이 등장하는지 알 수 있다. 〈매트릭스〉 1편에서 네오와 그의 친구들이 바로 프로그램을 망치는 이 버그이기 때문이다. 스미스 일당은 이 버그

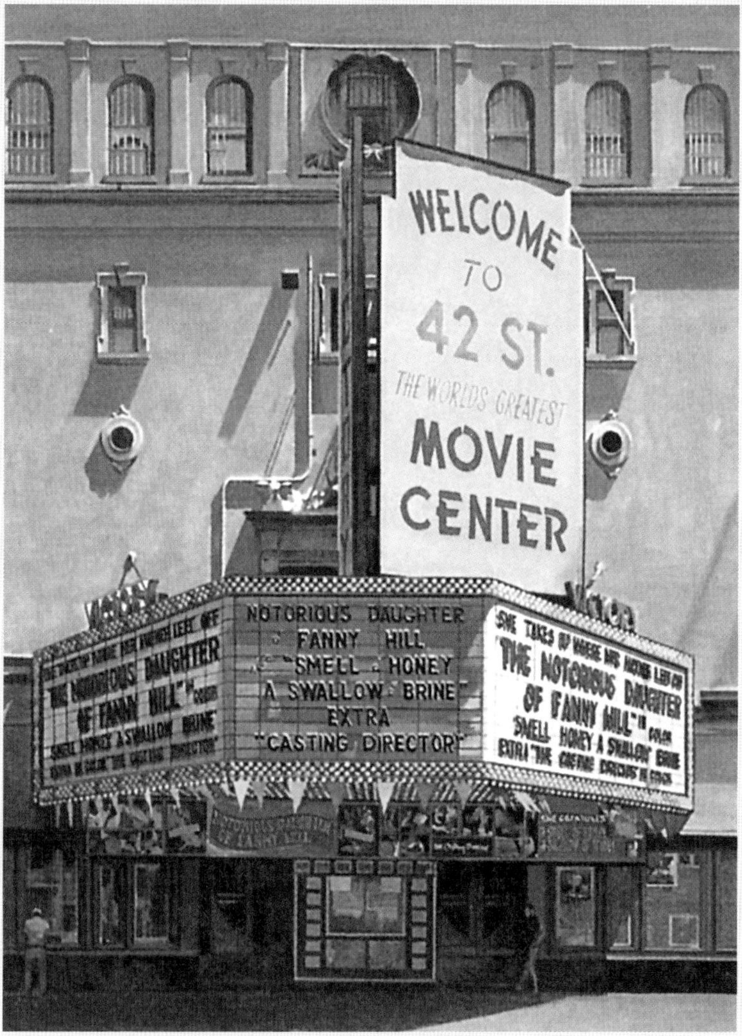

〈**42번가에 오신 걸 환영합니다(빅토리 극장)**〉 리처드 에스테스, 캔버스에 유채, 81×61cm, 1968년

를 집요하게 추적하여 제거하려 한다.

케네디를 추모하며

케네디의 암살을 다루는 부분에서 시뮬라시옹은 형이상학적 깊이에 도달한다. "권력은 존재와 정당성의 미광을 재발견하기 위해 자기 자신의 살해를 연출할 수 있다." 권력은 사실 한 개인이 가진 게 아니다. 소위 '최고 권력자'라는 이들은 실은 권력의 꼭두각시에 불과하다. 바로 이를 감추기 위해 이 꼭두각시들에게는 아우라가 필요하고, 이를 위해 권력은 자신의 살해를 연출해야 한다. 오늘날 케네디의 희생 덕분에 미국의 대통령들에게 뒤집어 씌워진 그 빛나는 아우라를 생각해보라.

케네디를 살해함으로써 권력은실은 하나도 중요하지 않은 대통령의 중요성이라는 환상을 만들어내는 데에 성공했다. 이 환상은 소위 '민주주의'라는 시뮬라시옹의 유지에 필수불가결한 것이다. 거대 기업, 고위 관료, 정치인 들의 복잡한 커넥션으로 이루어진 권력은 실은 절대로 '선출'될 수 없는 어떤 시스템이다. 하지만 한 인물에게 표를 던져 대통령으로 뽑는 이들은, 그것으로 자기들이 권력을 선출한다고 굳게 믿는다. 소위 '민주주의'는 이 착각을 먹고사는 거대한 시뮬라시옹이다.

이게 미국 혹은 현대만의 일일까? 〈케네디를 추모하며〉라는 글에서 보르헤스는 말한다. "이 총탄은 오래된 것이다." 그것은 1897년 우루과이 대통령을 향해 쏘았던 총탄이자 그보다 30년 전 링컨을 살해한 총탄이었다. 하지만 "전에 총탄은 다른 물건이었다". 그것은 구세주의 몸을 관통했던 못이었고, 소크라테스가 마신 독배였으며, 태초

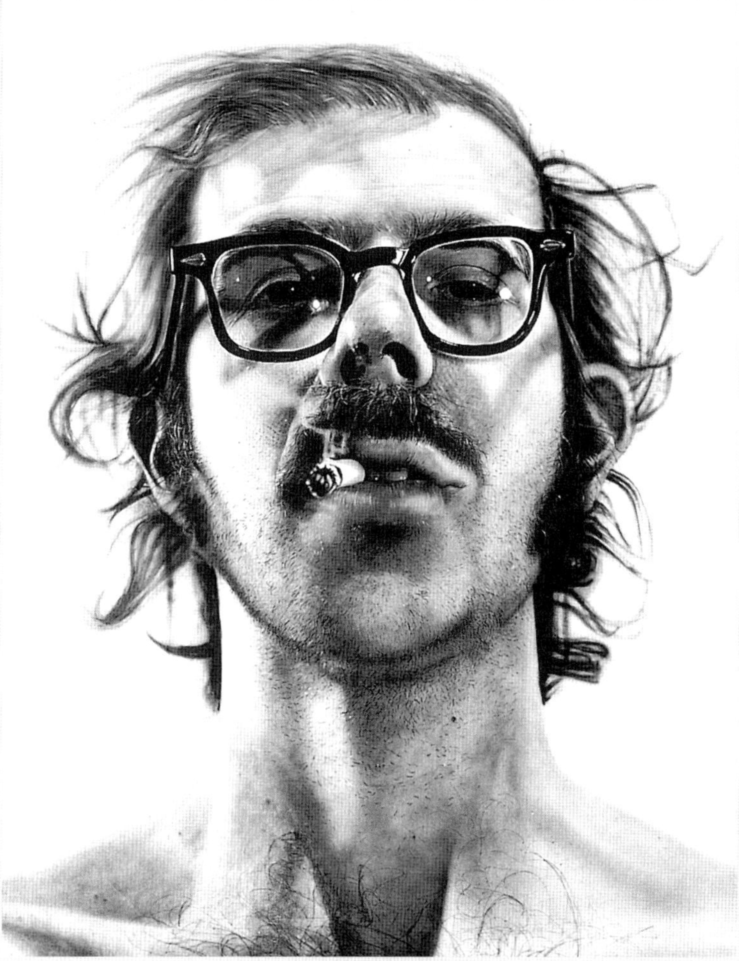

〈자화상〉 척 클로스, 캔버스에 아크릴, 108×84cm, 1968년

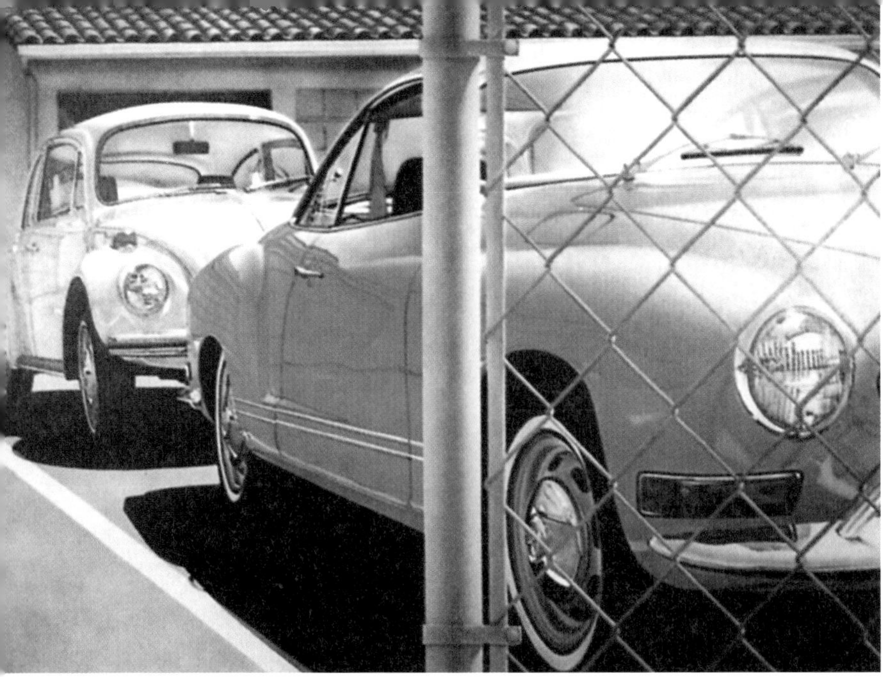

〈사설주차장 Ⅲ〉 돈 에디, 캔버스에 유채, 1971년

〈관광객들 Ⅱ〉 두에인 핸슨, 섬유 유리와 의류, 1988년

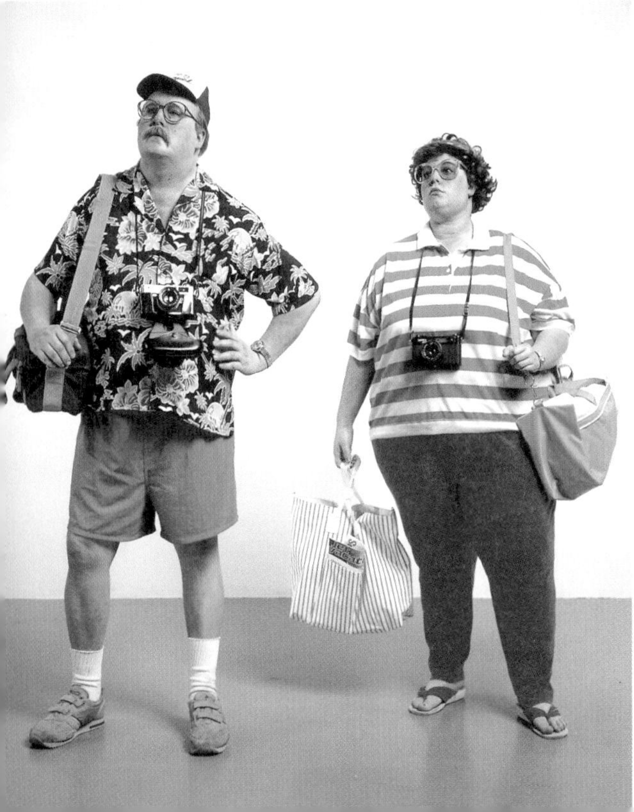

에 가인이 아벨에게 던진 돌이었다. 그 밖에도 그것은 "인류의 불가사의하고 덧없는 운명과 함께 끝이 날 많은 것들이리라". 동일자의 영겁회귀?

하이퍼리얼리티

베냐민은 복제가 원본의 권위를 약화시킨다고 했다. 안더스는 영상이 실물의 가치를 떨어뜨린다고 했다. 보드리야르에게서 가상은 현실보다 더 현실적인 실재가 된다. 이렇게 현실보다 더 실재적인 가상의 세계를 '하이퍼리얼리티hyper reality'라 부른다. 이건 SF의 상황이 아니다. 어느 잡지의 기사에 따르면 인터넷에 범람하는 포르노그래피pornography로 인해 현실의 성생활에 지장을 받는 이들이 늘어나고 있다고 한다. 포르노의 세계는 현실 섹스의 단순한 복제가 아니라 그것보다 더 강렬한 어떤 하이퍼리얼리티의 세계다.

하이퍼리얼리즘은 바로 그런 세계의 예술적 반영이 아닐까? '하이퍼리얼리즘'을 '극사실주의'라 옮기는 것은 옳지 않다. 그것은 '사실주의'의 극한이 아니기 때문이다. 사실주의자는 복제에 대한 원본의 우위를 인정하나, 하이퍼리얼리스트들은 그 위계를 전복시킨다. 그들은 사진으로 회화를 복제하는 게 아니라 회화로 사진을 흉내낸다. 이를 위해 슬라이드 필름을 화폭에 비추어놓고 그대로 본을 뜨는가 하면, 아예 화폭에 인화물질을 발라 캔버스 자체를 거대한 인화지로 사용하는 사람들도 있다.

앞에 나온 미국 사회의 이미지들을 보았는가? 사실을 말하자면 저것들은 사진이 아니다. 물감이나 아크릴로 그린 그림이다. 혹은 조각

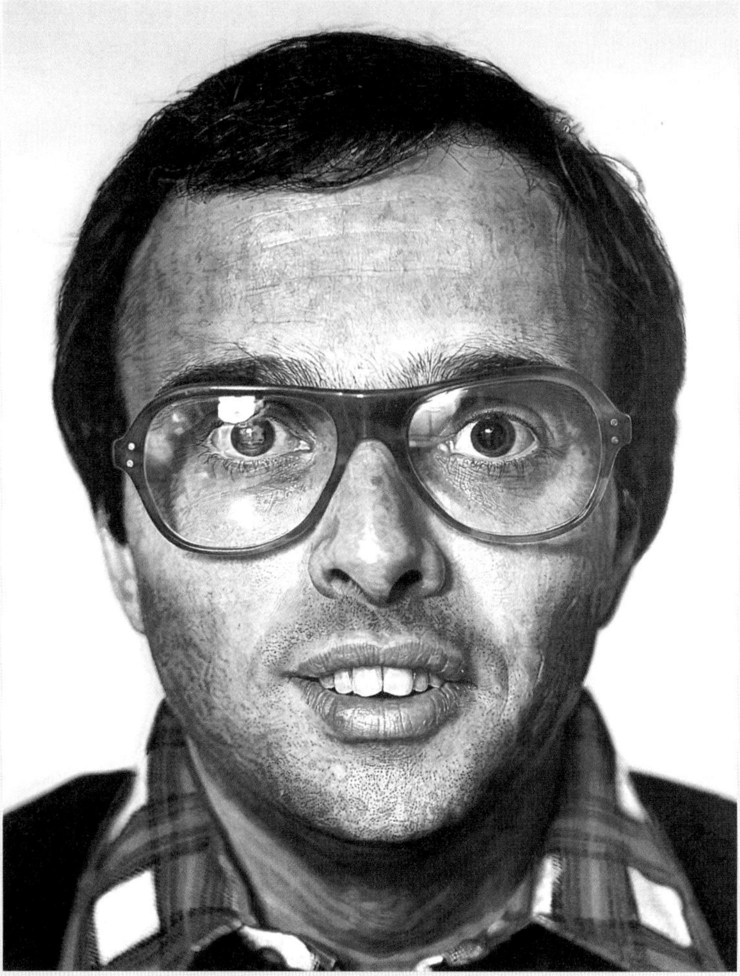

〈마크〉 척 클로스, 캔버스에 아크릴, 30×23cm, 1979년

이다. 하이퍼리얼리스트 작품은 실재를 우리가 보는 것보다 더 실재적으로 느끼게 해준다. 그들의 작품에는 사람 없는 파리의 거리를 담은 앗제의 사진처럼 어떤 강렬함이 있다. 그 황량함의 강렬함은 외려 육안으로 보는 거리를 희미한 가상으로 여기게 만든다. 저 그림은 카메라의 확대 촬영을 닮아 육안으로 체험하는 현실보다 더 강렬하다. 거인국에 간 걸리버가 그곳 여인의 젖가슴 피부의 거칢에 소스라치게 놀라듯이, 가상은 현실보다 강렬하다.

피라네시의 세계 9

꿈

상상은 기술과 결합된다. 공상은 실재와 얽힌다. 건축적 공간에 대한 완벽한 이해, 원근법적 평면 투시의 완전한 정복. 이 엄밀한 과학적 지식이 가장 모호한 환상과 결합된다. 이것이 피라네시의 세계다. 어디서 많이 본 듯하지 않은가? 사이버 공간 역시 딱딱한 과학이 만들어내는 허깨비 같은 환영의 세계가 아닌가. 바로 여기에 피라네시의 현대성이 있다.

누가 말했더라? 피라네시를 보면 10분 만에 완벽하게 미로에 빠진다고……. 이 감옥은 실제로 지어질 수 없는 허구이나, 그 허구가 발생하는 지점은 모호하게 처리되어 있다. 그래서 그것의 허구성을 단언하기가 힘들다. 피라네시의 감옥은 그저 환상이 아니다. 그는 그 환상을 실재로 만들기 위해 실재와 허구가 만나는 지점을 애써 흐린다. 여기서 환상은 실재와 나눌 수 없이 하나가 된다.

보르헤스의 사제는 감옥에서 표범을 본다. 피라네시의 감옥에는 사자가 있다. 보르헤스의 사제는 감옥에서 밧줄과 도르래를 본다. 피라네시의 감옥에 있는 것이다. 화면 왼쪽에 묶인 사내는 누구일까? 치나칸? 보르헤스의 환상이 '리얼리즘'이라 불리는 것은 환상이 그저 환상에 불과한 게 아니라 동시에 가장 현실적인 실재이기 때문이리라. 허구와 실재가 뒤섞인 저 감옥은 우리가 사는 세계의 진짜 모습이 아닐까? 그렇다면 저 묶인 자는 우리 자신이다.

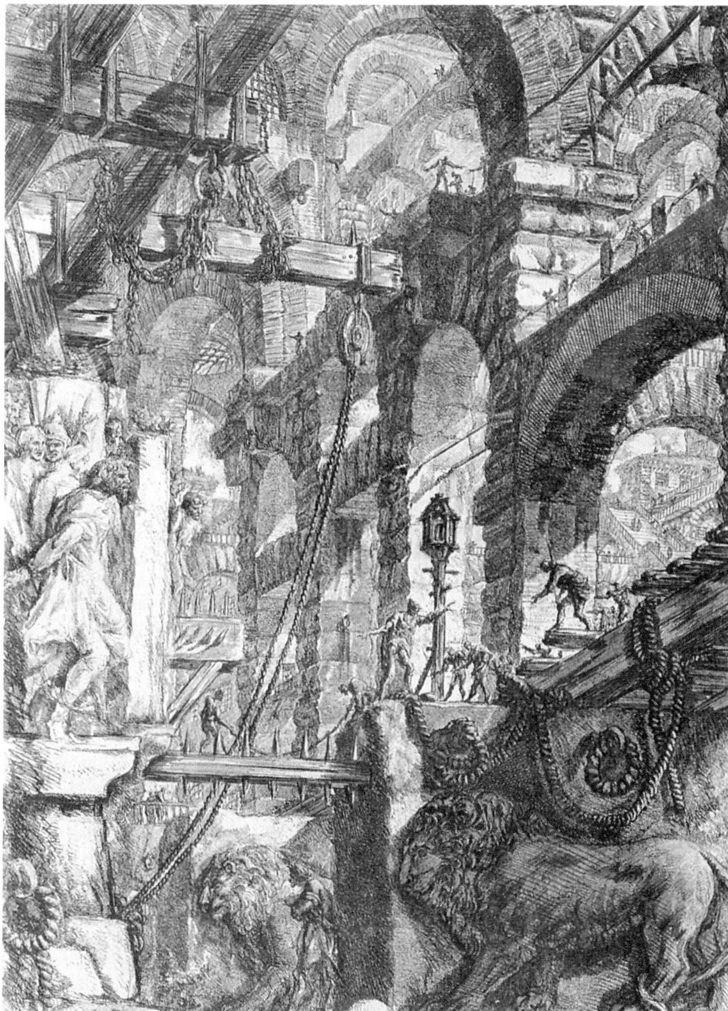

〈사자가 새겨진 저부조〉 조반니 피라네시, 동판화, 56×41cm, 1761년경

도플갱어

저 우주 어느 곳에 또 다른 지구가 있어, 거기에 나와 똑같은 사람이 살고 있다고 상상해보자. 아니면 이렇게 생각해보자. 내가 잠을 잘 때마다 어디선가 또 다른 내가 나타나서 나의 부재를 보충한다. 또 이건 어떨까? 우리는 살면서 여러 가지 선택을 한다. 내가 특정 시기에 다른 선택을 했다면 나는 어떻게 되었을까? 선택의 가지 중에서 실현되는 것은 하나뿐. 하지만 선택되지 않은 다른 경우들도 저마다 세계를 갖고 있고, 그 가능세계에는 다른 선택을 내린 수많은 내가 살고 있다면?

두 개의 돈키호테

보르헤스는 피에르 메나르라는 어느 프랑스 저자에 관한 얘기를 들려준다. 그의 평생 소원은《돈키호테》를 쓰는 것, 그러나 '또 다른' 돈키호테가 아니라 돈키호테 자체를 쓰는 것이었다. 이를 위해 그는 스페인어를 배우고, 가톨릭 신앙을 받아들이고, 세르반테스가 죽은 이후부터 현대까지의 역사를 잊어버리기까지 했다. 썼다 지웠다 하면서 수많은 원고지를 낭비한 끝에, 그는 드디어 역작을 만들어낸다.

그렇게 완성된 텍스트는 세르반테스의 것과 글자 하나 다르지 않았다. 그럼에도 메나르가 쓴 텍스트는 세르반테스가 쓴 것보다 무한히 풍부했다. 예를 들어 세르반테스는《돈키호테》제1부 9장에서 이렇게 적고 있다.

> ……진리, 진리의 어머니는 시간의 적이고, 사건들의 저장고이고, 과거의 목격자이고, 현재에 대한 표본이며 충고자이고, 그리고 미래에 대한 상담관인 역사다.

17세기에 이런 열거형 문장은 매우 평범한 것이었다. 그것은 역사에 대한 단순한 수사적 찬양, 역사에 보내는 텅 빈 말에 불과했다. 반면 메나르는 이 구절을 이렇게 적었다.

> ……진리, 진리의 어머니는 시간의 적이고, 사건들의 저장고이고, 과거의 목격자이고, 현재에 대한 표본이며 충고자이고, 그리고 미래에 대한 상담관인 역사다.

보라. 역사는 '진리의 어머니'라고 한다. 적어도 20세기에 이 문장은 놀라운 것이다. 메나르에게 역사는 현실에 대한 탐구가 아니라 현실의 원천이다. 역사적 진실이란 일어난 사건이 아니라 사건이 일어났다고 판단하는 행위를 가리킨다. 단지 벌어지는 것만으로는 사건이 될 수 없다니, 이 얼마나 놀라운 생각인가. 게다가 문체! 세르반테스의 것은 당시에 지극히 평범한 것이었다. 하지만 메나르의 것은 어떤가? 그는 이국적인 고어체를 사용하고 있지 않은가.

보르헤스의 작품은 해석학적 문예이론의 그림으로 볼 수 있다. 똑같은 책이라도 시대가 바뀌어 해석의 지평이 달라지면 새로운 책이 된다. 우리는 이미 가다머Hans Georg Gadamer, 1900~2002를 통해 하나의 텍스트는 해석을 통해 늘 새로이 거듭나며 영원히 살아간다고 배운 바 있다. 그런 의미에서 메나르는 실은 '한 작가'가 아니라 '모든 독자'의 형상이다. 17세기 책을 읽는 20세기 독자는 실은 새 책을 쓰는 셈이다. 이 이야기를 이렇게 평범하게 끌고 갈 수도 있었다. 하지만 나는 다른 선택을 하여 다른 가능세계로 들어가련다.

두 개의 수평선

미국의 미학자 단토Arthur Danto, 1924~2013는 재미있는 사유실험을 한다. 어느 이과 대학에서 건물을 새로 지은 기념으로 홀의 마주 보는 양쪽 벽에 걸 그림을 J와 K라는 두 명의 예술가에게 위촉했다. 두 명의 화가는 두 도시에 떨어져 살고 있으며, 서로 안면이 있거나 연락을 주고받는 사이가 아니었다. 그런데도 두 사람이 완성하여 가져온 작품은 공교롭게도 완벽하게 같은 모습이었다. 동일한 포맷의 텅 빈 캔버스에 중심을 가로지르는 선 하나. 놀라운 우연의 일치였다.

J

K

둘은 같은 작품인가? K가 J에게 이게 무엇을 의미하는지 물었다. J는 저 중앙의 선 하나로 뉴턴의 제1법칙을 형상화했다고 대답했다. K에게도 같은 질문을 했다. K는 뉴턴의 제2법칙을 형상화했다고 답했다. 물리적 구조라는 면에서 이 두 작품은 크게 다를 게 없다. 하지만 거기에 덧붙여지는 관념적 해석으로 보면 엄연히 다른 두 개의 작품이다. 그렇다면 어떤 대상을 작품으로 만들어주는 것은 무엇인가? 작품의 물리적 구조일까? 아니면 그 위에 얹어지는 해석일까?

서로 다른 사람이 만들었으니 어딘가 조그만 차이라도 있을 것이라고? 그럼 뒤샹의 〈샘〉이나 워홀의 〈브릴로 박스〉를 생각해보자. 같은 날, 같은 장소, 같은 기계에서 수많은 변기와 박스들이 튀어나왔다. 그중 유독 뒤샹이나 워홀이 선택한 것만 '작품'이 된 이유는 무엇일까? 적어도 물리적 구조 때문은 아닐 것이다. 벨트컨베이어로 찍어낸 것들이 서로 다르면 얼마나 다르겠는가? 이들은 선택되지 않은 다른 가능세계에서는 그냥 변기로 조용히 살아갈 뿐이다.

단토의 《일상적인 것의 변용》. 엠마오로 향하는 길에 예수의 제자들은 우연히 낯선 나그네와 동행하게 된다. 함께 저녁 식사를 하던

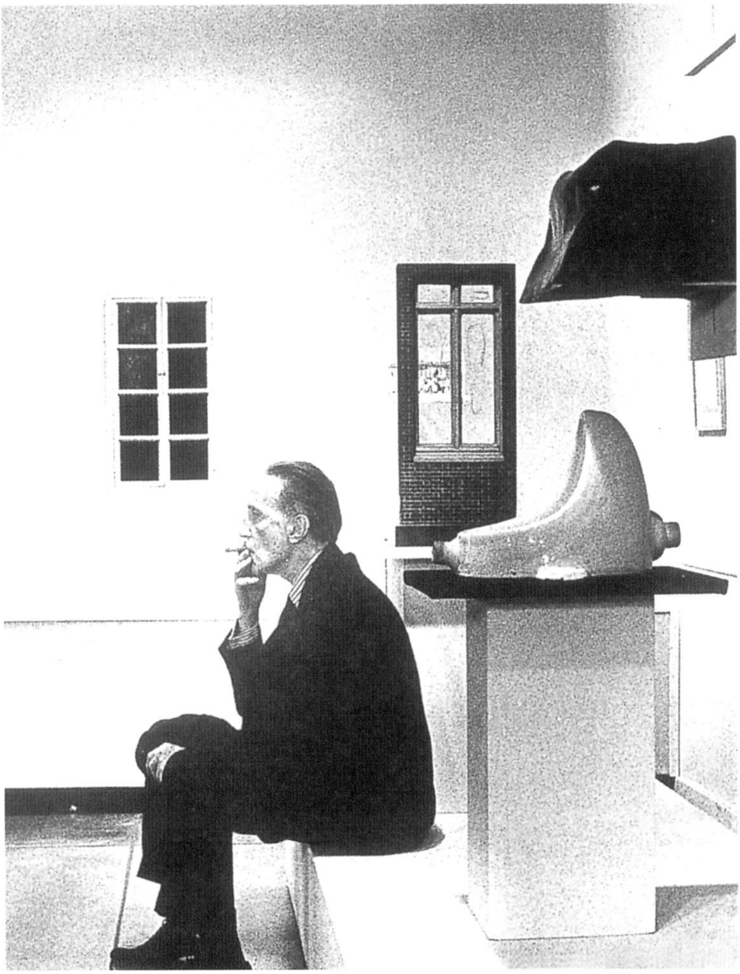

변기 앞에 앉아 있는 뒤샹, 1963년

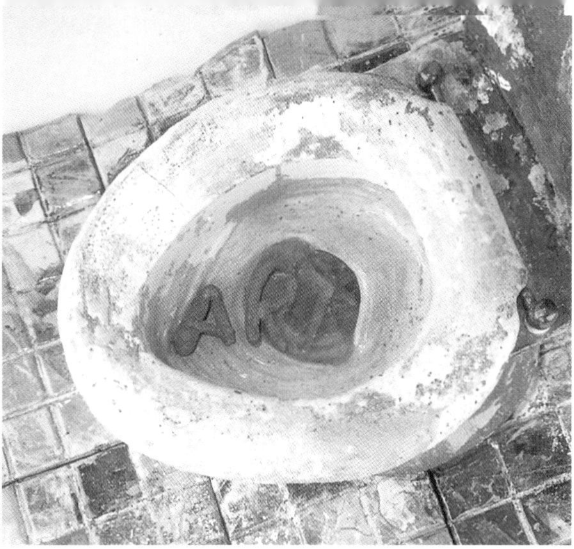

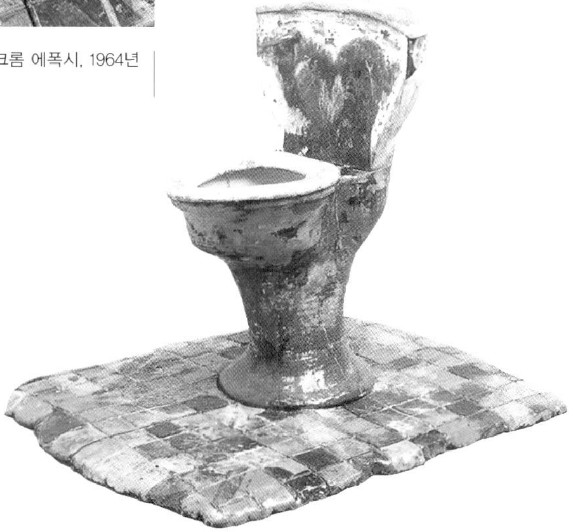

〈예술과 함께 있는 존〉 로버트 아네슨, 도자기에 폴리크롬 에폭시, 1964년

〈샘(마르셀 뒤샹 이후)〉 셰리 레빈,
청동상, 38×38×64cm, 1991년

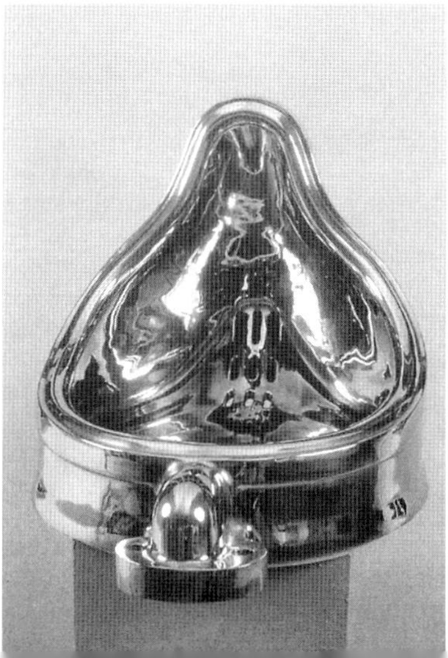

중 사내의 얼굴이 빛을 발하더니 갑자기 예수의 얼굴로 변한다. 이를 '변용'이라고 한다. 이와 비슷한 이적이 변기와 브릴로 박스에도 일어났다. 이렇게 평범한 물건들을 빛나는 아우라로 감싸인 예술로 '변용' 시키는 것은 무엇인가? 그것은 바로 해석이다. 하나의 대상은 그것이 해석의 대상이 될 때 작품으로 '변용'될 수 있다.

두 개의 수직선

수평선의 정리는 수직선에도 적용된다. 그림을 보라. 단색의 배경에 중심을 세로로 지르는 선 하나. 뉴먼의 첫 작품을 연상시킨다. 뉴먼이라면 저 선을 '짚zip'이라 불렀을 것이다. 하지만 저것은 전후 미국의 색면추상이 아니라 20세기 초 러시아 아방가르드에 속한다. 너무 비슷하지 않은가? 혹시 뉴먼이 이 작품을 보았을까? 아마 보지 못했을 것이다. 설마 뉴먼이 표절을 했겠는가. 아니, 뉴먼이 어떤 경로로든 그 작품을 보고 베꼈다고 가정하자. 그런들 어떠랴. 그래도 둘은 다른 작품일 수 있다.

예를 들어, 클라인Yves Klein, 1928~1962과 라인하르트Adolf Frederick Reinhardt, 1913~1967의 작품을 보자. 하나는 파랑, 다른 하나는 검정, 둘 다 모노크롬이다. 그럼에도 해석이 전혀 다를 수 있다. 가령 이 작품에 클라인은 '이브 클라인 블루'라는 저만의 색을 사용했다. '파랑'은 보편 개념이나 '이브 클라인 블루'는 세상에 유일무이한 파란색이다. 이것이 클라인의 이론이다. 반면 라인하르트의 모노크롬은 색채를 강조하는 것 같지 않다. 말레비치에게는 아직 사각의 형상이 남아 있지만 여기서는 그마저 사라지고 검정만 남는다. 아마도 이것은 회화의 극한을

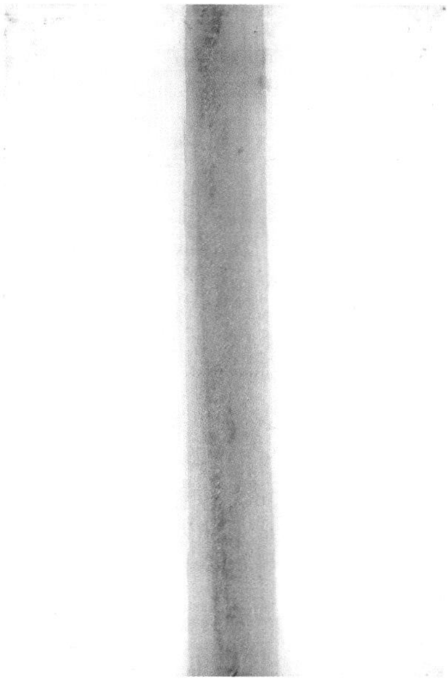

〈푸른 줄〉 올가 로사노바, 캔버스에 유채, 71×53cm, 1917년

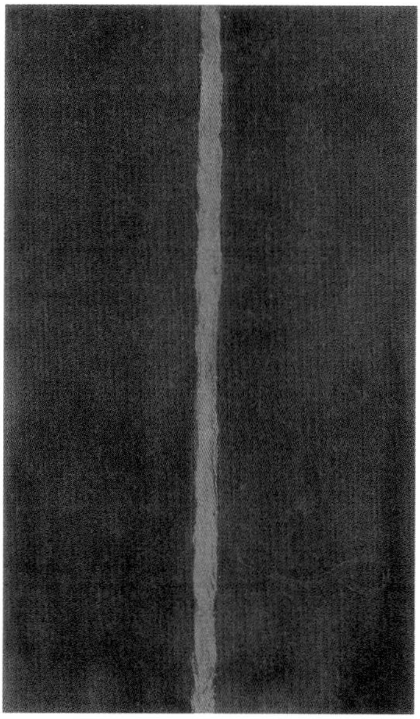

〈하나임 I〉 바넷 뉴먼, 캔버스에 유채, 69×41cm, 1948년

보여주려 함이 아닐까? 만약 그렇다면, 이것은 또 다른 이론이다.

J와 K의 수평선이 서로 다른 이론을 갖는다면, 두 개의 수직선도 마찬가지다. 뉴먼의 수직선이 정작 시기적으로 앞선 러시아 화가의 것보다 널리 알려진 것도 그 때문이 아닐까? 사실 뉴먼의 캔버스에서 볼 게 뭐가 있는가. 그러면서 그 안에 든 이론은 또 얼마나 거창하던가. 어쨌든 그는 '숭고'의 미학으로 전전戰前의 유럽 아방가르드와 구별되는 하나의 획을 그었다. 이렇게 뉴먼의 작품에는 탄탄한 '이론'이 결부되어 있다. 이 때문에 같은 모습을 하고 있어도 두 작품의 예술

〈파란 모노크롬(IKB)〉 이브 클라인, 캔버스에 합성고분자 안료, 195×140cm, 1959년

〈추상 회화〉 AD 라인하르트, 캔버스에 유채, 152×152cm, 1963년

사적 의미는 현저히 달라지는 것이다.

두 개의 예술사

들뢰즈의 말대로 “모든 위대한 화가는 자기만의 미술사를 갖고 있다”. 위대한 화가는 제 나름의 방식으로 미술사를 요약한다. 그렇게 요약한 미술사의 연장선에 제 작품을 올려놓고, 그것과 기존의 것들 사이에 획을 긋는다. 여기에 성공하면 소위 ‘획기적’인 작품이 되고, 그 작품을 만든 화가는 위대해진다. 들뢰즈가 선택한 베이컨을 보자. 사실 색채의 폭력을 처음 휘두른 사람들은 따로 있었다. 그들 또한 짐승에 가깝다고 하여 ‘야수파’라 불렸다. 하지만 이들과 달리 베이컨의 작품에는 미술사가 들어 있다.

베이컨의 예술사는 시각과 촉각의 대립의 역사다. 손가락으로 짚어가며 보는 듯한 이집트의 저 부조는 촉지적이다. 실물로 착각할 것 같은 그리스의 환영주의 조각은 촉지적·광학적이다. 빛나는 금색 모자이크의 비잔틴 예술은 광학적이었다. 그리스를 전범으로 삼은 르네상스 예술은 다시 촉지적·광학적이다. 회화적 효과를 강조한 바로크에서는 광학적 요소가 강화된다. 이제까지 서구 회화는 주로 시각 중심이었다. 베이컨은 여기에 종지부를 찍는다. 이제 회화는 촉각을 지향해야 한다는 것이다.

뉴먼은? 그에게 미술사는 미와 숭고의 투쟁의 역사였다. 고대인들은 숭고의 열망을 미의 완성에 종속시켰다. 중세와 바로크 때에 잠깐 숭고의 열망이 되살아났으나, 그마저도 미의 한계 내에 머물렀다. 유럽의 아방가르드는 구상을 포기함으로써 숭고를 지향하는 듯했으나,

결국 형과 색의 구성이라는 미적 형식주의에 빠져들었다. 이제 '미'의 지배에 종지부를 찍고, '숭고'의 시대를 열어야 한다. 형상의 빈곤과 관념의 과잉. 뉴먼의 위대함은 텅 빈 그림이 아니라 거기에 결부한 꽉 찬 이론 안에 있을 게다.

두 개의 숭고

어쩌면 숭고는 20세기 초에 이미 일어났는지도 모른다. 가령 그 러시아 화가가 뉴먼과 똑같은 생각으로 그 그림을 그렸다고 해보자. 그럼 어떨까? 하지만 그에게는 유감스럽게도 명시적인 이론이 없었다. 그래서 숭고도 일어나지 않았다. 메나르의 《돈키호테》가 보여주듯이 "역사적 진실이란 단지 일어난 사건이 아니라 사건이 일어났다고 판단하는 행위"에 있다. 단지 일어나는 것만으로는 숭고가 될 수 없다. 그것이 일어났다고 판단을 내리는 이론이 그것을 일으키는 것이다.

러시아 화가보다 뒤늦게 거의 같은 작품에 도달한 뉴먼은 결국 세르반테스와 똑같은 텍스트를 쓴 메나르가 아닐까? 단색의 배경에 수직선 하나. 외양으로 보면 거의 같으나 뉴먼의 것은 러시아 화가의 것보다 무한히 풍요롭지 않은가. 적어도 숭고를 일으킨다는 면에서 보면, 뉴먼의 것은 그 앞의 러시아 화가의 것보다 외려 앞섰다. 그래서 설사 뉴먼이 그것을 베꼈다고 해도, 우리는 뉴먼이 그녀를 닮았다고 할 게 아니라, 그녀가 뉴먼을 닮았다고 해야 할 것만 같다.

예술은 미술관에 소장된 물리적 현실의 총체가 아니다. 예술의 현실은 그 대상들 위에 유령처럼 덧붙여지는 해석들, 비평들, 이론들의 총체다. 이것들이 그저 허구에 불과하다고? 그렇지가 않다. 동일한 물리적 구조를 가진 작품이라도 거기에 덧붙여지는 해석, 비평, 이론 등에 따라 실제로 다른 액수의 돈이 지불된다. 이만큼 현실적인 게 또 어디에 있는가? 가상이 그저 가상에 불과한 게 아니다. 허구가 그저 허구에 불과한 게 아니다. 가상이나 허구는 이미 현실이 존재하는 방식이 되었다.

두 개의 피에르 메나르

나 역시 〈피에르 메나르, 돈키호테의 저자〉를 쓰려고 했다. 이를 위해—가망 없는 시도라 곧 포기했지만—보르헤스의 모국어를 배우고, 그의 보수적 정치관을 받아들이고, 심지어 1944년 이후 지금까지의 역사를 지워버리기까지 했다. 쓰고 지우기를 반복한 끝에 내가 쓴 텍스트는 놀랍게도 보르헤스의 것과 글자 하나 다르지 않았다. 그럼에도 나의 텍스트는 보르헤스의 것보다 무한히 풍요롭다. 예를 들어 보르헤스는 이렇게 적고 있다.

> ……메나르는 새로운 테크닉을 통해 그때까지 여전히 초보적이고 불완전했던 읽기라는 예술을 풍요하게 만들었다. 이런 무한 적용의 테크닉은 우리로 하여금 마치 《오디세이아》가 《아이네이드》보다 후의 작품인 것처럼 여기도록 만든다.

1940년대에 씌어진 이 문장은 이제 더 이상 새로울 것 없는 문예이론의 그림에 불과하다. 반면 그가 죽은 후의 역사를 아는 나는 이렇게 적었다.

……메나르는 새로운 테크닉을 통해 그때까지 여전히 초보적이고 불완전했던 읽기라는 예술을 풍요하게 만들었다. 이런 무한 적용의 테크닉은 우리로 하여금 마치 《오디세이아》가 《아이네이드》보다 후의 작품인 것처럼 여기도록 만든다.

"초보적이고 불완전했던 읽기." 이 생각은 놀라운 것이다. 해석학마저도 초보적이고 불완전한 읽기로 간주하기 때문이다. 나는 메나르의 '새로운 테크닉'을 디지털 시대의 시뮬라크르적 읽기로 정의했다. 그것은 원본과 복제의 위계를 뒤엎고, 원본과 복제의 시간차마저 뒤집어, 베끼기를 원본보다 풍요하게 만든다. 게다가 문체! 당시에 평범하게 여겨졌을 보르헤스의 것에 비하면, 디지털 시대에 나의 것은 얼마나 고풍스러운 번역투인가.

예술의 종언

내로라하는 평론가들에게 그림 하나를 보여주며, 작품성을 평가해달라고 부탁했다. 얼룩덜룩 물감이 묻은 작품이었다. 대부분의 평론가가 그 작품에 비교적 호평을 했고, 그중 하나는 이 무명작가의 작품에 관한 평을 신문에 기고하기도 했다. 이 장면은 모두 몰래 카메라에 담겼다. 이것을 보며 미국 시청자들은 배꼽을 잡고 웃었다. 그 작품은 인류의 소산이 아니라 그의 유전적 조상의 것이었기 때문이다.《피카소의 달콤한 복수》라는 책에 나오는 얘기다.

원숭이의 장난이 썩 괜찮은 작품이 될 수 있다면, 도대체 예술은 뭐하러 존재하는가? 하나의 사물을 작품으로 만들어주는 게 '이론'이라면 예술가들은 대체 왜 존재하는가? 보드리야르는 〈르몽드Le Monde〉와의 인터뷰에서 "현대 예술은 무가치하다"고 말했다. 실제로 현대 예술 중에 그것을 둘러싼 액자값을 하는 게 얼마나 될까? 그런데 왜 무가치한 것이 그렇게 높이 평가되고, 높은 가격에 팔리는 것일까? 보드리야르에 따르면 그것은 어떤 '공모'의 결과다.

예술의 공모

한 화가가 실수로 캔버스에 칼 자국을 낸다. 그런데 그 모습이 보기에 제법 괜찮다. 그는 원래의 작업을 포기하고 이 작품(?)을 그대로 출품하기로 한다. 전시회 관계로 비평가가 그의 아틀리에에 들른다. 비평가는 그게 별것 아님을 뻔히 안다. 혹평을 해서 나무랄까? 아니면 그것을 미술사의 획기적인 작품으로 만들어줄까? 그가 어느 쪽을 선택하느냐는 작품의 속성이 아니라 그 작가가 그에게 베푸는 대접의 함수다. 그날 분위기, 괜찮았나 보다. 다음 날 신문 문화란에는 이런 평이 실린다.

> 21세기 화단의 앙팡테리블(enfant terrible) 작가 J씨. 회화의 형을 탐색하는 데에 주력해왔던 그가 최근 형을 초월하여 형이상으로 비약하고 있다. 화폭에서 보이는 것은 위에서 아래로 찢어진 날카로운 칼 자국뿐이다. 여성의 성기를 닮은 저 캔버스의 틈은 언젠가 모든 존재자를 낳은 세계의 자궁이다. 찢어진 틈으로 입을 벌린 저 어두운 존재의 심연을 보라. 하이데거가 말한 존재와 존재자의 존재론적 차이가 저기에서 충격적으로 시각적 직관성에 도달한다.

물론 비평가는 자기가 무슨 말을 했는지 모른다. 하지만 놀라운 것은 쓴 사람조차 이해하지 못하는 글을 이해하는 사람들이 있다는 것이다. 하긴, 원숭이 그림도 이해가 되는데 사람이 쓴 글이 왜 이해가

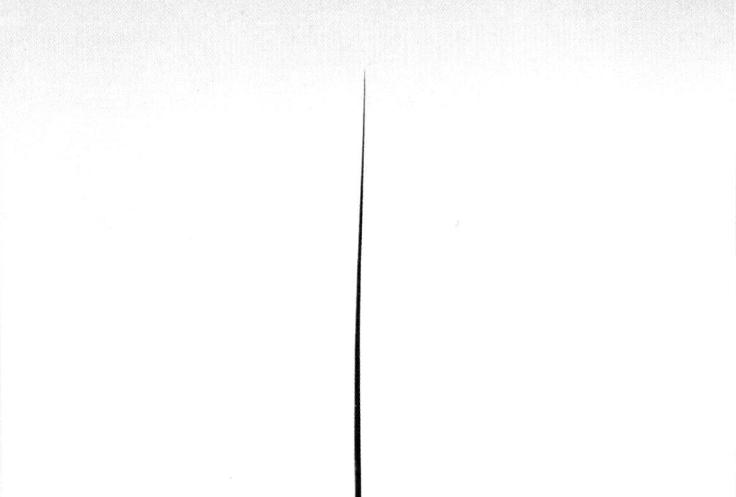

〈공간 개념, 기대〉 루치오 폰타나, 캔버스, 120×114cm, 1960년

안 되겠는가. 깊은 형이상학적 감명을 받은 변호사 K씨. 작품을 구입하기로 마음먹는다. 예술가는 그에게 5000만 원을 요구했고, 그는 한 푼도 깎지 않고 선선히 수표를 끊어준다. 마침내 이 '공모'의 희생자가 생겼다. 5만 원짜리 캔버스를 졸지에 5000만 원을 주고 산 변호사 K씨.

하지만 K라고 인생을 허투루 살겠는가. 그에게도 다 생각이 있다. 그 역시 평론가의 말이 허튼소리에 불과함을 안다. 하지만 적어도 미술 바닥에서 저 유명한 비평가의 말은 헛소리도 곧 현실이다. 게다가 그 작품은 신문에 났던 것. 그것만으로도 상징자본이 붙는다. 게다가 그가 작품을 산 더 절실한 이유가 있다. 그것을 더 높은 값에 되팔 수 있다면, 5만 원짜리 캔버스라도 얼마든지 5000만 원을 주고 살 수 있는 것이다. 예술계라는 시뮬라시옹이 무너지지 않고 유지되는 것은 이 때문일까?

가치의 황홀경

단토는 '예술의 종언'에 대해 얘기한다. 하긴, 물감을 뿌리고, 캔버스를 찢고, 몸에 페인트를 칠하고, 피아노를 부수고, 죽은 동물을 포르말린에 집어넣고, 사용한 생리대를 말려 전시하고, 에이즈 환자가 몸에 상처를 내 피를 튀기고. 그동안 안 해본 발광이 뭐가 있는가? 200년 전 헤겔이 '예술의 종언'을 얘기했을 때, 그는 그리스를 모범으로 한 고전 예술의 생명이 다했음을 예감했다. 또다시 예술의 종언을 얘기하는 단토. 이제는 20세기 모더니즘도 피로감을 느끼는 걸까?

모더니즘은 '차이'의 생산이었다. 현대 예술은 재현을 포기했다. 때

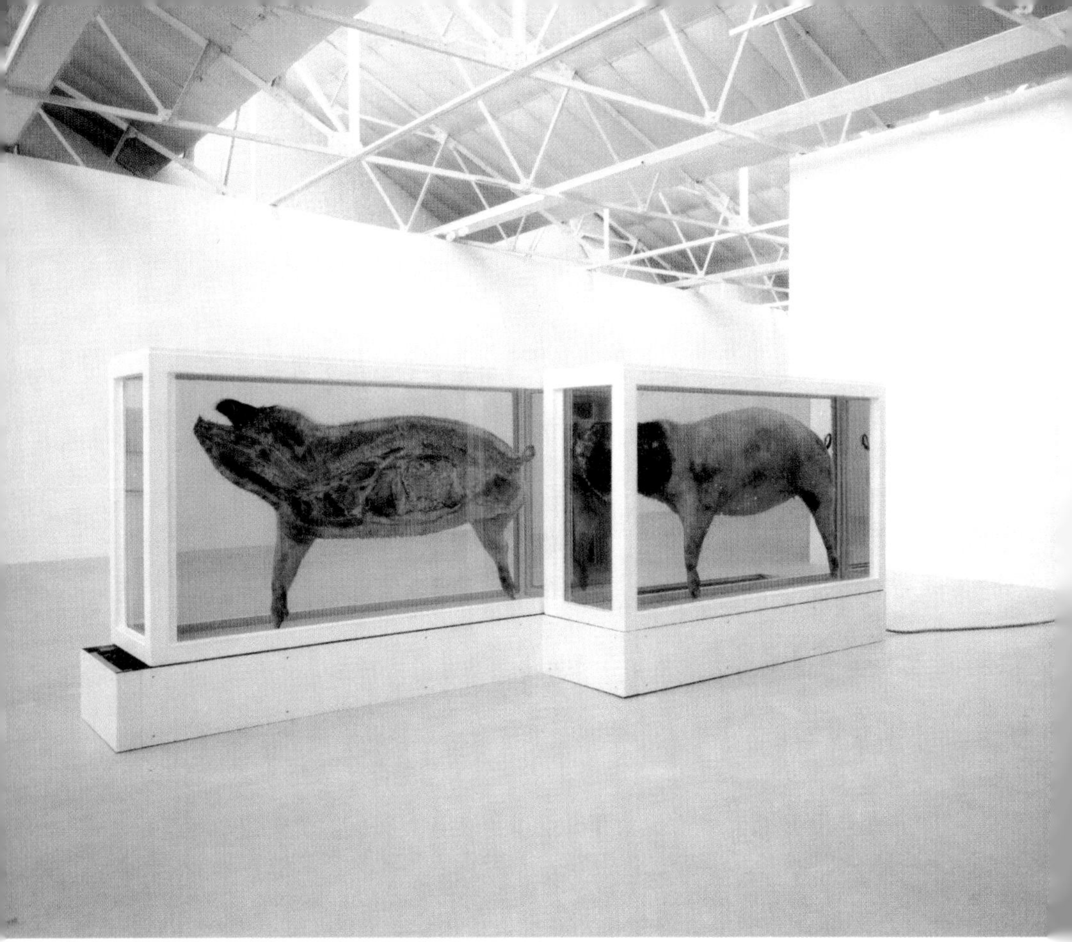

〈이 아기 돼지는 장보러 갔고, 이 아기 돼지는 집에 있었는데요〉 데이미언 허스트,
철과 유리로 된 두 개의 탱크에 돼지와 포르말린 용액, 120×210×60cm, 1996년

Courtesy White Cube. Photo: Stephen White

문에 '얼마나 진실하게 묘사했느냐'가 아니라, '다른 작품과 얼마나 다른가'가 작품성의 기준이 된다. 덕분에 우리는 무한히 다양한 예술 언어를 갖게 됐다. 하지만 언제까지 그럴 수 있을까? '다르다'는 것도 어떤 한계 내에서다. 그 도를 넘어서면 '다르다'는 것도 의미를 잃게 된다. 저마다 모두 다를 때, 남과 다르다는 것은 외려 남과 같다는 뜻이 된다. 왜? 남과 '다르다'는 것이 모든 이의 특징이니까.

차이의 생산이 극에 달하면 외려 모든 차이가 소멸한다. 이 역설이 일어나는 지점을 보드리야르는 "가치의 황홀경"이라 부른다. 현대는 이미 개별자의 차이가 지워져 거대한 일자로 합류하는 디오니소스의 황홀경에 있다. '차이'의 생산을 원동력으로 삼았던 '모던'은 종말을 고하고, 사회는 이미 동일자를 무한 증식하는 '포스트모던'의 시대에 가 있다는 것이다. 영화 〈매트릭스〉에서 무한 증식하는 스미스는 현대 사회의 이 악마 같은 모습의 상징일 것이다.

초(超)미학

가치의 황홀경. 여기서 미적 가치도 자유로울 수 없다. 과거에는 예술과 현실, 작품과 사물의 구별이 비교적 분명했다. 하지만 뒤샹이 변기를 들여오고, 워홀이 브릴로 박스를 들여온 후, 두 세계를 구별해주던 기준도 사라졌다. 미적인 것을 극단적으로 추구하다 보니 어느새 가치의 황홀경에 도달한 것이다. 그런 의미에서 보드리야르는 뒤샹과 워홀을 높이 평가한다. 그들의 작품은 그가 진단한 어떤 시대적 징후의 예술적 증언이기 때문이다. 특히 워홀의 작품은 같은 이미지를 수없이 반복하는 동일자의 무한 증식을 구현하고 있지 않은가.

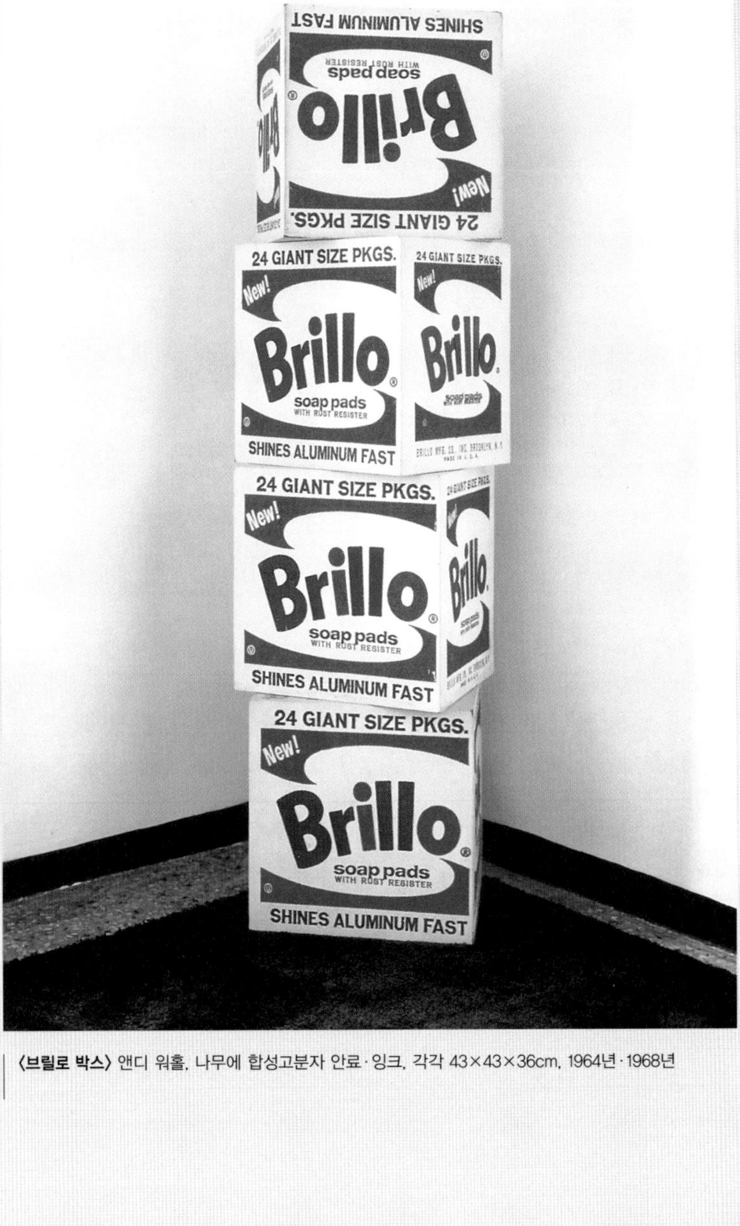

〈브릴로 박스〉 앤디 워홀, 나무에 합성고분자 안료·잉크, 각각 43×43×36cm, 1964년·1968년

보드리야르가 보기에 워홀은 동일자의 무한 증식을 '증언'했다. 하지만 그 뒤의 작가들은 그저 동일자의 무한 증식을 '실천'할 뿐이다. 말하자면 뒤샹과 워홀 이후에 등장한 수많은 작가는 하나도 새로운 게 없다는 것이다. 그런 의미에서 그들은 그 자체가 동일자의 무한 증식에 불과하다. 어쩌면 뒤샹과 워홀은 '차이'를 생산한 마지막 작가일지도 모른다. 오늘날 그들의 흉내를 내는 작가들은 모두 무한 증식하는 스미스들 중 하나일 뿐이다. 미술관에서는 변기를 두 개 이상 필요로 하지 않는다.

평범한 것과 미적인 것. 둘 사이의 구별이 지워지는 현상을 보드리야르는 '초미학'이라 부른다. 미적인 것이 극점에 달하면 그것은 외려 사라진다. 모든 게 예술이 되기 때문이다. 다른 한편 예술은 또한 모든 것이 되고 있다. 나날이 아름다워지는 도시 풍경, 예술을 방불케 하는 기발한 상업광고, 작품을 연상케 하는 멋진 상품들. 예술은 현실로 실현되고 있다. 모든 것이 예술이 되고, 예술이 모든 것이 되고 있다. 여기서 그는 예술에 종언을 고한다.

> 예술이 더 이상 없기 때문이 아니라, 예술이 너무 많기 때문에 예술은 죽는 것이다.

예술의 종언

예술이 아직 재현이었을 때, 현실은 원상이고, 그림은 모상이었다. 모상의 진리는 원상과의 일치에 있다. 복제는 원본과 일치할 때에만 참된 존재다. 원본과 다른 사본은 사기다. 실재는 실재, 허구는 허구. 이

때만 해도 모든 게 분명했다. 하지만 오래전에 예술은 재현을 포기했다. 예술의 과제는 있는 현실의 재현representation이 아니라, 없는 현실을 비로소 있게 하는 현시presentation가 되었다. 작품의 진리는 있는 현실의 정직한 증언이 아니라, 없는 현실을 만드는 창조의 힘에 있다. 한 세기 동안 우리는 그 창조의 즐거움을 만끽해왔다.

하지만 없는 현실의 창조란 있는 현실의 조작일 수도 있다. 예술이 새로운 현실을 만드는 힘이라면, 우리의 현실은 허구다. 그럼 그것은 대체 누구의 허구인가? 게다가 오늘날 세계 체험은 주로 미디어를 통해 이루어진다. 그런데 미디어도 예술을 닮아서 더 이상 현실을 재현하지 않고, 없는 현실을 만들어내려 한다. 그렇다면 그렇게 만들어진 세계의 건축가는 누구일까? 우리는 대체 누구의 작품 속에 사는 것일까? 그렇기 때문에 창조의 미학은 존재의 윤리로 견제되어야 한다. 가상과 실재, 허구와 현실은 어쨌든 구별해야 하지 않겠는가?

우리의 문제는 이것이다. 실재와 가상을 가르는 기준 역시 가상이며, 현실과 허구를 나누는 기준마저 허구일 수 있다는 것. 도대체 무엇이 실재이며 무엇이 가상인가? 대체 어디까지 현실이며 어디부터 가상인가? 그런 의미에서 사라지는 것은 예술만이 아니다.

예술이 종언을 고할 때 사라지는 것은 외려 현실, 더 정확히 말하면 현실에 대한 낡은 관념인지도 모른다. 이제 우리는 허구와 실재가 복잡하게 뒤엉킨, 새로운 현실을 살아야 한다. 이것은 축복일까? 저주일까?

어쨌든 우리에게 익숙했던 현실은 사라지고 있다. 앨리스 앞의 체셔 고양이처럼 천. 천. 히.

원형의 폐허에서

플라톤 시뮬라크르를 긍정하라 그랬던가?

디오게 그랬지.

플라톤 생성의 기쁨을 얘기했나?

디오게 그랬지.

플라톤 그림자 놀이의 유토피아를 얘기했나?

디오게 그랬지.

플라톤 그런데 이게 뭔가? 주기적으로 불타는 폐허…….

디오게 우주란 원래 그런 것이 아닌가?

그림자의 진실

플라톤 우주가 그림자란 말인가?

디오게 거울에 비친 영상은 복제의 복제, 시뮬라크르에 불과하다고

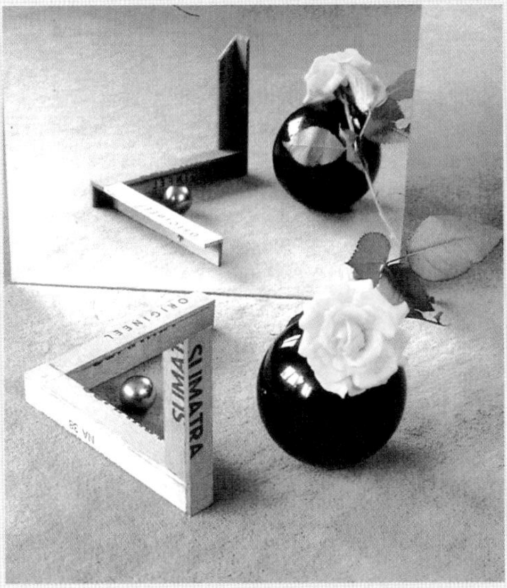

〈불가능한 도형〉
막스 에른스트, 1985년

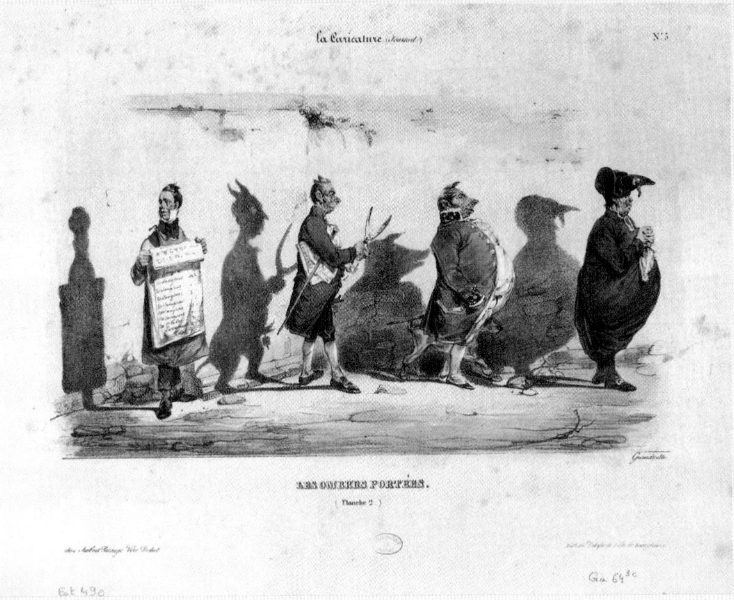

〈그림자 붙이기〉 장 자크 그랑드빌, 종이에 수채, 14×21cm, 1830년

그림자를 이용한 캐리커처.

했던가?

플라톤 그랬지.

디오게 하지만 사진을 보게. 저기서 진실을 말하는 것은 외려 거울에 비친 시뮬라크르가 아닌가.

플라톤 시뮬라크르는 뒤에서 본 실물을 비추고 있을 뿐이겠지.

디오게 그럼 그랑드빌의 삽화는 어떤가?

플라톤 뭐하는 자들인가?

디오게 아마 정치가들이겠지. 그들의 그림자를 보게.

플라톤 동물의 형상이 아닌가. 보게, 저렇게 시뮬라크르는 거짓말을 한다네.

디오게 아니, 그 그림자야말로 허식을 뒤집어쓴 저자들의 본질이 아닐까?

원작과 복제

플라톤 내 얼굴을 보게. 누구의 것인가?

디오게 다빈치의 얼굴이지. 마음에 안 드나?

플라톤 그걸 어떻게 알았다고 하던가?

디오게 다빈치의 자화상이 남아 있기 때문이지.

플라톤 결국 라파엘로가 다빈치의 자화상을 보고 베꼈다는 얘긴가?

디오게 그렇다고들 하던데…….

플라톤 그런데 라파엘로가 베꼈다는 다빈치의 자화상은 위작으로 밝혀졌네.

디오게 그런 일이 있었나?

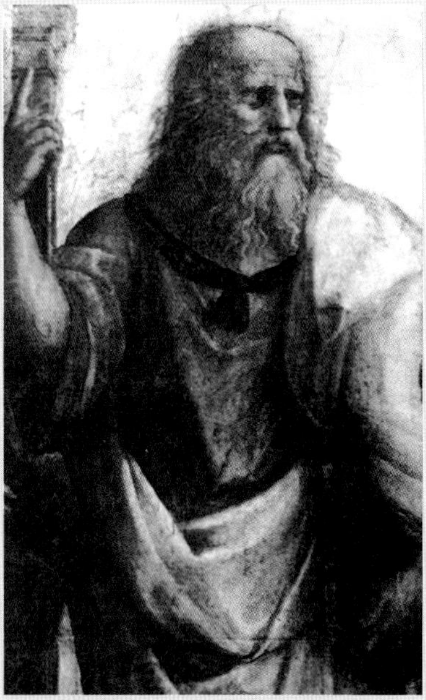

플라톤의 모습
라파엘로 〈아테네 학당〉의 부분도

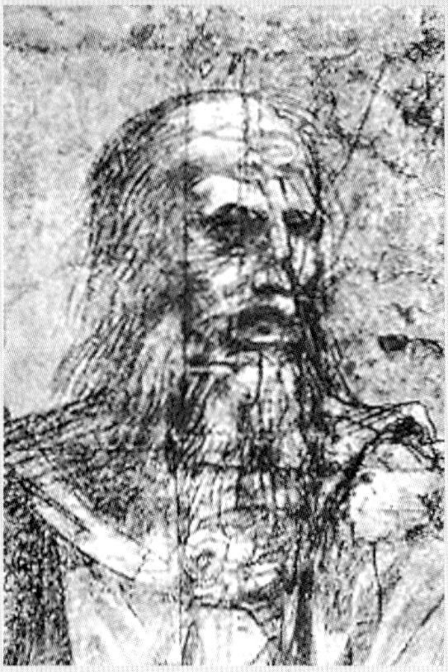

플라톤으로 표현된 인물의 스케치(부분),
라파엘로 산치오

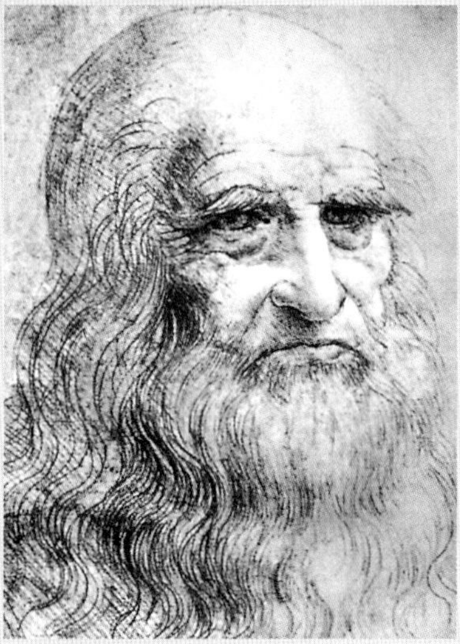

〈자화상〉
이제까지 레오나르도 다빈치의 초상으로
알려졌던 위작.

플라톤 누군가가 라파엘로 그림 속의 내 얼굴을 본떠 그려놓고, 그걸 다빈치의 초상이라 내놓았다고 하더군.

디오게 재밌군. 그럼 우리가 아는 원작과 복제의 관계가 뒤집힌 건가?

플라톤 그렇지. 자네는 중요한 것은 이미 있는 것의 재현이 아니라, 아직 없는 것의 현시라 했나?

디오게 그랬지.

플라톤 근데 '아직 없는 것의 현시'라는 게 혹시 '이미 있는 것의 조작'이라는 생각은 안 해봤나?

디오게 …….

현실과 가상

플라톤 그래서 우리는 '진리'에 대한 물음을 포기할 수 없다네. 진짜와 가짜, 가상과 실재, 허구와 실재 사이에 엄연히 차이가 있는 한…….

디오게 그럴 수도 있겠지. 하지만 자네도 알겠지만 어디 그 구별이 쉽겠는가?

플라톤 어렵다고 포기해야 하나?

디오게 그 어려움이 열심히 노력한다고 극복되는, 그런 성격의 것이 아니라는 게 문제지.

플라톤 무슨 얘기인가?

디오게 가상과 실재를 구별하는 기준 자체가 가상적이고, 허구와 실재를 가르는 기준 자체가 허구적이라는 얘길세.

플라톤 좀더 자세히 말해보게.

디오게 예를 들어 자네는 진짜와 가짜를 구별하기 위해 철학과 신화

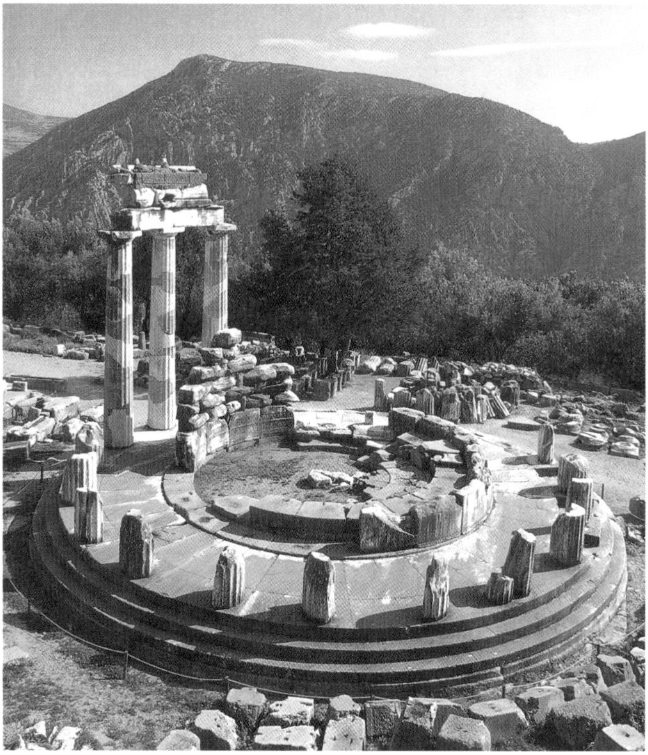

아테나 프로나이아의 톨로스, 포카이아의 테오도루스, 기원전 370년

를 구별하려고 했지?

플라톤 그랬지.

디오게 그럼 그 구별 자체가 신화적이라는 생각은 안 해봤나?

플라톤 아니?

디오게 생각해보게. 자네 말에 따르면 저 천상의 이데아가 진정한 실재이고, 이 땅의 현실은 가상에 불과하지 않나.

플라톤 그렇지.

디오게 그게 진짜와 가짜를 가르는 자네의 구별법이지. 그런데 그 황당한 얘기를 오늘날 누가 믿겠나? 그런 의미에서 신화와 철학을 가르는 자네의 구별은 또한 얼마나 신화적인가?

플라톤 …….

바퀴 속으로

디오게 원형의 폐허? 주기적으로 불타고 새로 생성되는 사원. 어쩌면 그것이 우주의 모습인지도 모르지.

플라톤 동일자의 영겁회귀?

디오게 혹시 자신이 꿈이라는 생각은 안 해보았나?

플라톤 철학자는 꿈을 깨우는 사람이지, 꿈을 꾸는 자가 아니라네.

디오게 하지만 어차피 자네와 나도 꿈이 아닌가? 우리의 시각적 형상은 라파엘로의 꿈이고, 우리의 만남은 이 책을 쓰는 자의 꿈이지.

플라톤 그렇다면 그 녀석도 또한 그 누군가의 꿈일지 모르지.

디오게 그럴 수도 있겠지.

플라톤 그럼 내 말이 맞지 않나. 우리가 눈에 보는 현실은 한갓 가상에 불과하다.

디오게 그렇게 되나?

플라톤 그게 삶이지. 언젠가는 참된 세계에서 깨어나기를 꿈꾸며 사는 것…….

디오게 하지만 그 세계도 또 다른 꿈일 터. 그냥 거대한 우주의 바퀴를 굴리며 꿈속에서 함께 놀지 않으려나? 영. 원. 히…….

에필로그

다시 별밭을 우러르며

인천에 있는 결핵 요양원을 몰래 빠져나온 후 5일 동안 친구가 뭘 했는지는 아무도 모른다. 하지만 한 가지는 분명하다. 하얀 재로 변한 그를 누이들은 차마 강물에 뿌리지 못하고 어머니 산소 옆에 묻기로 했다. 어머니 산소에 도착했을 때 누이들은 그 앞에서 빈 소주병을 볼 수 있었다. 거기엔 시들어버린 들꽃 한 송이가 꽂혀 있었다. 그 꽃이 싱싱했을 때엔 친구도 아직 살아 있었으리라. 이 이야기를 듣고 난 퍽이나 그 친구답다고 생각했다.

이 책의 몇 부분은 그를 기념한다. 빛의 화가 렘브란트, 그리고 〈플란다스의 개〉에 나오는 그림이 루벤스의 그림이라는 걸 처음 알게 된 건 그를 통해서였으니까. 아마 백마에 있는 화사랑 옆 기찻길 위에서였을 거다. 그러니까 벌써 30여 년 전, 그때 우리는 강의실보다 더 열심히 거기를 드나들었다. 드럼통을 잘라 만든 벽난로에 테이블 두 개, 그리고 마음대로 레코드판을 골라 음악을 들을 수 있는 조그만 스테레오 하나…….

친구의 기억과 결부된 또 한 사람의 화가가 있다. 반 고흐. 중학교 1학년, 우리가 처음 만났을 때였다. 길거리에서 우리는 목각木刻으로 된 구두를 두 개 사서, 거기에 각자 이름을 쓴 뒤, 하나씩 나누어 가졌다. 그 구두를 보고 '얘들이 사춘긴가 봐' 하며 막 웃는 누나가 얼마나 얄미웠던지. 머리가 큰 다음엔 우리도 가끔 그 얘기를 하며 웃곤 했다. 하지만 그때까지도 우리는 그 목각의 원작이 고흐의 〈구두〉라는 사실을 몰랐었다.

어느 날 화사랑 옆 문산 가는 철로에 걸터앉아서, 친구는 밤하늘을 가리키며 고흐의 그림 같지 않냐고 했다. 지금 생각해보건대, 친구가 얘기한 그 그림은 〈별밤Sternnacht〉이었을 거다. 별들이 소용돌이치며 휘감아도는 밤하늘. 그때 내가 그 그림을 알고 있었는지 어쩐지 기억이 안 난다. 하지만 어쨌든 그때 밤하늘은 정말로 그렇게 느껴졌다. 마음속에 까닭 모를 답답함을 가득 담고 있었기 때문일 거다. 그때는 뭐가 그렇게 답답했던지……. 그리고 지금은 왜 이렇게 답답한 건지…….

참고문헌

1. 사라짐의 미학

시뮬라크르 Ⅰ

- 질 들뢰즈, 〈플라톤과 시뮬라크르〉, 《의미의 논리》(이정우 옮김), 한길사, 1999.
- 디오게네스 라에르티오스, 〈디오게네스〉, 《그리스 철학자 열전》(전양범 옮김), 동서문화사, 2008.

사라진 성당

- 발터 베냐민, 〈사진의 작은 역사〉, 〈기술복제 시대의 예술 작품〉, 《발터 벤야민의 문예이론》(반성완 옮김), 민음사, 2005.

알레프

- 호르헤 보르헤스, 〈알렙〉, 《알렙》(황병하 옮김), 민음사, 1998.
- 노르베르트 볼츠, 《구텐베르크—은하계의 끝에서》(윤종석 옮김), 문학과지성사, 2000.

고양이 없는 웃음

- 노르베르트 볼츠, 《구텐베르크—은하계의 끝에서》(윤종석 옮김), 문학과지성사, 2000.

2. 모던 타임스

창조의 언어

- 발터 벤야민, 《언어 일반과 인간의 언어에 관하여 / 번역자의 과제 외》(최성만 옮김), 길,

2008.
- C. 블로흐, 《골렘의 창조》, 베를린, 1920.

토라

- 발터 베냐민, 〈번역자의 과제〉, 《발터 벤야민의 문예이론》(반성완 옮김), 민음사, 1992.
- 김경래, 〈역사의 창으로 보는 성경〉, 《사본들을 통해 보는 성경》, 전주대학교 출판부, 1999.
- 호르헤 보르헤스, 〈신의 글〉, 《알렙》(황병하 옮김), 민음사, 1998.

진리의 신전

- 마르틴 하이데거, 〈예술 작품의 근원〉, 《하이데거의 예술철학》(폰 헤르만 지음, 이기상 옮김), 문예출판사, 1997.
- 미셸 푸코, 《말과 사물》(이광래 옮김), 민음사, 1986.
- 토마스 이디노풀로스, 《예루살렘》(이동진 옮김), 그린비, 2002.

불꽃의 유토피아

- 테오도르 아도르노, 《미학이론》(홍승용 옮김), 문학과지성사, 1994.
- 김유동, 《아도르노와 현대 사상》, 문학과지성사, 1997.

3. 숭고와 시뮬라크르

바벨의 도서관

- Jacques Derrida, *La vérité en peinture*, Flammarion, 1978.
- 호르헤 보르헤스, 〈바벨의 도서관〉, 《픽션들》(황병하 옮김), 민음사, 1999.

유사와 상사

- 미셸 푸코, 《이것은 파이프가 아니다》(김현 옮김), 민음사, 2010.
- 호르헤 보르헤스, 〈아베로에스의 추적〉, 《알렙》(황병하 옮김), 민음사, 1998.

마콤

- 장 프랑수아 료타르, 〈숭엄과 아방가르드〉, 《포스트모던의 조건》(유정완 옮김), 민음사,

1992.

- Harold Rosenberg, *Barnett Newman*, Henry Art Gallery/University of Washington Press, 1971.

감각의 제국

- 질 들뢰즈,《감각의 논리》(하태환 옮김), 민음사, 2008.
- 질 들뢰즈 · 펠릭스 가타리,《천 개의 고원》(김재인 옮김), 새물결, 2003.
- 파트리크 쥐스킨트,《향수》(강명순 옮김), 열린책들, 2009.

4. 다시 가상과 현실

원작과 복제

- 발터 베냐민, 〈기술복제 시대의 예술 작품〉,《발터 벤야민의 문예이론》(반성완 옮김), 민음사, 2005.
- 랄프 슈넬,《미디어 미학》, (강호진 옮김), 이론과 실천, 2005.

팬텀과 매트릭스

- Günther Anders, *Die Antiquiertheit des Menschen 1*, C. H. Beck, 1956.
- 호르헤 보르헤스, 〈지친 자의 유토피아〉,《셰익스피어의 기억》(황병하 옮김), 민음사, 1997.

시뮬라크르와 시뮬라시옹

- 장 보드리야르,《시뮬라시옹》(하태환 옮김), 민음사, 2012.
- 호르헤 보르헤스, 〈원형의 폐허〉,《픽션들》(황병하 옮김), 민음사, 1994.
- 호르헤 보르헤스, 〈케네디를 추모하며〉,《셰익스피어의 기억》(황병하 옮김), 민음사, 1997.

도플갱어

- 아서 단토,《일상적인 것의 변용》, (김혜련 옮김), 한길사, 2008.
- 호르헤 보르헤스, 〈피에르 메나르, 돈키호테의 저자〉,《픽션들》(황병하 옮김), 민음사,

1999.

예술의 종언

- 장 보드리야르, 《예술의 음모》(배영달 엮음), 백의, 2000.

〈더 참고해야 할 문헌〉

피라네시

- Luigi Ficacci, *Prinesi- The complete Etchings*, Taschen, 2000.
- Nobert Miller, *Archäologie des Traums*, DTV, 1994.
- Alexander Kupfer, *Piranesi's Carceri*, Belser, 1992.

미로

- Manfred Schmeling, *Der labyrinthische Diskurs*, Athenaum, 1987.
- Helmut Jakolsky, *Das Labyrinth*, Kreuz-Vig., 1994.
- Hermann Kern, *Labyrinthe*, Prestel 1982.

미디어

- Ralf Schnell, *Medienästhetik*, Metzler, 2000.
- Bodo von Dewitz, *Werner Nekes* (hr.), Ich sehe was du nicht siehst, Steidi 2002.

진전된 독자들을 위하여

- 진중권, 《진중권의 서양미술사》(전 3권), 휴머니스트, 2008~2013.
- 진중권, 《앙겔루스 노부스》, 아트북스, 2013.
- 진중권, 《현대미학 강의》, 아트북스, 2013.

찾아보기

미학 오디세이 3

초판 1쇄 발행일 2004년 3월 22일
20주년개정판 1쇄 발행일 2014년 1월 13일
20주년개정판 12쇄 발행일 2024년 5월 13일

지은이 진중권

발행인 김학원
발행처 (주)휴머니스트출판그룹
출판등록 제313-2007-000007호(2007년 1월 5일)
주소 (03991) 서울시 마포구 동교로23길 76(연남동)
전화 02-335-4422 **팩스** 02-334-3427
저자·독자 서비스 humanist@humanistbooks.com
홈페이지 www.humanistbooks.com
유튜브 youtube.com/user/humanistma **포스트** post.naver.com/hmcv
페이스북 facebook.com/hmcv2001 **인스타그램** @humanist_insta

편집주간 황서현 **편집** 정다이 이영란 **디자인** 김태형 유주현 임동렬 최우영
용지 화인페이퍼 **인쇄** 청아디앤피 **제본** 민성사

ISBN 978-89-5862-680-0 04600
978-89-5862-677-0 (세트)